はしがき

― 会社法に精通し商業を営む株式会社の専門経理担当者、職業会計専門職を目指す人へ ―

本書は、公益社団法人全国経理教育協会（いわゆる全経）・簿記能力検定試験（後援：文部科学省・日本簿記学会）１級：商業簿記・財務会計の『公式テキスト』である。

全経では、近年の経済・経営環境の変化に対応すべく、経営管理の基礎となる簿記ならびに会計の能力水準の見直し作業を行ってきた。直近では、令和６年度（2024 年度）より簿記の出題基準が一部改定されることになっている。その詳細は、【令和６年度改定】簿記能力検定試験出題基準および合格者能力水準および【令和６年度改定】簿記能力検定試験出題範囲に掲載されている。

大規模株式会社においては、会社は社会的存在としてとくに法令順守が求められる。この実現に必須なのが会計であり簿記である。１級ではこの能力が求められる。ここでは、監査に耐えられる簿記の技能はもちろん、会社法令の計算規定を実行しなければならない。会社法令は、債権者ならびに株主の保護および相互の利害調整の立場から、さまざまな規定を設けているが、それは主として貸借対照表貸方項目（負債および純資産）の会計処理として現れる。したがって、この学習が必要となる。なお、これらの処理は、業種・規模に関わらず、全ての株式会社の経理に適用される。

加えて、大規模商業になると、固有の商慣習・取引が存在する。そこで、この簿記処理も学ぶ必要がある。

一方、簿記の専門家としては、複式簿記の原理ならびに管理のための帳簿組織のあり方についても学ばなければならない。単に実務を指向するだけではなく、簿記・帳簿の理論・論理についての理解を深めることは、当検定試験を“経理教育”協会が施行している以上、避けて通るわけにはいかない。

本テキストは、上記の理念に基づいて、出題範囲の下、簿記ならびに会計の処理を解説している。なお、工的企業（製造業）の会計報告書を作成するときには、別に、工業簿記を学ばなければならない。これについては、同じく１級：原価計算・管理会計の『公式テキスト』『公式問題集』も出版されている。

本テキストには『公式問題集』（１級：商業簿記・財務会計）が別に刊行されている。併せて利用され、合格証書を手にされるとともに、有能な経理担当者ないし職業会計人として社会で活躍されることを心より祈っている。

令和６年３月

一橋大学名誉教授・商学博士
新田　忠誓
中央大学商学部教授・博士（商学）
吉田　智也

公益社団法人 全国経理教育協会 主催　　文部科学省・日本簿記学会 後援

簿記能力検定試験受験要項

試験日　年4回（5月、7月、11月、2月）実施
※5月と11月は上級を除きます。

受験資格　男女の別，年齢，学歴，国籍等の制限なく誰でも受けられます。

受験料（税込）

上級		7,800円	2級　商業簿記	2,200円
1級	商業簿記・財務会計	2,600円	2級　工業簿記	2,200円
	原価計算・管理会計	2,600円	3級　商業簿記	2,000円
			基礎簿記会計	1,600円

試験会場　本協会加盟校　※試験会場の多くは専門学校となります。

申込方法　協会ホームページの申込サイト（https://app.zenkei.or.jp/）にアクセスし，メールアドレスを登録してください。マイページにログインするためのＩＤとパスワードが発行されます。
上級受験者は，試験当日，顔写真付の「身分証明書」が必要です。
マイページの検定実施一覧から検定試験の申し込みを行ってください。２つの級を受けることもできます。
申し込み後，コンビニ・ペイジー・ネットバンキング・クレジットカード・キャリア決済・プリペイドのいずれかの方法で受験料をお支払ください。受験票をマイページから印刷し試験当日に持参してください。試験実施日の２週間前から印刷が可能です。

試験時間　試験時間は試験規則第５条を適用します。開始時間は受験票に記載します。

合格発表　試験日から１週間以内にインターネット上のマイページで閲覧できます。ただし，上級については2か月以内とします。※試験会場の学生，生徒の場合，各受付校で発表します。

［受験者への注意］
1．申し込み後の変更，取り消し，返金はできませんのでご注意ください。
2．上級受験者で，「商簿・財務」の科目を受験しなかった場合は「原計・管理」の科目を受験できません。
3．受験者は，試験開始時間の10分前までに入り，受験票を指定の番号席に置き着席してください。
4．解答用紙の記入にあたっては，黒鉛筆または黒シャープペンを使用してください。
簿記上，本来赤で記入する箇所も黒で記入してください。
5．計算用具（計算機能のみの電卓またはそろばん）を持参してください。
6．試験は，本協会の規定する方法によって行います。
7．試験会場では試験担当者の指示に従ってください。

この検定についての詳細は，本協会又はお近くの本協会加盟校にお尋ねください。

検定や受付校の詳しい最新情報は、
全経ホームページでご覧ください。
「全経」で検索してください。
https://www.zenkei.or.jp/

郵便番号　170－0004
東京都豊島区北大塚1丁目13番12号
公益社団法人　全国経理教育協会
ＴＥＬ　03（3918）6133
ＦＡＸ　03（3918）6196

簿記会計学の基本的素養が必要な営利・非営利組織	3級	2級	1級
	小規模株式会社	中規模株式会社	大規模株式会社
基礎簿記会計	商業簿記	商業簿記	商業簿記・財務会計
1　簿記の基本構造			
1．基礎概念（営利）			
a．資産，負債，純資産			
b．収益，費用			
c．損益計算書と貸借対照表との関係			
2．取引			
a．取引の意義			
b．取引の種類			
c．取引の構成要素（8要素）			
3．勘定			
a．勘定の分類			
b．勘定記入の原則	評価勘定		
c．仕訳と転記			
d．貸借平均の原理			
4．帳簿			
a．主要簿			
仕訳帳			
（現金出納帳）			
総勘定元帳			
b．補助簿			
（次の2　諸取引の処理　参照）			
	5．証ひょう		
		6．帳簿組織	
		a．単一仕訳帳制	
			b．特殊仕訳帳制
2　諸取引の処理			
1．現金預金			
a．通貨	通貨代用証券		
現金出納帳			
	b．現金過不足		
	c．小口現金		
	小口現金出納帳		
d．普通預金			
	e．当座預金	当座借越	
	当座預金出納帳	当座	
		当座勘定出納帳	銀行勘定調整表
		f．納税準備預金	
			g．別段預金
		h．外貨預金	
	i．定期預金（一年以内）		
		2．手形	
		a．約束手形の振出，受入，取立，支払	為替手形の振出、受入、引受、
		営業外受取手形・支払手形	取立、支払
		b．裏書及び割引	（自己宛為替手形）
		c．手形の更改	（自己受為替手形）
		d．手形の不渡り	自己受外貨建為替手形
			e．外貨建荷為替手形（荷為替手形）
		f．受取手形記入帳　支払手形記入帳	
		g．金融手形	
		借入，貸付における証書代用の手形	
			h．保証債務
3．売掛金と買掛金			
a．売掛金，買掛金	売掛金（得意先）元帳，買掛金（仕入先）元帳		
		b．クレジット売掛金	
		c．電子記録債権・債務	
			d．仕入割引
			e．外貨建売掛金・買掛金
4．その他の債権と債務等			
a．貸付金，借入金			
	b．未収（入）金，未払金		
	c．前払金（前渡金），前受金（予約販売を含む）		
	d．立替金，預り金		
	e．仮払金，仮受金		
			f．商品券（自社）
		g．他店（共通）商品券	
	5．有価証券		
	a．有価証券の売買		
		b．売買目的有価証券の評価	
			c．端数利息
			d．有価証券の貸付・借入・差入・預り・保管
	6．貸倒れと貸倒引当金		
	a．貸倒れの処理		
	b．差額補充法		

7．商品
ａ．分記法
ｂ．売上原価対立法（個別／月次）
ｃ．三分法
返品
売上帳・仕入帳
ｅ．払出原価の計算
先入先出法 ---- 移動平均法 ---- 総平均法
商品有高帳
ｆ．期末商品の評価
棚卸減耗
商品評価損
ｇ．履行義務の充足
一時点に充足
一定期間にわたり充足
（基本的なもの－営業第１期）

9．固定資産
ａ．有形固定資産の取得 ---- 割賦購入（利息は定額法処理のみ）
圧縮記帳
直接控除方式
積立金方式
固定資産台帳
ｂ．建設仮勘定
ｃ．リース債務の整理
オペレーティング・リース取引
ファイナンス・リース取引
利子込み法
借手側の処理
定額法
ｄ．資産除去費用の資産計上
ｅ．減価償却
定額法 ---- 定率法
生産高比例法
記帳法・直接法 ---- 間接法
ｆ．有形固定資産の売却 ---- 有形固定資産の除却
ｇ．無形固定資産
ソフトウェア（自社利用）
ｈ．固定資産の減損
ｉ．投資その他の資産
満期保有目的の債券
償却原価法－定額法
子会社株式
関連会社株式
その他有価証券
（税効果を含む）
出資金
長期前払費用
投資不動産

10．繰延資産
繰延創立費，繰延開業費，
繰延社債発行費（等），
繰延株式交付費，繰延開発費

11．引当金
賞与引当金，修繕引当金 ---- 商品保証引当金，債務保証損失引当金，
退職給付引当金

12．資産除去債務

13．純資産（資本）
ａ．資本金
ｂ．引出金

14．収益と費用
商品販売益，家賃収入，サービス収入など ---- 売上，雑益など ---- 償却債権取立益，受取手数料など ---- 負ののれん発生益，社債発行費（等），
受取利息
給料，広告費，水道光熱費，発送費，旅費，交通費，通信費，消耗品費，修繕費
支払家賃，支払地代，保険料，雑費，
支払利息
仕入，交際費，支払手数料，租税公課，雑損など
福利厚生費，保管料，支払リース料，
創立費，開業費，株式交付費など
開発費，減損損失など

15．税金
ａ．所得税
ｂ．固定資産税
ｃ．消費税（税抜方式） ---- 決算整理
ｄ．法人税・住民税・事業税

３　株式会社

１．資本金
ａ．設立
ｂ．増資
通常の新株発行 ---- 資本準備金・利益準備金の資本金組入
ｃ．減資

２．資本剰余金
ａ．資本準備金 ---- 減少
株式払込剰余金
ｂ．その他資本剰余金
資本金減少差益，資本準備金減少差益

	３．利益剰余金 ｂ．その他利益剰余金 繰越利益剰余金	ａ．利益準備金 任意積立金 ５．剰余金の配当等 ａ．剰余金の配当 ｂ．剰余金の処分（基本的なもの）	減少 中間配当 （複雑なもの） ８．会社の合併 15．社債 ａ．発行及び利払 ｂ．期末評価　定額法
		４　本支店会計 １．支店会計の独立 ２．本支店間の取引 ４．本支店合併財務諸表 ｂ．本支店損益計算書の合併及び本支店貸借対照表の合併 内部利益なし	３．支店相互間の取引 支店分散計算制度 本店集中計算制度 ａ．未達事項の整理
		５　外貨建取引等の換算 １．外貨の換算	２．外貨建取引の換算
６　決算 １．試算表 ３．精算表 ６欄（桁）精算表 ４．収益と費用の損益勘定への振替 ５．純損益の資本金勘定への振替 ６．帳簿の締切り 英米式 繰越試算表 ７．財務諸表 ａ．損益計算書と貸借対照表 勘定式・無区分	２．決算整理 商品棚卸，減価償却，貸倒見積，現金過不足， 営業費用の繰延と見越 ８欄（桁）精算表 繰越利益剰余金勘定への振替	売買目的有価証券の評価， 収益と費用の繰延と見越および再振替 勘定式・区分損益計算書	満期保有目的の債券・その他有価証券の評価，リース取引の整理，繰延資産の償却，社債の評価など 大陸式 資産，負債および純資産の開始残高勘定と閉鎖残高勘定への振替 報告式（会社法） ｃ．株主資本等変動計算書（基本的なもの） ８．連結財務諸表 ａ．連結精算表（基本的なもの－支配獲得日）
７　その他の組織形態の会計 ５．非営利団体 ａ．収入，支出 ｂ．現金出納帳 ｃ．元帳 ｄ．試算表 ｅ．会計報告書			
			８　会計に関する法令等 １．会社法 会社法施行規則 会社計算規則 ２．企業会計原則
			９　財務諸表の分析 （基本的なもの） ＲＯＡ（総資産利益率） ＲＯＥ（自己資本利益率） 総資産負債比率・自己資本比率 流動比率 当座比率

全経 簿記能力検定試験 公式テキスト 1級商業簿記・財務会計

CONTENTS

Chapter 13　本支店会計

Chapter 14　連結会計（資本連結）

Chapter 15　財務分析

Chapter 16　帳簿組織

試験 標準勘定科目表

3級　商業簿記

資産勘定	小口現金	当座預金	定期預金	有価証券	繰越商品
消耗品	前払金	支払手付金	前払家賃	前払地代	前払保険料
従業員貸付金	立替金	従業員立替金	未収金	仮払金	仮払消費税
負債勘定	未払金	未払税金	未払給料	未払広告費	未払家賃
未払地代	前受金	受取手付金	預り金	従業員預り金	所得税預り金
社会保険料預り金	仮受金	仮受消費税			
純資産（資本）勘定	繰越利益剰余金				
収益勘定	売上	有価証券売却益	雑益	雑収入	
費用勘定	売上原価	仕入	貸倒引当金繰入（額）	貸倒損失	減価償却費
交際費	支払手数料	租税公課	有価証券売却損	雑損	
その他の勘定	現金過不足	貸倒引当金			

2級　商業簿記

資産勘定	納税準備預金	外貨預金	受取手形	クレジット売掛金	電子記録債権
売買目的有価証券	営業外受取手形	他店商品券	前払利息	未収手数料	未収家賃
未収地代	未収利息	未収還付消費税	仮払法人税等	リース資産	手形貸付金
建設仮勘定	長期貸付金	不渡手形			
負債勘定	支払手形	手形借入金	当座借越	電子記録債務	営業外支払手形
未払利息	未払賞与	未払役員賞与	未払法人税等	未払配当金	未払消費税
前受利息	前受家賃	前受地代	リース債務	賞与引当金	修繕引当金
長期借入金	特別修繕引当金				
純資産（資本）勘定	資本準備金	利益準備金	新築積立金	別途積立金	
収益勘定	受取手数料	受取家賃	受取地代	償却債権取立益	為替差益
受取配当金	固定資産売却益				
費用勘定	棚卸減耗費	商品評価損	賞与	役員賞与	福利厚生費
保管料	○○引当金繰入	支払リース料	手形売却損	為替差損	創立費
開業費	株式交付費	固定資産売却損			
その他の勘定	当座	○○減価償却累計額	支店	本店	有価証券運用損益
法人税等					

1級　商業簿記・財務会計

標準的な勘定科目の例示は次のとおりです。　※新たに1級で学習する勘定科目のみを示しています。

資産勘定	別段預金	外貨建売掛金	工事未収入金	半成工事	未収還付法人税等
貸付有価証券	差入有価証券	保管有価証券	貯蔵品	繰延税金資産	構築物
のれん	特許権	借地権	商標権	実用新案権	意匠権
鉱業権	ソフトウェア	ソフトウェア仮勘定	満期保有目的債券	その他有価証券	子会社株式
関連会社株式	投資不動産	長期前払費用	出資金	繰延創立費	繰延開業費
繰延株式交付費	繰延社債発行費(等)	繰延開発費			
負債勘定	外貨建買掛金	工事未払金	役員預り金	未払中間配当金	借入有価証券
預り有価証券	繰延税金負債	商品券	保証債務	商品保証引当金	債務保証損失引当金
長期未払金	社債	退職給付引当金	資産除去債務		
純資産(資本)勘定	新株式申込証拠金	その他資本剰余金	資本金及び資本準備金減少差益	減債積立金	固定資産圧縮積立金
税法上の積立金	その他有価証券評価差額金	非支配株主持分			
収益勘定	工事収益	仕入割引	為替差損益	有価証券利息	保証債務取崩益
投資有価証券売却益	負ののれん発生益	保険差益	国庫補助金受贈益	建設助成金受贈益	工事負担金受贈益
費用勘定	工事原価	退職給付費用	のれん償却	特許権償却	商標権償却
実用新案権償却	意匠権償却	鉱業権償却	ソフトウェア償却	開発費	開発費償却
社債利息	社債発行費(等)	保証債務費用	為替差損益	創立費償却	開業費償却
株式交付費償却	社債発行費(等)償却	固定資産除却損	火災損失	減損損失	子会社株式評価損
投資有価証券売却損	○○圧縮損				
その他の勘定	○○未決算	閉鎖残高	開始残高	追徴法人税等	還付法人税等

Chapter 0

損益計算書と貸借対照表

損益計算書と貸借対照表の全体像

ココがPOINT!!

損益計算書と貸借対照表の区分をおおまかに把握しよう！

ここでは、損益計算書と貸借対照表の概要を見ていきます。

損益計算書の各段階における利益の名称と、貸借対照表の区分の名称が書けるようになれば、ここは十分です！！

細かい科目名とその表示区分は、各Chapterで学習します。

学習した後に、ここに戻ってくるようにしましょう。

損益計算書と貸借対照表

重要ポイント

みなさんが何度となく解いた精算表。
精算表自体は内部資料ですが、その右端には損益計算書欄と貸借対照表欄があり、これをもとに外部公表用の損益計算書や貸借対照表が作成されます。
これらが何を示しているのか、またどのような関係にあるのかを復習し、それらの区分についてみていきましょう。

1 損益計算書と貸借対照表の関係

朝、現金¥10,000を持っているとしましょう。

今日、アルバイトをして現金¥8,000を稼ぎ、食費¥2,000、交通費¥1,000を使いました。夜、持っている現金は、¥15,000です。

これを、損益計算書・貸借対照表に表すと次のようになります。

朝の貸借対照表

資　産 ¥10,000	負　債 ¥0
	純資産 ¥10,000

今日の損益計算書

費　用 ¥3,000	収　益 ¥8,000
利　益 ¥5,000	

夜の貸借対照表

資　産 ¥15,000	負　債 ¥0
	純資産 ¥15,000

あなたにとって収益となるアルバイト代¥8,000から、費用となる食費¥2,000、交通費¥1,000を差し引いた¥5,000が利益となり、それが朝の純資産¥10,000に加わって、夜の純資産¥15,000となっていることを確認しておきましょう。

2 内部資料と外部公表用の資料〜財務諸表〜

精算表は、企業内部の資料ですが、それに基づいて作成された損益計算書と貸借対照表は外部公表用の資料となり、財務諸表と呼ばれます。

3 財務諸表とは

財務諸表は、決算書ともいわれ、一会計期間における経営活動の成果と一定時点の会社の状態を株主等の利害関係者に報告するために作成される書類をいいます。

その中で、とくに重要なものが損益計算書と貸借対照表です。

4 損益計算書の表示

損益計算書とは会社の一会計期間における経営成績[01)]を報告するための書類で、報告式が多く用いられます。

報告式の損益計算書は、収益、費用の項目を同じような性格をもつグループ(区分)に分類し、それを順次対応させることにより、売上総利益、営業利益、経常利益など性格の異なる利益を計算[02)]、表示するところに大きな特徴があります。

01)いくら儲かったかということです。

02)最終的には当期純利益へと行きつきます。

まずは、勘定式によって、損益計算書の収益と費用の区分を示すと次のようになります。

損 益 計 算 書

費　用	収　益
Ⅱ　売上原価	Ⅰ　売上高
Ⅲ　販売費及び一般管理費	Ⅳ　営業外収益
Ⅴ　営業外費用	Ⅵ　特別利益
Ⅶ　特別損失	

これらをⅠからⅦの順に、タテに並べて作成するのが報告式です。

損 益 計 算 書

Ⅰ　売上高
Ⅱ　売上原価
Ⅲ　販売費及び一般管理費
Ⅳ　営業外収益
Ⅴ　営業外費用
Ⅵ　特別利益
Ⅶ　特別損失

5 損益計算書の段階利益計算

報告式の損益計算書では、段階的に異なる意味をもつ利益が計算されます。

損　益　計　算　書

Ⅰ	売上高	×××
Ⅱ	売上原価	×××
	売上総利益	×××
Ⅲ	販売費及び一般管理費	×××
	営業利益	×××
Ⅳ	営業外収益	×××
Ⅴ	営業外費用	×××
	経常利益	×××
Ⅵ	特別利益	×××
Ⅶ	特別損失	×××
	税引前当期純利益	×××
	法人税、住民税及び事業税	×××
	当　期　純　利　益	×××

＜利益の種類＞

報告式の損益計算書では、売上高をスタートとして段階的に異なる意味をもつ利益が計算されます。

① **売上総利益**

売上高と売上原価との差額で、商品販売益に相当する利益で「粗利」ともいわれます。

② **営業利益**

売上総利益から販売費及び一般管理費を差し引いて計算される利益です。企業が行う営業活動のみで、どれくらいの利益を獲得できているかを示します。

③ **経常利益**

営業利益に営業外収益を加算し、営業外費用を差し引いて計算される利益です。企業が経常的にどれくらいの利益を獲得できているかを示します。

④ **税引前当期純利益**

経常利益に特別利益を加算し、特別損失を差し引いて計算される利益です。一会計期間で発生したすべての収益と費用との差額として計算される利益です。

⑤ **当期純利益**

税引前当期純利益から法人税、住民税及び事業税といった利益額に比例して納める税金を差し引いて残った利益が、最終的な当期純利益となります。この当期純利益は株主へ支払う配当金などを決定するさいに重要な金額となります。

1級で学習する主要な科目を集めた損益計算書

損　益　計　算　書　(単位：千円)

Ⅰ	売　上　高		500,000
Ⅱ	売　上　原　価		
	期首商品棚卸高	11,000	
	当期商品仕入高	300,000	
	合　計	311,000	
	期末商品棚卸高	15,000	
	差　引	296,000	
	棚卸減耗費	1,000	
	商品評価損	2,000	299,000
	売上総利益		201,000
Ⅲ	販売費及び一般管理費		
	広　告　費	7,000	
	給　料	110,000	
	貸倒引当金繰入	8,000	
	減価償却費	7,000	
	退職給付費用	6,000	
	のれん償却	300	
	ソフトウェア償却	2,000	
	支払地代	1,000	
	支払リース料	5,000	146,300
	営業利益		54,700
Ⅳ	営業外収益		
	受取利息配当金	150	
	有価証券利息	400	
	保証債務取崩益	350	
	為替差益	300	
	仕入割引	200	1,400
Ⅴ	営業外費用		
	支払利息	900	
	社債利息	800	
	有価証券評価損	250	
	手形売却損	600	
	保証債務費用	200	
	株式交付費償却	450	
	社債発行費償却	700	3,900
	経常利益		52,200
Ⅵ	特別利益		
	国庫補助金受贈益	1,000	
	保険差益	200	
	負ののれん発生益	200	
	固定資産売却益	900	2,300
Ⅶ	特別損失		
	関係会社株式評価損	800	
	固定資産圧縮損	1,000	
	固定資産除却損	300	
	減損損失	2,000	
	債務保証損失引当金繰入	400	4,500
	税引前当期純利益		50,000
	法人税、住民税及び事業税		15,000
	当期純利益		35,000

6 貸借対照表の表示

貸 借 対 照 表	
資産の部	負債の部
Ⅰ　流動資産	Ⅰ　流動負債
Ⅱ　固定資産	Ⅱ　固定負債
Ⅲ　繰延資産	純資産の部
	Ⅰ　株主資本
	1　資本金
	2　資本剰余金
	3　利益剰余金
	Ⅱ　評価・換算差額等

7 流動と固定の分類基準

資産と負債は、それぞれ流動資産・固定資産と流動負債・固定負債に分類して表示しますが、この分類は、基本的に以下の２つの基準[03]（ナイフ）によって切り分けられます。

①正常営業循環基準（せいじょうえいぎょうじゅんかんきじゅん）による分類～１本目のナイフ～

商品を販売する会社では、掛けで商品を仕入れ、仕入れた商品を販売し、現金で売掛金を回収したり買掛金を決済したりします。このような、会社の主要な営業活動[04]によって生じる資産・負債を流動資産・流動負債とする考え方を正常営業循環基準といいます。

正常営業循環基準で流動資産・流動負債となるものには、売掛金、買掛金、商品、受取手形、支払手形などが該当します。

②1年基準（いちねんきじゅん）による分類～２本目のナイフ～

決算日の翌日から１年以内[05]に回収または決済されるなど、現金化する項目を流動資産・流動負債とし、現金化されるまで１年を超えるものを固定資産・固定負債とする考え方を１年基準といいます。正常営業循環基準で流動項目とされなかった資産と負債は、１年基準によって流動か固定かを判断することになります[06]。

03)分類基準を知っておけば、丸暗記をせずに済み、迷ったときにも考えることができます。

この２つの基準の他に、有価証券についてはその保有目的により表示区分が分類されます。
詳しくはChapter 6をご覧下さい。

04)商品売買業であれば「商品を売買すること」が“主要な営業活動”になります。

05) 12月31日を決算日とすると、その翌日は1月1日、1月1日から1年以内ですから次の12月31日まで、つまり次の決算日までということになります。

06)会計上、「長期」と「短期」の区別も1年基準により行います。

1級で学習する主要な科目を集めた貸借対照表

貸　借　対　照　表

（単位：千円）

資　産　の　部		
Ⅰ　流 動 資 産		
現 金 預 金		324,000
受 取 手 形	80,000	
電子記録債権	5,000	
売 掛 金	15,000	
計	100,000	
貸倒引当金	2,000	98,000
有 価 証 券		6,800
商 品		12,000
貯 蔵 品		200
前 払 費 用		6,000
短期貸付金		5,000
未 収 金		4,000
流動資産合計		456,000
Ⅱ　固 定 資 産		
1有形固定資産		
建 物	200,000	
減価償却累計額	20,000	180,000
リース資産	100,000	
減価償却累計額	10,000	90,000
建設仮勘定		10,000
2無形固定資産		
ソフトウェア		6,000
ソフトウェア仮勘定		2,300
の れ ん		2,700
3投資その他の資産		
投資有価証券		10,000
関係会社株式		19,000
投資不動産		10,000
長期貸付金		6,000
長期前払費用		3,000
繰延税金資産		2,000
固定資産合計		341,000
Ⅲ　繰 延 資 産		
株式交付費		900
社債発行費		800
繰延資産合計		1,700
資 産 合 計		798,700

負　債　の　部		
Ⅰ　流 動 負 債		
支 払 手 形		20,000
営業外支払手形		20,000
電子記録債務		10,000
買 掛 金		6,000
短期借入金		1,000
リース債務		2,000
保 証 債 務		500
商 品 券		300
未払法人税等		4,000
未払消費税		800
商品保証引当金		200
債務保証損失引当金		400
流動負債合計		65,200
Ⅱ　固 定 負 債		
社 債		200,000
長期借入金		73,000
リース債務		3,000
退職給付引当金		18,000
資産除去債務		50,000
固定負債合計		344,000
負 債 合 計		409,200
純　資　産　の　部		
Ⅰ　株 主 資 本		
1資 本 金		250,000
2資本剰余金		
資本準備金	26,900	
その他資本剰余金	10,000	36,900
3利益剰余金		
利益準備金	6,000	
その他利益剰余金		
任意積立金	3,600	
繰越利益剰余金	90,000	99,600
Ⅱ　評価・換算差額等		
その他有価証券評価差額金		3,000
純資産合計		389,500
負債・純資産合計		798,700

コラム　簿記を学ぶ意味～仕訳で示す日常～

みなさんは「簿記の勉強をして何になるのだろう」って、思われたことはありませんか？

私自身、そういう疑問をもったこともありますし、事実、教室で講師をしている頃の一番困った質問でした。

確かにこの勉強を進めていくと、意思決定会計や連結会計、キャッシュ・フロー会計と、実務的に必要でかつ有用な知識がいっぱい入ってきます。

しかし、簿記の有用性はそれだけではなく、もっと初歩的なところにもあります。

それは「仕訳」です。

仕訳というものは、様々な状況を定型化していく作業です。そうしてそれは、簿記でいう取引だけでなく、日常のすべての事象で行えるものなのです。なんせ、仕訳は企業の日記なのですから…

たとえば、みなさんが「転んで怪我して血が出て痛かった」としましょう。これでも仕訳できます。

(借)痛い(費用)××　　(貸)血液(資産)××

血液というのは自分にとって必要不可欠な資産です。それを失って、痛いという費用になる。血液がいっぱい出れば痛みも大きい、少なければ痛みも少ないということを示しています。

この仕訳が自由に使えるようになれば、すべての状況を定型化して、それを使って足し算も引き算もできます。

つまり、いまみなさんがおかれている状況に“これがあったら”も“これさえなければ”も、そしてその後の状況も、すべてを想定していくことができるのです。これがその人の大きな武器になるものです。

この武器を、みなさんも是非、手に入れてください。

Chapter 1

商品売買

商品売買の全体像

		重要度
Section 0	１級合格のための２級の基礎知識	★★★☆☆
Section 1	仕入割引の処理	★★☆☆☆
Section 2	払出単価の計算	★★★☆☆

ココがPOINT!!

『簿記では“お買い得”はない』

“お買い得ですよ～”という呼び込みや広告は、みなさん見聞きしていますよね。

しかし、簿記では通常100円の商品が80円で売っていても、それを買うと次の仕訳ですね。

(借)仕　　入　　80　(貸)現　金　等　　80

つまり、安く買えば仕入原価が減るだけで、買ったときに得をする(＝収益が上がる)などということは基本ありません。

したがって、簿記で“お買い得”は、ないのです。

Section 0

重要度 ★★★☆☆

1級合格のための2級の基礎知識

重要ポイント

2級までの内容を復習しておきましょう。
仕入諸掛…当方負担の仕入諸掛は、仕入勘定に含めて処理する
返品処理…仕入勘定や売上勘定から控除する
払出単価…先入先出法、移動平均法
売上原価…売上原価＝期首商品＋当期仕入－期末商品

1 商品売買の処理

(1)三分法

三分法では、仕入勘定（費用）、売上勘定（収益）、繰越商品勘定（資産）の3勘定を用いて処理します。

(2)諸掛の処理

仕入諸掛	仕入勘定に含めて処理
販売諸掛 （売上諸掛）	発送費等の費用勘定で処理

(3)返品の処理

仕入勘定、売上勘定から控除します。

例0-1

商品（¥1,300）を返品し、掛け代金と相殺した。

		借方科目	金額		貸方科目	金額
当社	（借）	買掛金（負債の減少）	1,300	（貸）	仕入（費用の減少）	1,300
相手方	（借）	売上（収益の減少）	1,300	（貸）	売掛金（資産の減少）	1,300

2 払出単価の計算

(1)先入先出法

先に仕入れたものを先に払い出すとする計算方法。

(2)移動平均法

仕入のたびに常に平均単価を計算しなおし、払出時点でその平均単価を用いる計算方法。

3 売上原価の算定

(1)売上原価とは

売上原価 ＝ 期首商品棚卸高 ＋ 当期商品仕入高 － 期末商品棚卸高

商品の期首在庫は￥20,000、当期の仕入は￥140,000、期末の在庫は￥50,000です。

この場合、

売上原価は、￥110,000（＝￥20,000＋￥140,000－￥50,000）となります。

(2)仕入勘定で算定する場合

借方		金額	貸方		金額
(借)	仕入（費用の増加）	20,000	(貸)	繰越商品（資産の減少）	20,000
(借)	繰越商品（資産の増加）	50,000	(貸)	仕入（費用の減少）	50,000

(3)売上原価勘定で算定する場合

借方		金額	貸方		金額
(借)	売上原価（費用の増加）	20,000	(貸)	繰越商品（資産の減少）	20,000
(借)	売上原価（費用の増加）	140,000	(貸)	仕入（費用の減少）	140,000
(借)	繰越商品（資産の増加）	50,000	(貸)	売上原価（費用の減少）	50,000

4 期末商品の評価

(1)棚卸減耗費

棚卸減耗とは、帳簿上の数量と実地棚卸を行って判明した数量との差をいい、棚卸減耗費とは、この不足分の金額のことをいいます。

棚卸減耗費 ＝ 原価 ×（帳簿数量 － 実地数量）

(2)商品評価損

商品評価損とは、期末の商品の収益性(正味売却価額)が低下した場合に、簿価を切り下げて計上する評価損です。

商品評価損 ＝（原価 －正味売却価額）× 実地数量

(3)貸借対照表の商品の金額

期末帳簿棚卸高　150個　　原　　　　価　@¥1,000
期末実地棚卸高　140個　　正味売却価額　@¥　800
期首商品棚卸高は¥200,000である。
商品評価損は売上原価の内訳科目とするため、仕入勘定に振り替える。

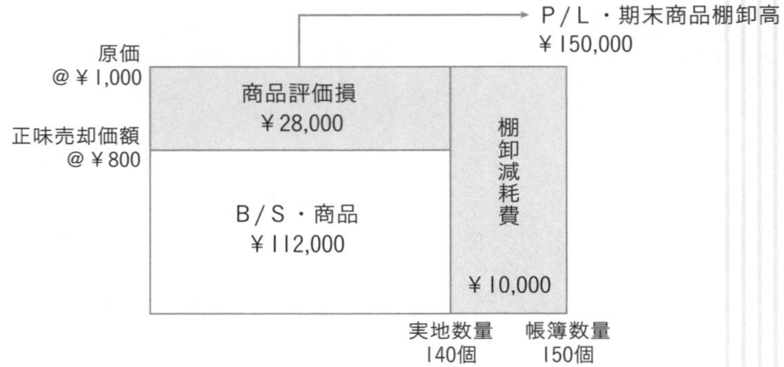

決算時の仕訳を示すと次のとおりです。

(借)仕　　入	200,000	(貸)繰越商品	200,000
(借)繰越商品	150,000	(貸)仕　　入	150,000
(借)棚卸減耗費	10,000	(貸)繰越商品	38,000
商品評価損	28,000		
(借)仕　　入	28,000	(貸)商品評価損	28,000

棚卸減耗費：@¥1,000×(150個－140個)＝¥10,000
商品評価損：(@¥1,000－@¥800)×140個＝¥28,000

仕入割引の処理

はじめに

買掛金の支払いに関して、仕入先から「支払期日より前に支払っていただければ、代金を少しおまけしますよ」と言われ、支払期日より前に支払うことにしました。
支払額が少なく済んで喜んだものの、買掛金と実際の支払額の差額はどのように処理すればいいのでしょうか。

1 仕入割引の処理 [01)]

買掛金の**早収期限内**（そうしゅうきげん）**に代金を支払った場合に一定額の支払いの免除を受けることが**あります。

01) 売上割引については上級の試験範囲となっています。

買掛日　早収期限日　通常の支払日
利息分
⇓
免除

この額は、早収期限日から通常の支払日までの期間の**利息に相当するもの**と考えられており、**割引き**といいます。

	早収期限内の決済		勘定科目
買掛金	利息分を免除される	⇒	仕入割引（収益）

例 1-1

当社は仕入先A社に対する買掛金 ¥100,000 の支払いにつき早収期限内に支払ったので、¥4,000 の割引きを受け、残額を小切手を振り出して支払った [02)]。

02) 税金などにも早収期限があり、分納する税金を一括納付すると少し安くなることがあります。

割引額は、仕入割引勘定を用いて処理し、仕入勘定から控除するものではない点が、返品との違いです。

(借)		(貸)	
買掛金	100,000	当座預金	96,000
		仕入割引 [03)]	4,000

03) P/L 上、営業外収益の区分に表示されます。

仕入割引の処理

次の取引の仕訳を示しなさい。

一週間前に「10日以内に代金を支払えばその２％の支払いを免除する」という条件で商品￥500,000を掛けにて仕入れていたが、この条件をみたすために本日、免除額を差し引いた金額を現金で支払った。

(借)		(貸)	
買掛金	500,000	現金	490,000
		仕入割引	10,000

割引額：￥500,000 × ２％ = ￥10,000

Section 1のまとめ

■**仕入割引**　仕入割引とは、あらかじめ決められた期日より前に、買掛金の決済があった場合に、掛代金の一部を免除されることをいいます。

割引きされたとき　買掛金 ￥50,000の支払いにつき、￥5,000の割引きを受け、残額を現金で支払った。

(借)		(貸)	
買掛金（負債の減少）	50,000	現金	45,000
		仕入割引（収益の発生）	5,000

※仕入割引は受取利息的な性格をもつ財務収益です。

Section 2 払出単価の計算

重要度 ★★★☆☆

はじめに

あなたが扱う商品の中には月初と月末が値段が高く、月の半ばは安いものがあります。
この商品に先入先出法を適用したのでは、高い時期に仕入れたものを安い時期に売ったことになってしまいますし、移動平均したのでは計算が面倒です。
何か他に良い方法はないものでしょうか。

1 総平均法

期末や月末などの一定期間の末に、一括して平均単価を計算し、その平均単価を用いて払出単価とする方法を総平均法といいます。

総平均法では、一括した単価を用いる[01)]ので、払出単価と期末(月末)商品の単価は同じになります。

01) 期中には払出単価がわからないという欠点もあります。

$$\text{平均単価} = \frac{\text{期首商品棚卸原価} + \text{当期商品仕入原価}}{\text{期首商品数量} + \text{当期仕入数量}}$$

例 2-1

以下のａ商品に関する８月中の取引により、当月の売上原価および月末商品棚卸高の金額を求めなさい。なお、計算方法は総平均法による。

8月 1日	前月繰越	20個	@¥1,000
8日	仕　入	30個	@¥1,200
15日	売　上	25個	@¥2,000
23日	仕　入	25個	@¥1,060
28日	売　上	20個	@¥2,000
29日	売上返品	2個	

$$\text{平均単価}：\frac{20\text{個}\times @¥1{,}000 + 30\text{個}\times @¥1{,}200 + 25\text{個}\times @¥1{,}060}{20\text{個} + 30\text{個} + 25\text{個}}$$

$$= \frac{¥82{,}500}{75\text{個}} = @¥1{,}100$$

商品の動きを捉え、平均単価をかけると、次のようになります。なお、返品は取引のマイナスとして扱います[02)]。

02) 売上返品は売り上げなかったことに、また仕入返品は仕入れなかったこととして。

前月繰越		払出し	
8/1	20個	8/15　25個	
当月仕入		8/28　20個	43個×@¥1,100×＝¥47,300←売上原価
8/8	30個	8/29　△2個	
8/23	25個	次月繰越	
		8/31	32個×@¥1,100＝¥35,200←月末商品棚卸高
合計	75個		

払出単価の計算

次の仕入帳と売上帳の記入にもとづき、総平均法により⑴売上原価、⑵月末の商品棚卸高を算定しなさい。なお、月初の商品棚卸高は20枚 @¥2,000であった。

仕　入　帳

×年		摘　　要		金　額
11	12	三重商店	掛	44,000
		a 商品　20枚	@¥2,200	
	24	岐阜商店	掛	92,000
		a 商品　40枚	@¥2,300	

売　上　帳

×年		摘　　要		金　額
11	18	広島商店	掛	108,500
		a 商品　35枚	@¥3,100	
	30	山口商店	掛	99,000
		a 商品　30枚	@¥3,300	

⑴売　上　原　価	¥　143,000	⑵月末の商品棚卸高	¥　33,000

受入れ側で平均単価を求め、それに払出数量や月末の在庫数量を掛けて計算します。

月初	20枚	×@¥2,000 =	40,000
11/12	20枚	×@¥2,200 =	44,000
11/24	40枚	×@¥2,300 =	92,000
合計	80枚		176,000

平均単価@¥2,200

11/18　35枚
11/30　30枚
}65枚×@¥2,200 = ¥143,000
（売上原価）

月末　15枚 ×@¥2,200 = ¥33,000
（月末の商品棚卸高）

Section 2のまとめ

$$\text{総平均法における平均単価} = \frac{\text{期首商品棚卸原価} + \text{当期商品仕入原価}}{\text{期首商品数量} + \text{当期仕入数量}}$$

Chapter 2

履行義務の充足

履行義務の充足の全体像

ココがPOINT!!

新国立競技場の収益は？

東京オリンピックのメイン会場となった新国立競技場。着工から完成までには約３年の月日を費やしました。これを建設会社の損益面で考えると…。

１年目は原価のみが発生、２年目もまた原価のみ。そして完成した３年目にドカンと収益、なんてことになりかねません。

これでは建設会社の努力や成果とかけ離れた損益計算書になってしまいます。

そこで、建設業を営む会社には「建設業会計」として独特の収益計上の方法が認められています。

これについて、まずは新しい会計基準「収益認識に関する会計基準」から見ていきましょう。

履行義務の充足

はじめに

これまで日本には、収益をどのように計上するかについての詳しい会計基準がありませんでした。そこで、基本的には国際的な会計基準に合わせる形で、2018年に『収益認識に関する会計基準』が公表されました。
この会計基準は難しい内容を含みますが、みなさんのこれまでの収益に関する学習内容を大幅に変更するものではありません。

1 収益認識の基本

(1)履行義務の充足とは

これまで、収益は‘実現’[01]した時に認識することとされていました。これに対して、**『収益認識に関する会計基準』**では、**履行義務を充足**した時に収益を認識するとしています。

商品売買で考えると、商品売買契約を交わした顧客に商品を引き渡さなければならない義務が履行義務、そして実際に商品を引き渡した時が履行義務を充足した時です。

01)財又はサービスを引き渡し、その対価を現金などで受け取ったときに収益を認識するという基準です。

(2)一定期間にわたり履行義務を充足する場合

上記の例では、商品を引き渡した一時点で履行義務を充足したことになります。企業取引の中には、**一定期間にわたって顧客に財又はサービスを提供**するようなもの[02]もあり、この取引ではその一定期間にわたって徐々に履行義務が充足されていきます。そこで、『収益認識に関する会計基準』では、このような場合、企業が**履行義務を充足するにつれて**収益を認識するとしています。

02)たとえば、建物の賃貸契約や Seciton 3 で学習する工事契約などが該当します。

2 収益認識の5ステップ

『収益認識に関する会計基準』では、上記の収益の認識を次の５つのステップによって行うとしています。

ステップ１　顧客との契約の識別

まずは、この会計基準が適用される契約を明確にします。

ステップ２　履行義務の識別

上記の契約での履行義務を明確にします。

ステップ３　取引価格の算定

財又はサービスについて顧客から受け取る対価の額を明確にします。

ステップ４　履行義務への取引価格の配分

ひとつの契約に複数の履行義務があるとき、それぞれの履行義務に取引価格を配分します。

ステップ５　履行義務の充足による収益の認識

履行義務の充足に応じて、収益を認識します。

例1-1

当期首に、N社との間で以下の1つの契約を締結した。当期に計上される収益の金額を示しなさい。

・当期首にA商品をN社に引き渡し、当期首から翌期末までの2年間にわたりA商品のメンテナンスサービスを提供する。
・契約書における対価は¥36,000である。
・A商品とその保守サービスを単体で販売する場合の価格は、それぞれ¥30,000と¥6,000である。

当期に計上される収益 ： ¥33,000

・履行義務
　①A商品を引き渡すこと
　②当期首から2年間にわたりA商品のメンテナンスを行うこと
・取引価格　契約書より、¥36,000
・履行義務への取引価格の配分
　単体で販売する場合の価格[03]によって、取引価格を配分します。
　履行義務①(A商品を引き渡す義務)への配分　：¥30,000
　履行義務②(メンテナンスを行う義務)への配分：　¥6,000
・履行義務の充足による収益の認識
　履行義務①は、当期首にN社にA商品を引き渡したことで充足されているため、その取引価格の全額が当期の収益となります。
　一方、履行義務②は、2年間にわたって充足され、当期末時点では1年分が充足されます。よって、2年分である取引価格¥6,000の1年分の¥3,000が当期の収益として計上されます。
・当期の収益計上額　¥30,000 + ¥3,000 = ¥33,000

03)この価格を独立販売価格といいます。

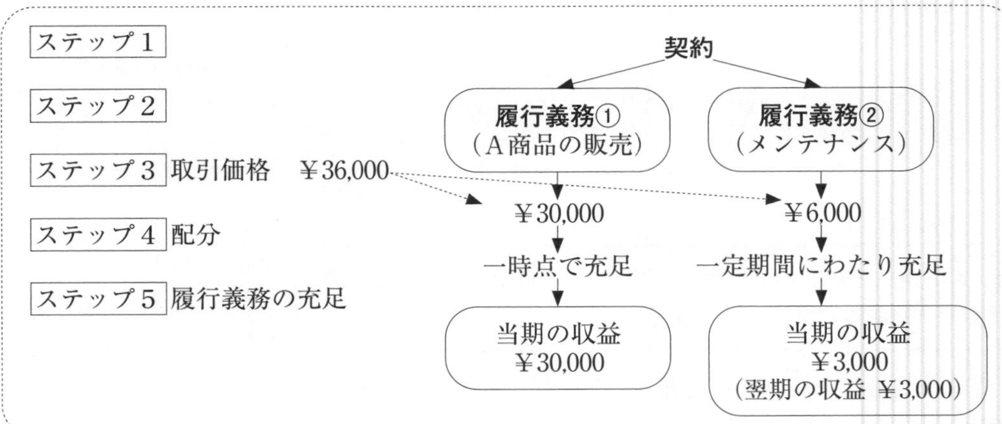

Section 1のまとめ

■収益認識に関する会計基準

履行義務が一時点で充足される場合	その時点で収益を認識
履行義務が一定期間にわたり充足される場合	一定期間にわたり収益を認識

Section 2

重要度 ★★★☆☆

一時点で充足される履行義務（商品券（しょうひんけん））

はじめに

お客様が「商品券をください」と言ってきました。
あなたは商品券を発行し、売上に計上しようとしました。でも、顧問税理士のＫ氏が「商品券を発行しただけでは売上になりませんよ」と。
どうして商品券を発行しただけでは売上にならないのでしょうか？

1 商品券（自社発行）の処理

商品券を発行[01]し現金を受け取ったときには、**履行義務を充足するまで商品券勘定（負債の勘定）**[02]**を用いて処理**します。

なお、商品券の処理では、(1)商品券を発行したとき、(2)商品券と引換えに商品を渡したとき、の２つに注意してください。

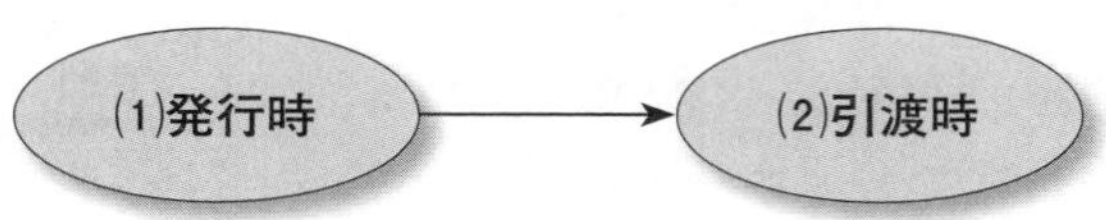

01) ここでは、自社で発行した商品券を商品に引き換える場合の処理について取り上げます。つまり、ある百貨店で発行した商品券を同じ百貨店で商品に交換する場合の処理を取り上げています。

02) 商品券勘定の他に、契約負債勘定を用いることがあります。本試験では、問題文の指示に従って、解答するようにしてください。

(1)発行時

例 2-1
商品券 ￥10,000 を発行し、代金を現金で受け取った。

商品券を発行したときには、**商品券勘定（負債の勘定）の増加**として処理します。これは、現金収入 ￥10,000 が商品代金の前受けであり、後で商品 ￥10,000 を引き渡さなければならない義務（履行義務）が生じているからです。

(借)			(貸)	
現金	10,000		商品券	10,000[03]

03) 単に商品券を発行しただけでは、商品を引き渡していないので、売上にはしません。

(2)引渡時

例 2-2
後日、商品 ￥15,000 を売り上げ、代金のうち￥10,000 はさきに当社が発行した商品券で、残額は現金で受け取った。

商品を販売し、商品券を受け取ったときには、履行義務を充足したので**商品券勘定の減少**として処理します。

(借)		(貸)	
商品券	10,000	売上	15,000
現金	5,000		

商品券の処理

次の取引について仕訳を行いなさい。

(1) 仙台百貨店は、顧客に対し商品券 ¥80,000を販売し、代金は現金で受け取った。
(2) 商品 ¥56,000を販売し、代金のうち ¥50,000は当社発行の商品券で受け取り、残額は現金で受け取った。

(1)	(借)現　　金	80,000	(貸)商 品 券	80,000
(2)	(借)商 品 券	50,000	(貸)売　　上	56,000
	現　　金	6,000		

Section 2のまとめ

☆商品券を発行し現金を受け取ったときには、商品券勘定(負債)で処理します。

発行時	引渡時
(借)現　金 ××× (貸)商 品 券 ×××	(借)商 品 券 ××× (貸)売　上 ×××

※商品券は一種の前受金であり、商品券を発行しただけでは商品自体は引き渡していないため、売上には計上しません。

Section 3

重要度 ★★★★★

一定期間にわたり充足される履行義務（工事契約）

はじめに

収益認識に関連する重要なテーマである建設業会計を学習します。
建設業会計では、顧客との契約にもとづいて工事を受注する請負（うけおい）工事が前提となります。受注してすぐ建てて、すぐ引き渡すことができる建物ならいいのですが、完成までに数年という長い期間が必要な建物もあります。
完成まで長期間かかるような請負工事についても、仕入から販売までが短期間の商品販売と同じように販売時点で収益を認識するのでしょうか？

1 建設業会計と工事契約

(1)建設業会計

建設業会計とは、土木建築等を行う企業における会計処理や財務諸表の作成などをいいます。

建設業では、発注者から工事を請け負い、建築材料を仕入れ、あらかじめ準備した建設用機械設備などを用い、現場作業員を雇用して工事を行います。そして、完成した建築物を発注者に引き渡すことで、収益をあげます。

(2)工事契約

工事契約[01)]とは、仕事の完成に対して対価が支払われる請負契約のうち、土木、建築、造船や一定の機械装置の製造等、基本的な仕様や作業内容を顧客の指図にもとづいて行うものをいいます。

01)工事契約における認識の単位は、実質的な取引の単位とされています。労働サービスの提供のみを目的とするような契約や、交渉中のものは含まれません。

2 工事契約に係る収益の認識

工事収益についても『収益認識に関する会計基準』が適用されます。工事契約については、基本的に**一定期間にわたり履行義務を充足し、収益を認識**します。

一定期間にわたり充足される履行義務については、**履行義務の充足**[02)]**に係る進捗度**を見積もり、その**進捗度にもとづいて収益を認識**します。

02) 履行義務とは、工事を完成させ相手方に引き渡すことです。

(1)収益認識の要件

工事契約については、**履行義務の充足に係る進捗度を合理的に見積もることができる場合にのみ**、一定期間にわたり**収益を認識**します。

一方、進捗度を合理的に見積もることができないが、**履行義務を充足するさいに発生する費用を回収することが見込まれる場合**には、進捗度を合理的に見積もることができるまで、**原価回収基準**[03)]により処理します。

03) 原価回収基準は、上級の出題範囲となっています。

(2)進捗度にもとづいて収益を認識する方法

進捗度にもとづいて収益を認識する場合には、工事期間の決算日ごとに、**工事収益総額、工事原価総額**および**工事進捗度**を合理的に見積もり、工事収益総額のうち工事進捗度に応じて工事収益を認識します。

ここでは、工事進捗度の見積方法として、**原価比例法**[04)]を適用した場合についてみていきます。

04) 合理的に工事進捗度を見積もることができれば他の方法も認められますが、試験では原価比例法が問われる可能性が高いです。

(3)原価比例法による工事収益の計算

原価比例法とは、決算日における工事進捗度を見積もる方法のうち、**決算日までに実施した工事に関して発生した工事原価**[05)]が工事原価総額に占める割合をもって、決算日における工事進捗度とする方法をいいます。原価比例法による工事収益は、次の算式により求めます。

05) つまり、当期末までに発生した工事原価の累計額(当期実際発生原価＋前期末までの実際発生原価)です。

$$工事収益 = 工事収益総額 \times \frac{当期末までの実際発生原価累計額}{見積工事原価総額} - 過年度工事収益累計額$$

⇩
工事進捗度

当期末までの工事収益累計額

※最終年度は工事進捗度が 100%となるので、
「工事収益 ＝ 工事収益総額 － 過年度工事収益累計額」で計算します。

なお、決算日における当期実際発生原価は、通常、全額が各期の工事原価(売上原価)となるので、半成工事[06](仕掛品)として、次期に繰り越されることはありません。

06)建設業会計では仕掛品勘定の代わりに半成工事勘定または未成工事支出金勘定を用います。

＜各期の工事収益と工事進捗度の関係のイメージ＞

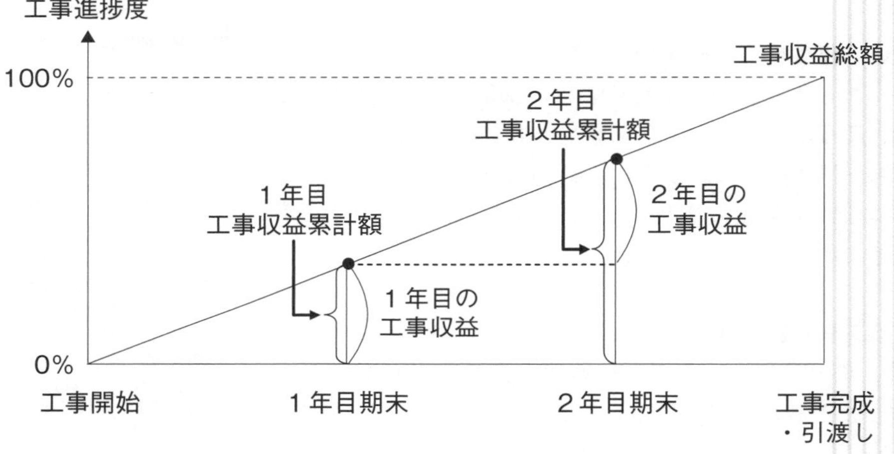

例 3-1

次の資料にもとづき、各期の⑴工事収益、⑵工事原価および⑶工事利益を示しなさい。

［資　料］

1　工事収益総額 ￥18,000

2　請負時の見積工事原価総額 ￥12,000
この工事について、一定期間にわたり充足される履行義務と判断し、進捗度を合理的に見積もることができるため、一定期間にわたり収益を認識する。進捗度の見積方法は原価比例法による。

3　工事原価実際発生額　第１期 ￥3,500　第２期 ￥5,500　第３期 ￥3,000
なお、工事の完成・引渡しは第３期末に行われた。

	第１期	第２期	第３期
⑴工事収益	￥ 5,250	￥ 8,250	￥ 4,500
⑵工事原価	￥ 3,500	￥ 5,500	￥ 3,000
⑶工事利益 [07]	￥ 1,750	￥ 2,750	￥ 1,500

07）各期の工事利益は、各期の工事収益と工事原価の差額で求めます。

第１期

工事収益：$￥18,000 \times \dfrac{￥3,500}{￥12,000} = ￥5,250$

工事利益：￥5,250 − ￥3,500 ＝ ￥1,750

第２期

工事収益：$￥18,000 \times \dfrac{￥3,500 + ￥5,500}{￥12,000} - ￥5,250 = ￥8,250$

工事利益：￥8,250 − ￥5,500 ＝ ￥2,750

第３期

工事収益：￥18,000 −（￥5,250 ＋ ￥8,250）＝ ￥4,500

工事利益：￥4,500 − ￥3,000 ＝ ￥1,500

3 使用する勘定科目

建設業会計では、次の勘定科目を使って会計処理を行います。ただし、勘定科目名が異なるだけで、意味や使い方は通常の製造業と同じです。

通常の製造業		建　設　業
売　上　高	→	**工事収益**（収益）または**完成工事高**
売上原価	→	**工事原価**（費用）または**完成工事原価**
仕　掛　品	→	**半成工事**（資産）または**未成工事支出金**
売　掛　金	→	**工事未収入金**（資産）または**完成工事未収入金**
買　掛　金	→	**工事未払金**（負債）

Section 3のまとめ

■原 価 比 例 法

$$工事収益 = 工事収益総額 \times \frac{当期末までの実際発生原価累計額}{見積工事原価総額} - 過年度工事収益累計額$$

⇩ 工事進捗度

（工事収益総額 × 工事進捗度）＝ 当期末までの工事収益累計額

※最終年度は工事進捗度が100%となるので、
「工事収益 ＝ 工事収益総額 － 過年度工事収益累計額」で計算されます。

Chapter 3

現金預金

現金預金の全体像

ココがPOINT!!

銀行勘定調整表

ここでは、現金と預金の処理を見ていきます。銀行勘定調整表は、１級で新たに学習する内容になります。

「銀行に10万円預金がある」と思っていたら、実際に残高照会（ざんだかしょうかい）してみると9万円だったなんてことがありますよね。これは企業でも起きる可能性のあることです。銀行勘定調整表は、このような場合に作成するものです。

Section 0

重要度 ★★★☆☆

1級合格のための2級の基礎知識

重要ポイント

簿記上の現金は『即時的な支払手段となるもの』と定義されます。
たとえば、他人振出しの小切手を簿記では現金として扱います。
現金は必ず出題される論点なので苦手にしてはいけません。
２級までで学んだ範囲をしっかり復習しておきましょう。
現金の範囲…金銭の他に小切手などの通貨代用証券も含まれる
現金過不足…最終的に雑損または雑益となる

1 現金・預金の処理

(1)簿記上の現金

簿記上の現金には、紙幣・硬貨ばかりでなく小切手や配当金領収証などの通貨代用証券も含まれます。

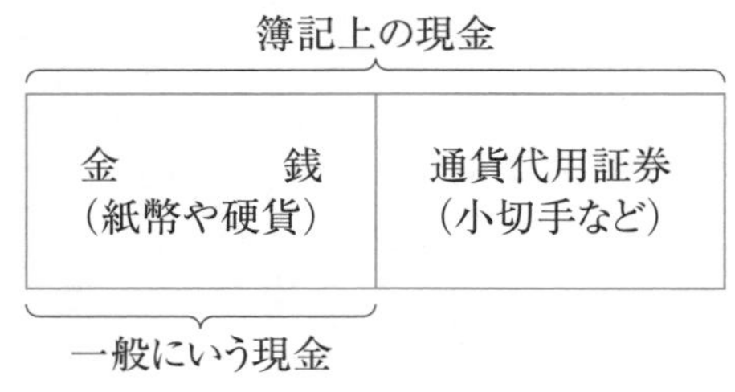

(2)現金過不足の処理

現金の実際残高と帳簿残高が異なる場合、帳簿残高を実際残高に合わせるように、現金勘定を調整します。この時の相手勘定が現金過不足勘定です。

例0-1

現金を実査したところ、帳簿残高 ¥60,000 に対し、実際残高 ¥58,000 であった。

（借）	現金過不足	2,000	（貸）	現　　金	2,000

ケース１：異なる原因は広告費の記帳漏れだった。

（借）	広　告　費	2,000	（貸）	現金過不足	2,000

ケース２：決算をむかえたが、異なる原因は不明だった。

（借）	雑　　損	2,000	（貸）	現金過不足	2,000

Section 1 重要度 ★★★★★

銀行勘定調整表

はじめに

あなたは、会社を設立したときに代金決済を便利にしようと、銀行に当座預金口座を開設し、当座預金出納帳を付けて残高を管理しています。しかし、当座預金口座には通帳がないので本当の銀行残高はわかりません。当座預金出納帳への記帳もれが気になったあなたは、銀行から残高証明書を取り寄せて確認してみました。

すると、記帳もれであったものを加えてもまだ一致しません。これはいったい、どうしたことでしょうか。また、どうすれば一致させることができるのでしょうか。

1 不一致の原因

当座預金勘定の残高と銀行における預金残高とは、一致するはずです。

しかし、振り出した小切手がまだ銀行に呈示(ていじ)されていないとか、公共料金などの銀行引落しの連絡がまだ企業にされていないといった理由で、残高が一致しなくなることがあります。

現金の場合と異なり、当社と銀行の双方が記帳しているため、不一致の原因が不明となることはあり得ません。

不一致の原因
- 会社の外部(銀行)事情によるもの
  ①時間外預入、②未取立小切手、③未取付小切手、④連絡未通知
- 会社の内部事情によるもの
  ⑤未渡小切手、⑥誤記入

①時間外預入(じかんがいあずけいれ)

銀行の営業時間終了後に入金することを時間外預入といいます。例えば、夜間金庫への入金がその一例です。あなたは当日の日付で入金処理をしますが、銀行では翌日の日付で入金処理されることになり、当日において不一致が生じます。

＜例＞夜間に現金 ￥100を預け入れたが、営業時間外のため銀行では翌日付けで入金処理がされた。

②未取立小切手

未取立小切手とは、銀行に持ち込んだ他人振出しの小切手のうち、いまだ銀行においてその決済が完了していないものをいいます。

あなたは「小切手を取り立ててください」と依頼したときに入金処理しますが、銀行では取立未済ということで入金処理がされず不一致となります。

<例>得意先から受け入れた小切手 ¥200の取立てを銀行に依頼したが、銀行はまだ取り立てていない。

③未取付小切手

未取付小切手とは、取引先等に振り出した小切手のうち、取引先等がその小切手を銀行に持ち込んでいないため、銀行においてその決済が完了していないものをいいます。

小切手を振り出したときに、あなたは当座預金の引出しとして処理しますが、銀行では支払未済ということで出金処理がされず不一致となります。

<例>仕入先に対して買掛金支払のために振り出した小切手¥350が、いまだ銀行に呈示されていない。

④連絡未通知

銀行において、当座振込・自動引落等の当座取引があったにもかかわらず、その連絡があなたに未達である場合を連絡未通知といいます。

この場合、銀行では入出金の記帳が行われていますが、あなたは当座預金勘定への記帳をしていないので不一致が生じます。

<例>光熱費 ￥400の引落しが、当方に連絡未達のため未記帳になっていた。

⑤未渡小切手

未渡小切手とはあなたが作成した小切手のうち、いまだ取引先等に渡していないものをいいます。

あなたは小切手を作成したときに当座預金の出金処理をしましたが、小切手は手許に残っているのですから、銀行では当然に出金の処理がされず不一致が生じます。

<例>広告費支払のために振り出した小切手 ￥500が、金庫に保管されたままであった。

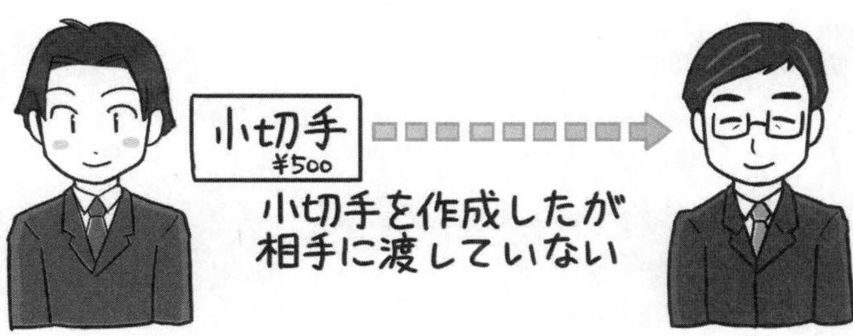

⑥誤記入

当社において当座取引についての誤記入があれば、当然に不一致が生じます。

<例>仕入先の買掛金に対する小切手の振出し ￥700を ￥100として処理していた。

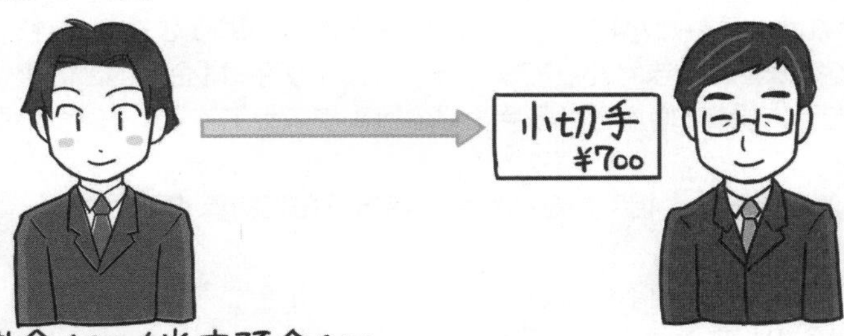

2 銀行勘定調整表とは

決算日における企業の当座預金勘定残高と、銀行残高証明書の残高との不一致の原因を明らかにする表を、銀行勘定調整表といいます。

銀行勘定調整表の作成方法には、両者区分調整法、**企業残高基準法**、**銀行残高基準法**の3つがあります。ただし、企業残高基準法・銀行残高基準法ともに、いったん両者区分調整法で両者の残高の一致を確認したうえで各項目を移動させて作成するのが確実な作成方法です。

3 両者区分調整法とは

(1)両者区分調整法

両者区分調整法とは、企業側の当座預金勘定の残高と、銀行側の銀行残高証明書の残高のそれぞれについて不一致原因を加減して、適正な当座預金残高を求める方法です。この方法で求めた金額が**貸借対照表上の当座預金の金額**になります[01]。

01) この方法によると貸借対照表上の金額が算定できるため、最も重要な方法といえます。

この方法では、企業側の当座預金勘定の残高と、銀行側の銀行残高証明書の残高のどちらの調整を行うかが重要になります。

①企業外部の事情に起因するもの ——→ 未達側の調整

例
- ・時間外預入　　銀行残高⊕
- ・未取立小切手　　銀行残高⊕
- ・未取付小切手　　銀行残高⊖
- ・連絡未通知　　企業（当座預金）残高⊕⊖

②企業内部の事情に起因するもの ——→ 企業側（当座預金）の調整

例
- ・未渡小切手　　企業（当座預金）残高⊕
- ・誤記入　　企業（当座預金）残高⊕⊖

▶ 未渡と未取付 ◀

小切手は作成した（振り出した）段階で、当座預金の減少の仕訳が行われますが、実際に銀行の当座預金が減少するまでにあと2段階あります。

第1段階が相手に渡すこと。

小切手は相手に渡して初めて、代金を支払ったことになります。つまり、いくら小切手を作成しても相手に渡すことができなければ、子供が小切手という紙に落書きしたようなもの（それでいて当座預金勘定を減らしている）で意味がありません。ですから、未渡小切手は「企業内部の事情に起因するもの」となり、当座預金を元に戻す（増加させる＝企業の残高にプラスする）という処理になります。

次に2段階目ですが、相手に渡した後に、相手が金融機関に持ち込んで精算するという段階があります。

小切手を作成し（当座預金勘定を減らし）相手に渡したけれど、まだ相手が取りに来ていない（金融機関に持ち込んでいない）というのが未取付小切手です。

これは企業としてはきちんと処理して渡していますので、企業の処理は正しく、 またいずれ必ず取りに来るでしょうから、銀行の残高のマイナスとなります。

段階の違いで、企業（当座預金残高）のプラスになったり、銀行残高のマイナスになったりするので注意しましょう。

(2)作成方法

例1-1

銀行勘定調整表を両者区分調整法で作成しなさい。なお、当社の当座預金勘定の帳簿残高は¥6,900、銀行残高証明書の残高は¥6,450であった。

①夜間に現金 ¥100を預け入れたが、銀行の営業時間外のため、銀行では翌日付けで処理がされた。

②得意先から受け入れた小切手 ¥200の取立てを銀行に依頼したが、銀行はまだ取り立てていない。

③仕入先に対して買掛金支払のために振り出した小切手 ¥350が、いまだ銀行に呈示されていない。

④光熱費 ¥400の引落しが、当方に連絡未達のため未記帳になっていた。

⑤広告費支払のために振り出した小切手 ¥500が、金庫に保管されたままであった。

⑥仕入先の買掛金に対する小切手の振出し ¥700を ¥100として処理していた。

銀行勘定調整表

当座預金の帳簿残高　(イ)		6,900	銀行の残高証明書残高		6,450
(加　算)			(加　算)		
⑤未渡小切手	500	500	①時間外預入	100	
			②未取立小切手	200	300
(減　算)			(減　算)		
④引落連絡未通知	400		③未取付小切手	350	350
⑥誤記入	600	1,000			
		6,400[02]			6,400[02]

(ア)B/S 当座預金

銀行勘定調整表は外部公表用のものではないので、左右や一定の範囲内での各項目名が変わってもOKです。

02)銀行勘定調整表の修正後残高は必ず一致します。決算日における修正後残高が、貸借対照表の当座預金の金額となります。

(3)重要ポイント

(ア)両者区分調整法の調整後の金額は、当座預金の帳簿残高と銀行の残高証明書残高で必ず一致し、それが**貸借対照表の当座預金の金額**となります。

(イ)当座預金の帳簿残高の修正項目にのみ修正仕訳が必要です[03]。
具体的には次の3つです。

03)④、⑤、⑥に必要です。なお、銀行側の調整項目(①、②、③)に仕訳は必要ありません。

不一致の原因	修　正　仕　訳
未渡小切手	買掛金など債務を支払うために振り出していた場合は、そのまま**貸借逆の仕訳**を行う。 ・振出しのとき（買掛金 ¥500の支払い） （借）買　掛　金 500　（貸）当 座 預 金 500 ・修正仕訳 （借）当 座 預 金 500　（貸）買　掛　金 500
	費用を支払うために振り出していた場合は、費用はすでに発生しているので、費用は減らさず**未払金**とする。 ・振出しのとき（広告費 ¥500の支払い） （借）広　告　費 500　（貸）当 座 預 金 500 ・修正仕訳 （借）当 座 預 金 500　（貸）未　払　金 500
連絡未通知	・売掛金 ¥400の入金の連絡が当方に未達であった。 （借）当 座 預 金 400　（貸）売　掛　金 400 ・支払手形の代金 ¥400の引落しの連絡が当方に未達であった。 （借）支 払 手 形 400　（貸）当 座 預 金 400
誤記入	仕入先の買掛金に対する小切手の振出し ¥700を ¥100と処理していた。 （借）買　掛　金 600　（貸）当 座 預 金 600

4 企業残高基準法

企業残高基準法とは、企業の**当座預金帳簿残高を基準**として不一致原因を加減して、銀行残高証明書残高に一致させる形式で作成する方法です。

当座預金の帳簿残高 → 銀行の残高証明書残高

具体的には、両者区分調整法の銀行勘定調整表に記入された矢印に従い、作成します。

(1) ¥6,900（帳簿残高） + ¥500（⑤） − (¥400（④） + ¥600（⑥）) = ¥6,400（修正残高）

(2) ¥6,400（修正残高） + ¥350（③） − (¥100（①） + ¥200（②）) = ¥6,450（銀行残高）

なお、⑵の計算において、不一致原因③はマイナスするのではなく、プラスすることになります。また、不一致原因①、②はプラスするのではなく、マイナスすることに注意してください。

つまり、銀行側の調整項目について、プラスとマイナスを逆にします。

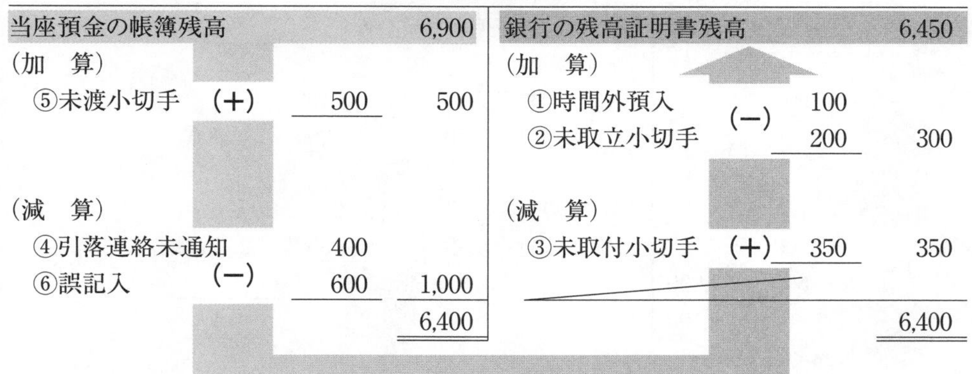

銀行勘定調整表

当座預金の帳簿残高			6,900	銀行の残高証明書残高			6,450
(加　算)				(加　算)			
⑤未渡小切手	(+)	500	500	①時間外預入	(−)	100	
				②未取立小切手		200	300
(減　算)				(減　算)			
④引落連絡未通知		400		③未取付小切手	(+)	350	350
⑥誤記入	(−)	600	1,000				
			6,400				6,400

銀行勘定調整表

当座預金の帳簿残高			6,900
(加　算)			
	⑤未渡小切手	500	
	③未取付小切手	350	850
(減　算)			
	④引落連絡未通知	400	
	⑥誤記入	600	
	①時間外預入	100	
	②未取立小切手	200	1,300
銀行の残高証明書残高			6,450

5 銀行残高基準法

銀行残高基準法とは、銀行残高証明書残高を基準として不一致原因を加減して、企業の当座預金帳簿残高に一致させる形式で作成する方法です。

銀行の残高証明書残高 → 当座預金の帳簿残高

具体的には、両者区分調整法の銀行勘定調整表に記入された矢印に従い、作成します。

(1)　¥6,450（銀行残高） + (¥100（①） + ¥200（②）) − ¥350（③） = ¥6,400（修正残高）

(2)　¥6,400（修正残高） + (¥400（④） + ¥600（⑥）) − ¥500（⑤） = ¥6,900（帳簿残高）

なお、(2)の計算において、不一致原因④、⑥はマイナスするのではなく、プラスすることになります。また、不一致原因⑤はプラスするのではなく、マイナスすることに注意してください

つまり、企業側の調整項目について、プラスとマイナスを逆にします。

銀行勘定調整表

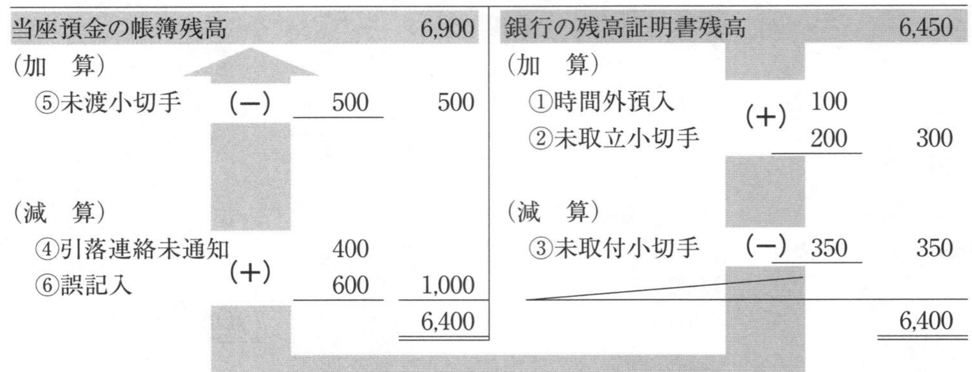

当座預金の帳簿残高			6,900	銀行の残高証明書残高			6,450
（加　算）				（加　算）			
⑤未渡小切手	(−)	500	500	①時間外預入	(+)	100	
				②未取立小切手		200	300
（減　算）				（減　算）			
④引落連絡未通知	(+)	400		③未取付小切手	(−)	350	350
⑥誤記入		600	1,000				
			6,400				6,400

銀行勘定調整表

銀行の残高証明書残高			6,450
（加　算）	①時間外預入	100	
	②未取立小切手	200	
	④引落連絡未通知	400	
	⑥誤記入	600	1,300
（減　算）			
	③未取付小切手	350	
	⑤未渡小切手	500	850
当座預金の帳簿残高			6,900

銀行勘定調整表

次の資料により、修正仕訳を示し、両者区分調整法および銀行残高基準法での銀行勘定調整表および精算表を作成しなさい。

〔資　料〕

当社の当座預金の帳簿残高は ￥720,000、銀行残高証明書の残高は ￥735,000だったので、不一致の原因を調査したところ、次のことが判明した。

(1) 得意先大阪商店からの売掛金振込額 ￥20,000を ￥25,000と誤記していた。

(2) 得意先神戸商店より、売掛金の回収として同店振出しの小切手 ￥50,000を受け取り、ただちに当座預金に預け入れたが、銀行では翌日入金としていた。

(3) 掛代金の支払いのため作成した小切手 ￥16,000と、備品購入代金の支払いのため作成した小切手 ￥19,000について、すでに当座預金の減額として処理していたが、未渡しであることが判明した。

(4) 仕入先広島商店に対する買掛金の支払いとして振り出した小切手 ￥45,000が、まだ未取付であった。

(5) 得意先浜松商店より売掛金の回収として、同店振出しの小切手 ￥10,000を受け取り、ただちに当座預金として預け入れたが、いまだ取り立てられていなかった。

銀行勘定調整表（両者区分調整法）　(単位：円)

当座預金勘定残高	720,000	残高証明書残高	735,000
(加　算)		(加　算)	
(減　算)			
		(減　算)	

銀行勘定調整表（銀行残高基準法）(単位：円)

残高証明書残高		735,000
(加　算)		
(減　算)		
当座預金勘定残高		720,000

精　算　表

勘定科目	残高試算表		修正記入		損益計算書		貸借対照表	
	借方	貸方	借方	貸方	借方	貸方	借方	貸方
当座預金	720,000							
売掛金	130,000							
⋮								
買掛金		120,000						
未払金		50,000						

修正仕訳

(借)売掛金	5,000	(貸)当座預金	5,000
(借)当座預金	16,000	(貸)買掛金	16,000
(借)当座預金	19,000	(貸)未払金	19,000

銀行勘定調整表（両者区分調整法）　(単位：円)

当座預金勘定残高	720,000	残高証明書残高	735,000
(加　算)		(加　算)	
未渡小切手	35,000	時間外預入	50,000
(減　算)		未取立小切手	10,000
誤記入	5,000	(減　算)	
		未取付小切手	45,000
	750,000		750,000

銀行勘定調整表（銀行残高基準法）（単位：円）

残高証明書残高			735,000
(加　算)	時間外預入	50,000	
	未取立小切手	10,000	
	誤記入	5,000	65,000
(減　算)	未取付小切手	45,000	
	未渡小切手	35,000	80,000
当座預金勘定残高			720,000

精算表

勘定科目	残高試算表		修正記入		損益計算書		貸借対照表	
	借方	貸方	借方	貸方	借方	貸方	借方	貸方
当座預金	720,000		16,000	5,000			750,000	
			19,000					
売掛金	130,000		5,000				135,000	
⋮								
買掛金		120,000		16,000				136,000
未払金		50,000		19,000				69,000

Section 1のまとめ

■銀行勘定調整表とは　当座預金出納帳残高が銀行の当座預金残高に一致しているかどうかを確認するために、銀行残高証明書を取り寄せて作成されるのが銀行勘定調整表です。

■銀行勘定調整表の形式
両者区分調整法………両者の残高を適正残高に一致させる方法
企業残高基準法………企業残高を銀行残高に一致させる方法
銀行残高基準法………銀行残高を企業残高に一致させる方法

Chapter 4

手　形

手形の全体像

ココがPOINT!!

将来の支払義務に備えて

　得意先から受け取った約束手形を銀行で割引いたり、仕入先に裏書譲渡したあとに、手形の支払人が支払えなかった場合には、当社がまず支払人の代わりに支払う義務を負います。

　売掛金が将来、回収できなかった場合の収入の減少額に備えて貸倒引当金を計上するように、手形の割引きや裏書の支払不能に備えて計上するのが保証債務です。

Section 0

重要度 ★★★☆☆

1級合格のための2級の基礎知識

重要ポイント

手形の更改…旧手形から新手形に振り替え、利息もあわせて処理する
不渡手形…手形の不渡りに伴う付随費用もあわせて処理する
手形の割引…受取手形を減少させ、手形金額と入金額の差額を手形売却損とする
手形の裏書…受取手形を減少させる

1 手形の更改

(1)手形の更改

手形の更改とは、手形債務者が支払期日に資金の都合がつかないときに、手形債権者の承諾を経て、支払期日を延長することをいいます。

例0-1

山本商事は、藤川商店に対する買掛金の支払いのため、￥40,000の約束手形を振り出していたが、資金の見通しが立たないため、藤川商店に手形の更改を申し入れ、利息￥1,000は新手形に含めることとした。

(2)手形更改時

山本商事

(借)	支払手形（負債の減少）	40,000	(貸)	支払手形（負債の増加）	41,000
	支払利息（費用の発生）	1,000			

藤川商店

(借)	受取手形（資産の増加）	41,000	(貸)	受取手形（資産の減少）	40,000
				受取利息（収益の発生）	1,000

(3)手形決済時

例0-2

上記の手形が満期日に当座預金口座により決済された。

山本商事

(借)	支払手形	41,000	(貸)	当座預金	41,000

藤川商店

(借)	当座預金	41,000	(貸)	受取手形	41,000

2 手形の不渡り

(1)不渡手形

手形の不渡りとは、手形の所持人が決済日（支払期日）に手形代金の支払いを受けられなくなることです。

例0-3

葛西商店の保有している受取手形 ¥30,000 が不渡りとなった。なお、支払拒絶証書作成費用 ¥2,000 を現金で支払った。

(2)不渡時

（借）		（貸）	
不渡手形（資産の増加）	32,000	受取手形	30,000
		現金	2,000

支払拒絶証書作成費用、遅延利息その他の諸費用が発生した場合は不渡手形に含めます。

(3)不渡手形決済時

（借）		（貸）	
当座預金	32,000	不渡手形（資産の減少）	32,000

3 手形の割引・裏書

手形の割引と裏書については、次の Section 1 の中で確認します。

Section 1 重要度 ★★★★☆

手形の割引・裏書と保証債務

はじめに

ある月末のことです。先に得意先の甲社から売掛金の回収として受け取った約束手形 ¥500,000を取引銀行で割り引き、割引料 ¥15,000を差し引かれた残額を同行の当座預金としました。ところが、数日後、顧問税理士のK氏より、この手形の割引きの処理について、次のような注意を受けたのです。「手形を割り引いたときは、手形を売却したと考えるので、手形の売却損が発生します。また、手形には遡求権がありますから、割り引いた手形が決済されないときには、あなたが手形の支払人に代わって手形代金を支払う義務があります。そのときにあわてないためにも偶発債務の処理をしておいたほうがいいですね」とのことでした。では具体的には、どのように処理すればいいのでしょうか。

1 偶発債務とは

現在は債務ではないが、将来ある出来事が起きたときに債務となるおそれのあるものを偶発債務といいます。

例えば、他人振出しの約束手形を割り引いた場合(割引手形)や裏書譲渡した場合(裏書手形)に、もし振出人が支払不能となれば、あなたが代わりに支払わなければなりません。この場合、現時点では債務ではありませんが、**将来ある出来事**(＝本来支払うべき人が支払ってくれない)**が起きれば**、あなたが負うべき債務になります。これを手形の偶発債務といいます。

2 手形の割引とは

あなたの会社が**保有する手形を、銀行などの金融機関に譲渡し、満期日前に換金することを手形の割引き**といいます。手形を割り引いたときには、債務者の代わりに当社が、手形代金を支払わなければならなくなる可能性が生じます。これを偶発債務といいますが、その処理について見ていきましょう[01)]。

01)
①甲社の振り出した約束手形をあなたの会社が受け取り、
②受け取った手形を銀行で割り引きました。
③満期日になり、銀行が甲社に支払いを求めたところ、
④甲社は支払不能であることがわかり、
⑤代わりにあなたの会社に代金を請求してきました。
⑥あなたの会社は、代わりに支払った手形代金を本来の債務者甲社に請求します。

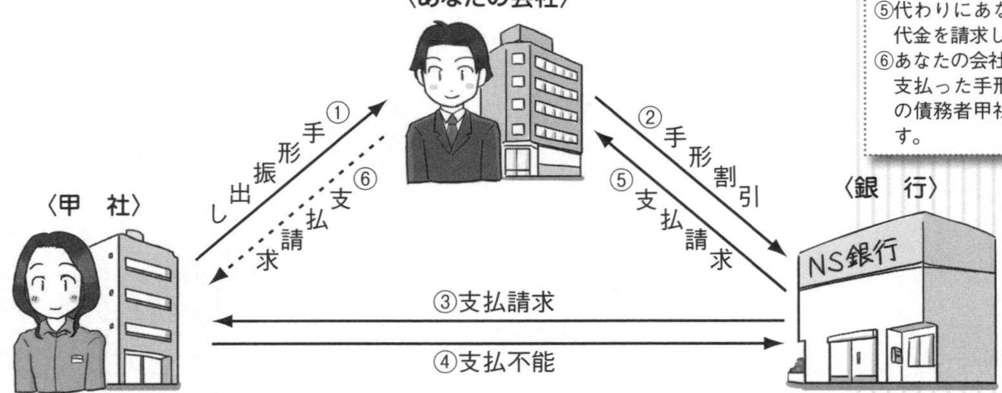

3 割引における偶発債務の処理

偶発債務(割引人としての遡求義務)を時価評価し、時価相当額を**保証債務勘定**(貸方)と**保証債務費用勘定**[02](借方)に計上します。また、**割引きを手形の売却と考え**、手形金額と入金額との差額を**手形売却損**として処理します。

02)手形売却損勘定を使用することもあります。

ここでは、(1)手形を割り引いた時、(2)手形の決済時、の2つに注意してください。

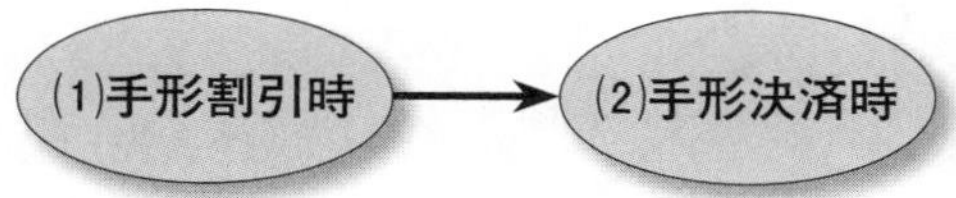

(1)手形割引時

例1-1

手形 ¥50,000 を割り引き、割引料 ¥1,500 を差し引かれ、残りは当座預金とした。なお、保証債務の時価は ¥1,000 とする。

あなたが手形を銀行に持ち込んだときに、**受取手形勘定を減少**させます。偶発債務の扱いとしては**保証債務の時価を計上するのみ**です。

(借)当座預金	48,500	(貸)受取手形	50,000
手形売却損	1,500		
(借)保証債務費用	1,000	(貸)保証債務	1,000

▶ 隠れた負債をはっきりさせよう ◀

手形を受け取って、その後、裏書したり割引きしたりすると、帳簿上は受取手形が消えてなくなります。

しかし、その手形が決済されなかったりすると、当社が代わりに支払う可能性があります。つまり、その分の帳簿上に現れない、隠れた負債を負っていることになるのです。ですから、それを時価評価して帳簿上も明確にするために**保証債務勘定**を計上することになるのです。

(2)手形決済時

例1-2

(1)で割り引いていた手形 ¥50,000 が無事決済された。

手形が無事に決済されたことにより、あなたが負っていた割引人としての遡求義務は消滅します。そのため、(1)で計上した**保証債務を取り崩します**。

(借)保証債務	1,000	(貸)保証債務取崩益	1,000

4 手形の裏書とは

あなたの会社が保有する手形を**満期日前**に、仕入代金の支払いなどのために取引先に**譲渡すること**を**手形の裏書**といいます。この場合も、割引きと同じように偶発債務が発生します。

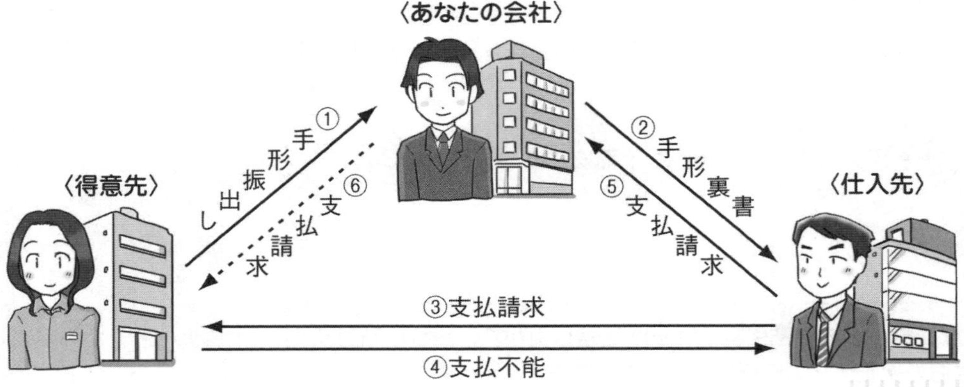

5 裏書における偶発債務の処理

基本的な考え方は割引きと同じで、偶発債務（裏書人としての遡求義務）を時価評価し、時価相当額を**保証債務勘定**（貸方）と**保証債務費用勘定**（借方）に計上します。

ここでも、⑴手形を裏書した時、⑵手形の決済時、の２つに注意してください。

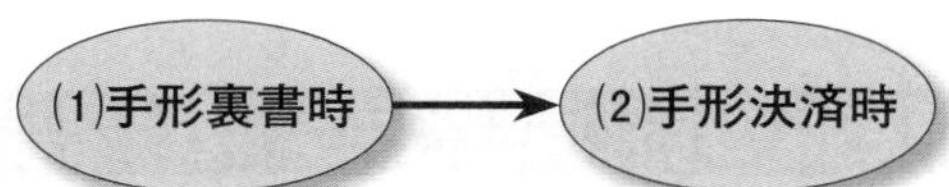

⑴手形裏書時

例1-3
カシオペア商店振出しの約束手形 ¥50,000 を裏書して、関商店に対する買掛金の支払いにあてた。なお、保証債務の時価は ¥1,000 とする。

あなたが関商店に手形を渡したときに、**受取手形勘定を減少**させます。偶発債務の扱いとしては**保証債務の時価を計上するのみ**です。

(借)			(貸)	
買掛金	50,000		受取手形	50,000
保証債務費用	1,000		保証債務	1,000

⑵手形決済時

例1-4
⑴で裏書した手形 ¥50,000 が無事決済された。

手形が無事に決済されたことにより、あなたが負っていた裏書人としての遡求義務は消滅します。そのため、(1)で計上した**保証債務を取り崩します。**

(借) 保　証　債　務	1,000	(貸) 保証債務取崩益	1,000

手形の割引・裏書と保証債務

以下の取引について、仕訳を示しなさい。

問1　(1)　手形 ¥40,000 を割り引き、割引料 ¥1,000 を差し引かれ、残りは当座預金とした。なお、保証債務の時価は ¥800 であった。
　　　(2)　かねて割り引いていた手形 ¥40,000 が決済された。

問2　(1)　受取手形 ¥30,000 を裏書して、買掛金の支払いにあてた。なお、保証債務の時価は ¥1,000 であった。
　　　(2)　かねて裏書していた手形 ¥30,000 が決済された。

問1

(1)	(借) 当 座 預 金	39,000	(貸) 受 取 手 形	40,000
	手形売却損	1,000		
	(借) 保証債務費用	800	(貸) 保 証 債 務	800
(2)	(借) 保 証 債 務	800	(貸) 保証債務取崩益	800

問2

(1)	(借) 買 掛 金	30,000	(貸) 受 取 手 形	30,000
	(借) 保証債務費用	1,000	(貸) 保 証 債 務	1,000
(2)	(借) 保 証 債 務	1,000	(貸) 保証債務取崩益	1,000

Section 1のまとめ

■手形割引時

(借)当座預金	××	(貸)受取手形	×××
手形売却損	×		
(借)保証債務費用	××（時価）	(貸)保証債務	××（時価）

■手形決済時　上記の手形が満期日に決済された。

(借)保証債務	××	(貸)保証債務取崩益	××

■手形裏書時

(借)買掛金	×××	(貸)受取手形	×××
(借)保証債務費用	××（時価）	(貸)保証債務	××（時価）

■手形決済時　上記の手形が満期日に決済された。

(借)保証債務	××	(貸)保証債務取崩益	××

Chapter 5

外貨換算会計

外貨換算会計の全体像

ココがPOINT!!

外貨建の取引

資源が乏しいこの国では、貿易で成り立つことを志向してきました。貿易となると、日本と中国の間でさえ米ドル建(米ドルで決済する)取引とすることが多々あります。

すると、日本の会社が米ドルを所有することになるでしょう。この米ドル、どのようにして日本円に直せばいいのでしょうか。

中小企業も海外進出をする昨今、外貨建の取引について学んでおきましょう。

外貨建取引

はじめに

海外との取引を行っている企業を想像してみてください。
国内の取引先であれば、販売したとき「売上 1,000万円」と処理することができますが、米国の取引先に対して販売したときには、どのように処理すればいいのでしょうか？　「売上 10万ドル」で、財務諸表に載せるわけにはいきません。そのため、海外との取引について日本円に直す作業が必要になります。
では、このような外貨建の取引について見ていきましょう。

1 外貨建取引とは

外貨建取引（がいかだてとりひき）とは、取引価額が外国通貨の単位で表示される取引をいいます。外貨建取引を会計帳簿に記録するためには、取引価額を円建（えんだて）[01]に直す必要があります。**外貨建金額を円建に直すことを換算（かんさん）**といいます。

01) 円単位で示されているものを円建、ドル単位で示されているものをドル建といいます。

外貨建取引では、さまざまな為替レートを用いて会計処理を行っていきます。

為替レート
- 取引発生時のレート …… HR（ヒストリカル[02]・レート）
- 決 算 日 の レ ー ト …… CR（カレント[03]・レート）

02) ヒストリカル(Historical)とは「歴史上の」という意味です。つまり、「取得時の」という意味です。

03) カレント(Current)とは「現在の」という意味です。つまり、「決算日現在の」という意味です。

外貨建取引の換算は、次の時点で必要になります。
①取引の発生時　②決算時　③決済時

2 外貨建取引の一巡（取引→決済）

外貨建取引では、(1)取引時の外貨建金額を取引時の為替レートで換算し記帳します。したがって、**仕入原価や買掛金の額は輸入時に確定**します。(2)決済時にはその時点の為替レートで決済するので、取引時に確定した金額との間に差額が生じます[04]。この**取引時と決済時の為替レートの変動から生じる差額**は、為替差損益（かわせさそんえき）として処理します。

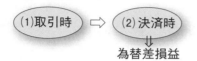

04)用いるレートが違うので差額が生じます。

(1)取引時 ⇨ (2)決済時
⇩
為替差損益

為替差損勘定、為替差益勘定を用いることもあります。本試験では、問題文の指示に従って、解答するようにしてください。

例1-1

以下の取引について必要な仕訳を示しなさい。

(1)取引時：商品1,000ドルを掛けで輸入した（輸入時の為替レート：1ドル ¥120）。

(2)決済時：上記掛代金1,000ドルを現金で決済した（決済時の為替レート：1ドル ¥117）。

外貨建売掛金勘定、外貨建買掛金勘定を用いることがあります。本試験では、問題文の指示に従って、解答するようにしてください。

(1)	(借)	仕入	120,000	(貸)	買掛金	120,000[05]
(2)	(借)	買掛金	120,000	(貸)	現金	117,000[06]
					為替差損益	3,000[07]

05) 1,000ドル×¥120 =¥120,000
06) 1,000ドル×¥117 =¥117,000
07) 貸借差額

例1-2

以下の取引について必要な仕訳を示しなさい。

(1)前受時：商品1,000ドルを輸出するにあたり、100ドルを手付金として現金で受け取った（輸出時の為替レート：1ドル¥100）。

(2)輸出時：商品1,000ドルを輸出し、手付金を除いた残額を掛けとした（輸出時の為替レート：1ドル¥110）。

(1)	(借)	現金	10,000	(貸)	前受金	10,000
(2)	(借)	前受金	10,000	(貸)	売上	109,000
		売掛金	99,000			

前受金勘定の他に、契約負債勘定を用いることがあります。本試験では、問題文の指示に従って、解答するようにしてください。

売掛金：(1,000ドル－100ドル)×¥110＝¥99,000
売　上：¥10,000＋¥99,000＝¥109,000（前受金と売掛金の合計とします。）

3 決算時の換算

外貨建の資産や負債は、決算時にも換算を行います[08]。これは取引時から決済時までの期間が長期にわたる資産や負債が、レートの変動により実態とかけ離れるのを避ける必要があるためです。

この取引時と決算時の為替レートの変動から生じる差額も、為替差損益として処理します。

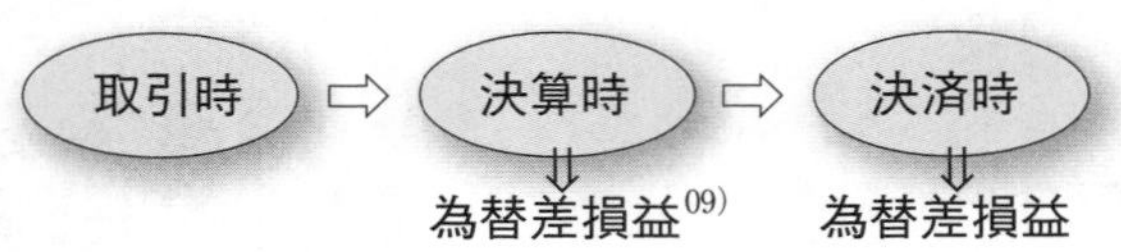

08) 収益や費用は取引時に確定するので決算時に換算することはありません。

09) 換算を行えば、必ず為替差損益が生じると考えてください。

例1-3

以下の取引について必要な仕訳を示しなさい。

(1)取引時：商品1,000ドルを掛けで輸入した（1ドル ¥120）。

(2)決算時：買掛金1,000ドルがある（1ドル ¥125）。

(3)決済時：買掛金1,000ドルを現金で決済した（1ドル ¥117）。

(1)	(借)	仕入	120,000	(貸)	買掛金	120,000
(2)	(借)	為替差損益	5,000	(貸)	買掛金	5,000[10]
(3)	(借)	買掛金	125,000	(貸)	現金	117,000
					為替差損益	8,000[11]

10) (¥125－¥120)×1,000ドル
＝¥5,000

11) 貸借差額

4 換算のルール

決算時の外貨建資産・負債の換算は**貨幣・非貨幣法**で行われます。

この方法によると、貨幣項目は決算時の為替レートを適用し、非貨幣項目については取得時または発生時の為替レートを適用して換算することになります。

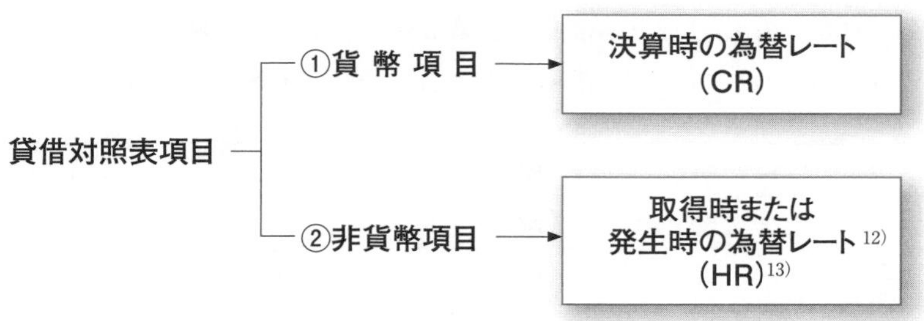

12)「HR で換算する」とはいいますが、元々取引時に HR で記録されているので、実質的に換算する必要はありません。

13) 上記のことから HR を"ほっとけレート"の略だ！などという人もいます。

①**貨 幣 項 目**：最終的に現金化する資産および負債をいいます。

〔決算時の為替レート(CR)により換算する項目〕

・通貨(現金)	・預　　金	・売 掛 金	・受 取 手 形
・貸 付 金	・売買目的有価証券	・満期保有目的債券	・その他有価証券
・買 掛 金	・支 払 手 形	・借 入 金	・自社発行社債
・未 収 収 益	・未 払 費 用　など		

②**非貨幣項目**：貨幣項目以外の資産および負債をいいます。

〔取得時または発生時の為替レート(HR)により換算する項目〕14)

・棚卸資産(商品)	・前 払 金	・前 受 金	・繰 延 資 産
・有形固定資産	・無形固定資産	・前 払 費 用	・前 受 収 益

・子会社株式および関連会社株式（時価の著しい下落のあるものを除く）など 15)

14) つまり換算しない項目です。

15) 本試験では、貨幣項目の現金預金と債権・債務の換算を押さえれば十分です。

5 損益計算書の表示

損益計算書上は、期中および期末の換算によって生じた**為替差損益の純額**を「**為替差益**」(営業外収益)または「**為替差損**」(営業外費用)として、いずれかの区分に表示します。

外貨建取引

以下の取引について仕訳を示しなさい。解答にあたっては為替差損益勘定を用いること。

(1) NS商事は商品200ドルを掛けで輸入した(輸入時の為替レート：1ドル＝¥108)。

(2) NS商事は(1)で仕入れた商品を300ドルで掛けで売り上げた(売上時の為替レート：1ドル＝¥110)。

(3) (1)の掛代金全額を現金で決済した(決済時の為替レート：1ドル＝¥111)。

(4) (2)の掛代金が全額現金で決済された(決済時の為替レート：1ドル＝¥112)。

(1)	(借)	(貸)
(2)	(借)	(貸)
(3)	(借)	(貸)
(4)	(借)	(貸)

(1)	(借)	仕入	21,600 [16]	(貸)	買掛金	21,600
(2)	(借)	売掛金	33,000 [17]	(貸)	売上	33,000
(3)	(借)	買掛金	21,600	(貸)	現金	22,200 [18]
		為替差損益	600 [19]			
(4)	(借)	現金	33,600 [20]	(貸)	売掛金	33,000
					為替差損益	600 [21]

(3) ¥108で仕入れたさいの買掛金を ¥111で支払ったため、1ドルにつき ¥3の損をしたことになります。なお、換算の対象となっているのは買掛金であり、仕入ではありません。

(4) ¥110で売り上げたさいの売掛金が ¥112で回収できたため、1ドルにつき ¥2の益となりました。

16) 200ドル×¥108 ＝¥21,600

17) 300ドル×¥110 ＝¥33,000

18) 200ドル×¥111 ＝¥22,200

19) ¥21,600－¥22,200 ＝△¥600（為替差損）

20) 300ドル×¥112 ＝¥33,600

21) ¥33,600－¥33,000 ＝¥600（為替差益）

▶ HRはほっとけレート ◀

いま、みなさんの会社が外国に商品を販売し、1 ドル紙幣 1 枚を受け取ったとしましょう。このときの 1 ドルの為替レートが 120 円だとすると、次の仕訳を行います。

(借) 現　金	120	(貸) 売　上	120

つまり各取引は通常、取得時の為替レート（ヒストリカルレート、HR と略す）で処理されているのです。

次に、決算になったとしましょう。

金庫には 1 ドル紙幣が 1 枚あり、決算日の為替レートは 110 円でした。するとこの 1 ドル紙幣は帳簿上 120 円で処理されていますが、今では 110 円の価値しかありません。

当然に決算日の為替レート（カレントレート、CR と略す）に換算しなければならず、換算差額は為替差損益勘定で処理します。

(借) 為替差損益	10	(貸) 現　金	10

このように、外貨建の資産はまず HR で換算されており、決算にさいして CR など、他のレートに換算する必要がある場合に計算し直すことになるのです。

逆に決算で HR が適用される項目（例えば 1 ドル 120 円のレートで購入した備品など）は、結局、"何もしない"ということになるのです。

つまり、HRでの換算は"ほっとけレート"となるのです。

Section 1のまとめ

■外貨建取引とは　取引価額が外国通貨の単位で表示される取引をいいます。
外貨建取引を会計帳簿に記録するために、取引価額を円建に直す必要があり、これを換算といいます。

円建の金額 ＝ 外貨建金額 × 為替レート

■資産・負債の換算　外貨建資産・負債の換算について貨幣・非貨幣法によります。この方法によると、貨幣項目は決算時の為替レートを適用し、非貨幣項目については取得時または発生時の為替レートを適用します。

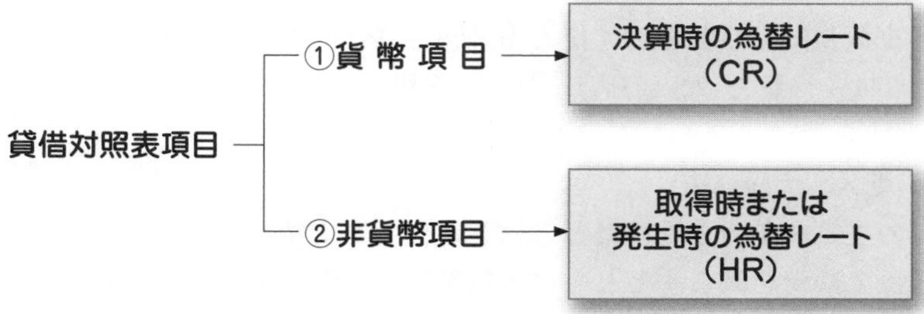

■為替差損益の処理　為替差損益は損益計算書上、営業外収益（為替差益）または営業外費用（為替差損）に純額で表示します。

為替手形

※　為替手形は、現在国内取引ではほとんど使われていません。ただ、Section ２の荷為替手形を理解するための参考として記載しています。そのため、自己受為替手形を中心に、ざっと見ておけば十分です。

⑴為替手形とは

為替手形とは手形の引受人に、「**支払期日になったら自分の代わりに、手形代金を支払ってください**」と依頼するための証券です。

具体的には、得意先に対して、売掛金の免除を条件に仕入先に対する買掛金を代わりに支払ってもらうために振り出します。

⑵為替手形の処理

例

あなたの会社は、仕入先仙台商店に対する買掛金￥10,000を支払うため、得意先大阪商店の引受けを得て為替手形を振り出した。

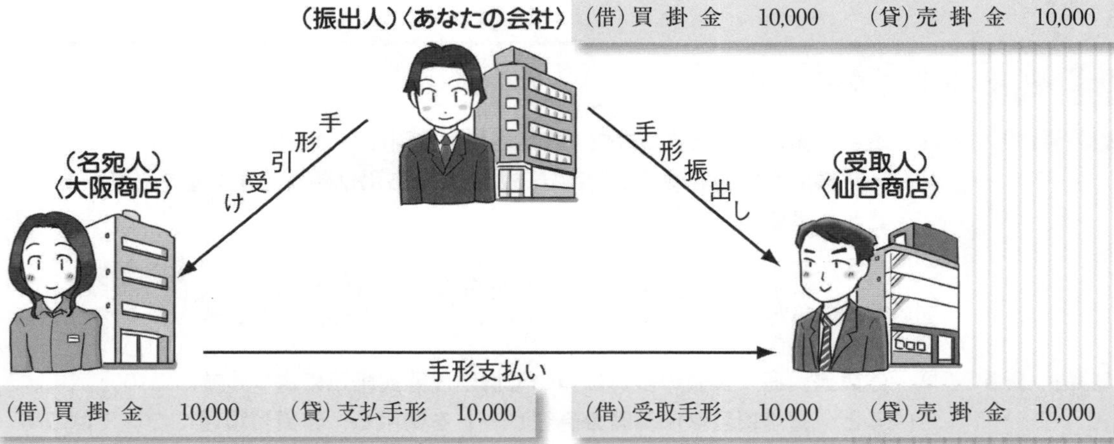

①振出人(あなたの会社)

為替手形を振り出したときは、仕入先(仙台商店)に対する買掛金を減らすとともに、得意先(大阪商店)に対する売掛金を減らします。

②名宛人(なあて)(引受人、大阪商店)

為替手形の支払いを引き受けたときは手形代金を支払う義務が生じるため、買掛金勘定を減らすとともに支払手形勘定の増加として処理します。

③受取人(仙台商店)

為替手形を受け取ったときは手形代金を受け取る権利が生じるため、売掛金勘定を減らすとともに受取手形勘定の増加として処理します。

自己受為替手形

(1)自己受為替手形とは

自己受為替手形とは、為替手形の振出人が自分を手形代金の受取人として振り出した手形をいいます。振出人が自分を受取人とするため、債権を回収するための手段として用いることができます。

(2)自己受為替手形の処理

例

あなたの会社は青山商店に対する売掛金 ¥500,000 を、青山商店を名宛人、当社を受取人とする自己受為替手形を振り出し、青山商店の引受けを得て回収した。

青山商店は支払手形勘定を増加させるとともに、買掛金を減少させます。
(借) 買掛金 500,000
　(貸) 支払手形 500,000

あなたの会社の処理(振出人＝受取人)

あなたの会社は自己受為替手形を振り出したときに、受取手形勘定を増加させる[01]と同時に、青山商店に対する売掛金を減少させます。

(借)受　取　手　形　500,000　(貸)売　　掛　　金　500,000

01) 自己受為替手形の振出人は手形代金の受取人となることから、受取手形勘定を増加させるのです。

自己宛為替手形

(1)自己宛為替手形とは

自己宛為替手形とは、為替手形の振出人が自分を手形代金の支払人として振り出した手形をいいます。

例えば、東京本社が大阪の仕入先の買掛金を支払いたいとき、近隣にある大阪支店を名宛人、大阪の仕入先を受取人とする為替手形を振り出す、というように用いられます[02]。したがって、自己宛為替手形の振出しは、実質的には、振出人が受取人に対して**約束手形を振り出したのと同じ意味を持つこと**になります。

02)本店と支店は別組織のようですが、1つの会社です。したがって、振出人と名宛人が同一であるということになります。

(2)自己宛為替手形の処理

例

あなたの会社は仕入先大阪商店に対する買掛金 ￥100,000 について、受取人を大阪商店、名宛人を当社の大阪支店とする為替手形を振り出し、支払った。

あなたの会社の処理(振出人＝名宛人＝支払人)

あなたの会社は手形を振り出したときに、支払手形勘定を増加させると同時に、大阪商店に対する買掛金勘定を減少させます。

(借)買　掛　金	100,000	(貸)支　払　手　形	100,000

大阪商店は、通常の為替手形の受取りと同様に、受取手形勘定で処理します。
(借) 受取手形 100,000
(貸) 売掛金 100,000

Section 2

重要度 ★★☆☆☆

外貨建荷為替手形

はじめに

あなたの会社は、アメリカのA社から日本円にして ¥500,000相当の注文を受けました。この売買契約は、代金の決済が取引成立後3カ月となっていたために代金回収の点がネックになっています。それは当社の資金繰りにも影響を与えるからです。
そこで、あなたは輸送する商品を担保に荷為替を取り組めば、代金の一部を先に受け取ることができるので、荷為替(にがわせ)を取り組むことを条件に、A社に注文を受ける旨の連絡をしました。

1 荷為替手形とは

海外の得意先に商品を輸出するさいに、販売代金を早期に回収することを目的として、**得意先を名宛人(=支払人)、自己を受取人として振り出される為替手形**を荷為替手形または**荷付為替手形**(にかわせてがた)といい、**貨物代表証券**(かもつだいひょうしょうけん)[01] **が添付**されています。

通常、為替手形を振り出すには名宛人の引受けが必要ですが、荷為替手形の場合には引受けがなされていません。そこで、貨物代表証券を添付することにより、後日名宛人が貨物代表証券の受取りと引換えに、必ず手形の引受けをするということを担保し、引受けのない手形を有効に扱うことができるようにしたものです。

01) 貨物代表証券…貨物引換証または船荷証券等をいいます。これを所持している人に貨物を受け取る権利があります。この証券の持主=貨物の持主とイメージしましょう。

(1)荷為替の取組み〈あなたの会社〉

荷為替の取組みとは、

①商品の海外輸送にさいして、運送会社より受け取る貨物代表証券を利用して、

②自己受為替手形を振り出し[02]、

③これを銀行で割り引く

という一連の行為をいいます。売主は手形を割り引くことで、代金を早期に回収できます。

02) 通常の商品売買において荷為替を取り組むときは、売上金額の70～80%とするのが通例です。それは貨物代表証券の担保としての価値がだいたいこの程度だからです。

(2)荷為替の引受け <A社>

荷為替の引受けとは、

④荷受人(得意先)が銀行から荷為替手形の呈示を受け、

⑤それを引き受けて、貨物代表証券を受け取ることをいいます。

そして、

⑥得意先は**貨物代表証券と引換え**に商品を受け取ります。

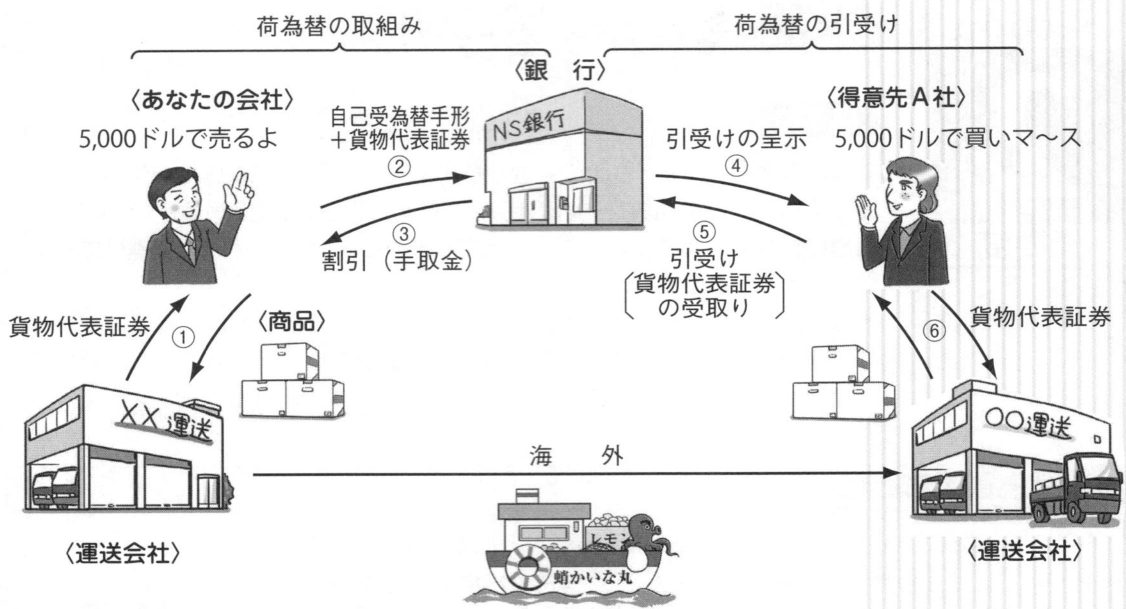

2 外貨建荷為替手形の処理

例2-1

当社はアメリカにあるA社に対し商品を5,000ドルで販売し、このうち、4,000ドルについて取引銀行で荷為替を取り組み、割引料 ¥8,000を差し引かれた残額を同行の当座預金とした。販売日の為替レートは1ドル¥100である。

(1)当社の処理(荷為替の取組み)

①自己受為替手形の振出し

商品を販売したと同時に、自己受為替手形を振り出したと考えます。

(借)		(貸)	
受取手形	400,000 [04]	売上	500,000 [03]
売掛金	100,000 [05]		

03) 5,000ドル×¥100 =¥500,000
04) 4,000ドル×¥100 =¥400,000
05) (5,000ドル−4,000ドル)×¥100 =¥100,000

②荷為替手形の割引

この自己受為替手形を銀行で割り引いたと考えます。

(借)		(貸)	
当座預金	392,000	受取手形	400,000
手形売却損	8,000		

上記の仕訳をまとめると、荷為替の取組みの仕訳になります。

(借)		(貸)	
当座預金	392,000	売上	500,000
手形売却損	8,000		
売掛金 [06]	100,000		

06) この場合の売掛金の金額は、荷為替を取り組まなかった金額を示します。

(2) A社の処理(荷為替の引受け)

A社では、荷為替の引受けと、それに伴う貨物代表証券の受取りの仕訳を行います。

(借)未着品[07]	500,000[10]	(貸)支払手形[09]	400,000
		買掛金[08]	100,000

07)未着品…貨物代表証券の受領と同時に商品を引き取ったときは「仕入」となります。

08)当社の売掛金の額に一致しています。

09)荷為替の取組み額になります。

10)本来、A社はドル建てで処理していますが、ここでは円建で示しています。

▶荷為替ひと巡り◀

荷為替の取組みは、難しいところです。よく聴いてくださいね(笑)。

まず前提として、<あなたの会社>と<得意先>の間で商品売買の約束ができています。

①あなたは商品の発送にさいして、運送会社に商品を預けるとともに、**貨物代表証券**を受け取ります。この貨物代表証券の持ち主が荷物の持ち主でした。

②次に、あなたは自己受為替手形(引受け未済)を振り出します。

(借)受取手形	＊＊＊＊＊	(貸)売上	＊＊＊＊＊

そして、この手形に①の貨物代表証券を添付して銀行に持ち込んで言うのです。「得意先に**自己受為替手形の引受け**を条件に、この貨物代表証券を渡してください。得意先は必ず引き受けますので、この自己受為替手形の引受けがあるとして割り引いてください」と。

③これで銀行の承認を受けて、次の仕訳になります。

(借)現金	＊＊	(貸)受取手形	＊＊＊
手形売却損	＊		

この2つの仕訳の合計が、**荷為替の取組み**の仕訳となります。ただ銀行が、売上額の全額の荷為替(丸為替(まるかわせ)といいます)を取り組んでくれることはまれで、通常は売上額の70%～80%のようです。残りの分は後で得意先から直に回収するので売掛金になります。

(借)現金	＊＊	(貸)売上	＊＊＊＊＊
手形売却損	＊		
売掛金	＊＊		

④次に、銀行が得意先に荷為替の引受けを提示し、⑤得意先は引受けに応じるとともに貨物代表証券を取得します。

したがって、得意先の仕訳は次のようになります。

(借)未着品	＊＊＊	(貸)支払手形	＊＊＊

もちろん丸為替でなければ、このときの貸方に、あなたの会社に直接支払う分として買掛金が出てくることになります。

(借)未着品	＊＊＊＊＊	(貸)支払手形	＊＊＊
		買掛金	＊＊

⑥この後荷物が届くと得意先は、運送会社に貨物代表証券を提示して商品を受け取ることになるのです。

(借)仕入	＊＊＊＊＊	(貸)未着品	＊＊＊＊＊

これが荷為替のひと巡りです。

外貨建荷為替手形

次の取引について、売主側と買主側の両者の仕訳を示しなさい。

山岡商事は得意先ワシントン商事へ商品を 400 ドルで船便で発送し、そのさい、取引銀行で 300 ドルの荷為替を取り組み、割引料 ¥1,000 を差し引かれ、手取金は当座預金とした。ただし、ワシントン商事は船荷証券を受け取ったのみで商品はいまだ到着していない。販売時および貨物代表証券受取り時の為替レートは1ドル ¥100である。

売主側

(借)			(貸)	
当座預金	29,000 [12]	売上	40,000 [11]
手形売却損	1,000		
売掛金	10,000 [13]		

買主側

(借)		(貸)	
未着品	40,000 [14]	支払手形	30,000 [15]
		買掛金	10,000 [16]

11) 400 ドル×¥100 ＝¥40,000
12) 300 ドル × ¥100 － ¥1,000 ＝¥29,000
13) (400 ドル－ 300 ドル) ×¥100 ＝¥10,000
14) 400 ドル×¥100 ＝¥40,000
15) 300 ドル×¥100 ＝¥30,000
16) (400 ドル－ 300 ドル) ×¥100 ＝¥10,000

Section 2のまとめ

■荷為替取組時

商品を 450 ドルで売り上げたさい、300 ドルについて荷為替手形を取り組み、割引料 ¥1,000 を支払い、手取金を当座預金とした。販売時の為替レートは1ドル¥100である。

(借)		(貸)	
当座預金	29,000	売上	45,000
手形売却損	1,000		
売掛金	15,000		

■荷為替引受時

未着商品 450 ドルにつき荷為替手形 300 ドルの引受けをした。貨物代表証券受取時の為替レートは1ドル¥100である。

(借)		(貸)	
未着品	45,000	支払手形	30,000
		買掛金	15,000

Chapter 6

有価証券

有価証券の全体像

		重要度
Section 0	１級合格のための２級の基礎知識	★★★☆☆
Section 1	有価証券の追加取得	★★★☆☆
Section 2	有価証券の分類	★★★★★
Section 3	その他有価証券	★★★★★
Section 4	満期保有目的債券	★★★★★
Section 5	利付債券の売買	★★★☆☆
Section 6	有価証券の差入・預り	★★☆☆☆

ココがPOINT!!

有価証券を持つ目的によって評価も分けるべし！

ここでは、売買目的だけでなく、満期まで持ち利息をもらうためであったり、相手の会社を支配するためであったり、取引関係を維持するために購入する有価証券について学習します。

将来売却する可能性があれば期末に時価評価すべきだし、売却する可能性がなければ時価評価しても意味がありません。このように保有する目的によって、期末の評価方法が変わってくることがポイントです。

Section 0 重要度 ★★★☆☆

1級合格のための2級の基礎知識

重要ポイント

有価証券の取得…購入代価(＋付随費用)で処理 ⇒ 簿価となる
有価証券の評価…簿価＜時価 ⇒ 有価証券評価益
　　　　　　　　簿価＞時価 ⇒ 有価証券評価損
有価証券の売却…簿価＜売価 ⇒ 有価証券売却益
　　　　　　　　簿価＞売価 ⇒ 有価証券売却損

1 売買目的有価証券とは

(1)売買目的有価証券

売買目的有価証券とは、時価の変動により売買益を得ることを目的として保有する有価証券をいいます。

(2)売買目的有価証券の評価

売買目的有価証券の場合、時価をもって貸借対照表価額とし、評価差額は当期の損益とします。すなわち、次のように処理します。

簿価＜時価のとき、**有価証券評価益勘定**
簿価＞時価のとき、**有価証券評価損勘定**

(3)売買目的有価証券の処理

例0-1

売買目的で熊本商事株式会社の株式5株を1株 ￥76,000 で購入し、代金は小切手を振り出して支払った。

①購入時

(借)	売買目的有価証券（資産の増加）	380,000	(貸) 当座預金	380,000

有価証券勘定を使用することもあります。本試験では、問題文の指示に従って、解答するようにしてください。

②売却時

同社の株式3株を1株 ￥80,000 で売却し、代金は当座預金とした。

(借)	当座預金	240,000	(貸) 売買目的有価証券（資産の減少）	228,000
			有価証券売却益[01]（収益の発生）	12,000

01)有価証券売却益勘定は有価証券運用損益勘定でも可。

③決算時

本日決算となったが、上記株式の時価は1株 ￥69,000 であった。

(借)	有価証券評価損[02]（費用の発生）	14,000[03]	(貸) 売買目的有価証券（資産の減少）	14,000

02)有価証券運用損益勘定でも可。

03)(￥69,000 − ￥76,000)×2株＝△￥14,000

Section 1

有価証券の追加取得

重要度 ★★★☆☆

はじめに

あなたは、資金に余裕ができるたびに有価証券を取得していました。あるとき、その有価証券を売却しようとしたさい、何度も異なる単価で取得していたため、払出単価をどうすればいいのかわからなくなってしまいました。
このSectionでは、有価証券の追加取得について学習します。

1 有価証券の追加取得

有価証券を追加取得した場合には、移動平均法[01]により、平均単価を算定する必要があります。移動平均法とは、有価証券を追加取得するたびに平均単価を計算し、それを次回の払出単価とする方法です。

01)有価証券に新旧の価値の違いがないため、先入先出法などは用いません。

$$平均単価 = \frac{残高金額 + 受入金額}{残高数量 + 受入数量}$$

(1)追加取得時

例1-1

愛知商事株式会社の株式100株を1株@¥800で購入し、代金は売買手数料¥1,000とともに現金で支払った[02]。なお、同社の株式200株を1株@¥750ですでに取得している。

02)取得時の売買手数料は、取得原価に含めます。

このときも、**売買目的有価証券勘定**[03]**の増加**として処理します。

(借)	売買目的有価証券	81,000[04]	(貸)	現　　　金	81,000

03)有価証券勘定が用いられることもあります。

04)@¥800×100株＋¥1,000＝¥81,000

なお、この時点で移動平均法を用いて平均単価を求めておきます。
(¥150,000＋¥81,000)÷(200株＋100株)＝@¥770

(2)売却時

例1-2

同社の株式150株を1株@¥760で売却し、売買手数料¥2,000が差し引かれ、残額を当座預金とした[05]。

05)売却時に支払った手数料は、支払手数料勘定(費用の勘定)で処理します。ただし、売却損益に含める場合もあります。

売却した有価証券の平均原価と売却価格との差額が、**有価証券売却益**または**有価証券売却損**となります。

平均単価@¥770の株式を@¥760で150株売却しています。

(借)	当座預金	112,000	(貸)	売買目的有価証券	115,500
	支払手数料	2,000			
	有価証券売却損	1,500			

売却分の原価：@¥770×150株＝¥115,500
売却分の売価：@¥760×150株＝¥114,000
売却損益：¥114,000－¥115,500＝△¥1,500（売却損）

なお、当座預金の額(手取額)は、上の¥114,000から手数料¥2,000を差し引いた金額¥112,000となります。

⑶配当・利息受取時

例1-3

残りの株式について同社から配当金 ¥9,500 を受け取り、当座預金とした。

このとき、**受取配当金勘定(収益の勘定)**で処理します[06]。

(借)当座預金	9,500	(貸)受取配当金	9,500

06)公社債の利息を受け取ったときは、有価証券利息勘定(収益の勘定)となります。

⑷決算時

例1-4

決算にあたり売買目的有価証券(株式)の評価替えを行った(時価は1株 @¥800)。

売買目的有価証券の場合、時価をもって貸借対照表価額とし[07]、評価差額は当期の損益とします。

07)これを時価法といいます。

簿価<時価のとき、**有価証券評価益勘定**
簿価>時価のとき、**有価証券評価損勘定**

ここでは、原価が1株 @¥770であり、時価が原価よりも高くなっているので、差額を評価益として計上します[08](移動平均法を採用しているものとして計算しています)。

(借)売買目的有価証券	4,500	(貸)有価証券評価益	4,500[09]

08)決算で行った時価評価の金額をそのまま翌期の売買目的有価証券の金額とする方法(切放法(きりはなしほう))の他に、翌期首に決算時の仕訳の貸借逆の仕訳を行い、売買目的有価証券の金額を取得原価に戻す方法(洗替法(あらいがえほう))もあります。
(有価証券評価益) 4,500
(売買目的有価証券) 4,500

09)(@¥800 −@¥770)×(100株+200株−150株)=¥4,500

有価証券の追加取得

次の取引の仕訳を示しなさい。

当社は、期中に3回に分けて、売買目的で取得(現金払い)していた上場株式のうち120株を、期末に@¥53,400で売却し、代金は4日後に受け取ることにした。取得状況は次のとおりである。

第1回目(120株、取得価額 @¥45,200)
第2回目(60株、取得価額 @¥47,900)
第3回目(80株、取得価額 @¥47,400)
株式の払出単価の計算は移動平均法によっている。

(借) 未　収　金	*6,408,000*	(貸) 売買目的有価証券	*5,580,000*
		有価証券売却益	*828,000*

解説

購入時

（第１回目）

(借) 売買目的有価証券	5,424,000	(貸) 現　金	5,424,000

@￥45,200 × 120株 = ￥5,424,000

（第２回目）

(借) 売買目的有価証券	2,874,000	(貸) 現　金	2,874,000

@￥47,900 × 60株 = ￥2,874,000

$$\text{平均単価：}\frac{￥5{,}424{,}000 + ￥2{,}874{,}000}{120\text{株} + 60\text{株}} = @￥46{,}100$$

（第３回目）

(借) 売買目的有価証券	3,792,000	(貸) 現　金	3,792,000

@￥47,400 × 80株 = ￥3,792,000

$$\text{平均原価：}\frac{￥5{,}424{,}000 + ￥2{,}874{,}000 + ￥3{,}792{,}000}{120\text{株} + 60\text{株} + 80\text{株}} = @￥46{,}500$$

売却時

売却価額：@￥53,400 × 120株 = ￥6,408,000
売却原価：@￥46,500 × 120株 = ￥5,580,000
売却損益：￥6,408,000 − ￥5,580,000 = ￥828,000（売却益）

Section 1のまとめ

■有価証券の追加取得時は、以下の算式により平均単価を計算します。
払出単価は平均単価を用います。

$$\text{平均単価} = \frac{\text{残高金額} + \text{受入金額}}{\text{残高数量} + \text{受入数量}}$$

Section 2 有価証券の分類

重要度 ★★★★★

はじめに

家具の販売も順調で、資金に余裕がでてきました。
このまま銀行に預けていても利息が少ないので株式などへの投資を考えることにしました。有価証券にはどのようなものがあるのかみていきましょう。

1 有価証券とは

株式会社が発行する株式[01]や社債、国や地方公共団体が発行する国債・地方債を有価証券といいます。当分使う予定のない余裕資金ができた場合、企業は有価証券に投資することで、この余裕資金を少しでも増やそうとします。

01) 自分の会社が発行する株式は、(ここでいう)有価証券ではありません。

2 有価証券の分類

簿記上の有価証券には株式と債券(社債、国債など)がありますが[02]、これを保有目的別に分けて扱います。

02) 一般的(法律的)には、小切手や手形、プリペイドカードや定期券なども有価証券となりますが、簿記では株式と債券に限定されます。

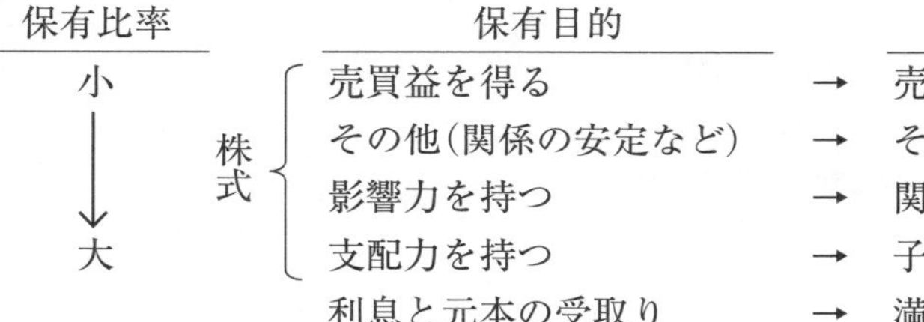

保有比率		保有目的		名称	
小	株式	売買益を得る	→	売買目的有価証券	債券
↓	株式	その他(関係の安定など)	→	その他有価証券	債券
↓	株式	影響力を持つ	→	関連会社株式	
大	株式	支配力を持つ	→	子会社株式	
		利息と元本の受取り	→	満期保有目的債券[03]	債券

03) 「権」ではなく、チケットを表す「券」です。注意してください。

3 有価証券取引の全体像

有価証券の取引では、取得、追加取得、決算、売却の4つの場面があります。

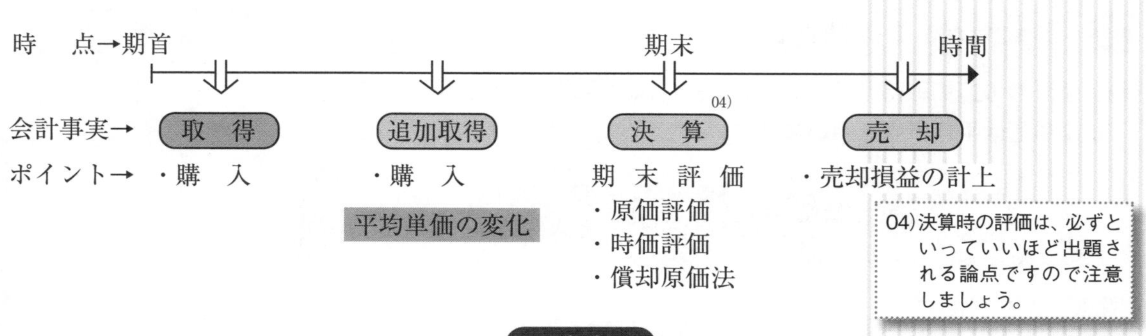

04) 決算時の評価は、必ずといっていいほど出題される論点ですので注意しましょう。

4 有価証券の評価と表示

有価証券は保有目的ごとに、評価方法(貸借対照表価額の決め方)や処理方法が異なります。一覧表に示すと次のとおりです。

	貸借対照表表示場所	評価方法(貸借対照表価額)	処理方法	評価差額・償却額	
				表示科目	表示区分
売買目的有価証券	流動資産	時　　価	切放法または洗替法	有価証券評価益(損)	損益計算書 営業外収益(営業外費用)
満期保有目的債券	投資その他の資産※	原則：取得原価	−	−	−
		償却原価	定額法	有価証券利息	損益計算書 営業外収益
子会社株式・関連会社株式		取得原価	−	−	−
その他有価証券		時　　価	洗替法(全部純資産直入法)	その他有価証券評価差額金	貸借対照表 純資産の部

※　一年内に満期の到来する社債その他の債券は流動資産とします。

5 子会社株式・関連会社株式

売買を前提としないので、決算にさいしても取得原価で評価する(評価替えを行わない)子会社株式、関連会社株式からみていきましょう。

(1)子会社株式とは

子会社株式とは、当社(A社)の子会社(B社)が発行している株式をいいます。子会社(B社)とは、発行した株式のうち、当社(A社)に50%超を保有されている場合など、支配[05]されていると認められる企業をいいます。

(2)関連会社株式とは

関連会社株式とは、当社(A社)の関連会社(C社)が発行している株式をいいます。関連会社(C社)とは、発行した株式のうち、当社(A社)に20%以上50%以下を保有されている場合など、当社がその企業の意思決定に重要な影響力[06]を与えることができる企業をいいます。

子会社株式・関連会社株式の処理では、①取得した時、②決算の時の2つの場面があります。

①取得時

例2-1

支配目的で愛知商事株式会社の株式600株を1株@¥500で購入し、代金は現金で支払った。

子会社株式を取得したときは、子会社株式勘定の増加、また関連会社株式を取得したときは、関連会社株式勘定の増加として処理します。

(借)子会社株式	300,000[07]	(貸)現　　　金	300,000

05) 株式を保有することにより株主総会で議決権を行使することができ、50%超を保有していれば株主総会で提案された議案の可決・否決について決定権を持つことができます。

06) 実際には20%以上保有していれば株主総会で提案された多くの議案の可決・否決について大きな影響力を持つことができます。

07) @¥500 × 600株 ＝¥300,000

②決算時

例2-2

決算日における子会社株式の時価は @ ¥600 であった。

子会社株式や関連会社株式は、原則として、時価の上下にかかわらず取得原価で評価する（帳簿価額が変わらない）ため、決算時には「仕訳なし」となります。

仕　訳　な　し

子会社株式・関連会社株式は合わせて、貸借対照表上、関係会社株式として、固定資産（投資その他の資産）の区分に表示します。

貸借対照表

Ⅱ　固定資産

3．投資その他の資産

関係会社株式　300,000

関連会社株式の処理

次の取引の仕訳を行いなさい。なお、仕訳不要の場合には借方欄に「仕訳なし」と記入すること。

(1)　当社は、東京商事株式会社に影響力を行使する目的で、同社株式600株を1株@¥300で購入し、代金は現金で支払った。

(2)　決算日現在、保有する関連会社株式の時価は1株@¥250であった。

(1)	(借) 関連会社株式[08]	*180,000*	(貸) 現　　金	*180,000*
(2)	仕　訳　な　し			

08) @¥300 × 600株
　＝¥180,000

6　子会社株式評価損・関連会社株式評価損（減損処理）

(1)時価のある株式

子会社株式・関連会社株式は、期末に原則として取得原価で評価しますが、期末における時価が取得原価の50%以上下落し、回復の見込みがない場合または回復見込みが不明な場合には、評価損を計上します。（**強制評価減**）

例2-3

子会社株式（取得原価¥100,000）の期末時価は¥40,000であり、回復の見込みは不明であった。

(借) 子会社株式評価損　60,000[09]　(貸) 子 会 社 株 式　60,000

09) ¥40,000－¥100,000
　＝△¥60,000
　P／L上、特別損失の区分に「関係会社株式評価損」として表示します。

⑵時価を把握することが極めて困難と認められる株式

時価を把握することが極めて困難と認められる株式(たとえば時価がない場合)についてその株式の発行会社の財政状態の悪化により実質価額[10]が著しく低下した場合[11]、実質価額を貸借対照表価額とし、評価差額は当期の損失として特別損失に表示[12]します(**実価法**(じっかほう))。

10) 1株あたりの純資産額

11) 実質価額が取得原価の50%を下回った場合などが該当します。

12) 強制評価減と実価法は満期保有目的債券やその他有価証券についても適用します。

時価あり:時　　価(強制評価減)[12]
時価なし:実質価額(実価法)[12]

$$1株あたりの実質価額 = 1株あたりの純資産額 = \frac{純資産額}{発行済株式数}$$

例2-4

子会社株式(市場価格なし、取得原価 @¥65,000)40株について発行会社の財政状態が下記のように悪化したため、実質価額に評価替えを行う。なお、同社の発行済株式総数は70株である。

貸借対照表　(単位:円)

借方	金額	貸方	金額
諸資産	5,500,000	諸負債	3,400,000
		資本金	3,000,000
		繰越利益剰余金	△900,000
	5,500,000		5,500,000

(借)子会社株式評価損　1,400,000　(貸)子会社株式　1,400,000

$$株式の1株あたりの実質価額 = \frac{発行会社の純資産額^{13)}}{発行済株式数}$$

13) 純資産額=資産−負債

$$= \frac{¥5,500,000 - ¥3,400,000}{70株} = @¥30,000$$

子会社株式評価損:(@¥65,000 − @¥30,000)× 40株
= ¥1,400,000

Section 2のまとめ

■有価証券の分類　簿記上の有価証券には株式と債券があり、これを保有目的別に分けて扱う。

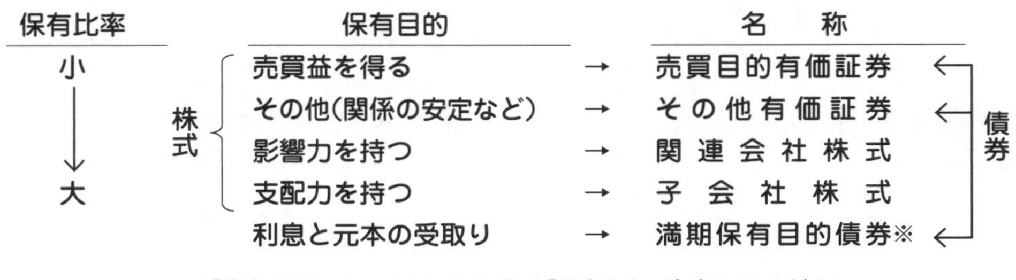

保有比率		保有目的		名称	
小	株式	売買益を得る	→	売買目的有価証券	債券
↓	株式	その他(関係の安定など)	→	その他有価証券	債券
↓	株式	影響力を持つ	→	関連会社株式	
大	株式	支配力を持つ	→	子会社株式	
		利息と元本の受取り	→	満期保有目的債券※	債券

※「権」ではなく、チケットを表す「券」です。注意してください。

Section 3
重要度 ★★★★★

その他有価証券

はじめに

あなたは、得意先の会社からその会社が発行している株式を買ってくれと頼まれました。大事な得意先であるため、取引関係を維持するために購入しました。
この有価証券はすぐには売れないため売買目的ではないし、株式であるため満期保有目的債券でもないし、支配目的でも影響力を行使する目的でもありません。
このようなとき、その株式についてどのように処理すればよいのでしょうか。

1 その他有価証券

その他有価証券[01]とは、売買目的有価証券、満期保有目的債券、子会社株式および関連会社株式のいずれにも該当しない有価証券をいい、いわゆる持合株式(もちあいかぶしき)[02]がその中心となります。その他有価証券はいずれは売却されると考えられることから、時価で評価します。

01) その他の有価証券ではない点に注意してください。
02) 取得側は関係の安定化のため、発行側は安定株主の確保のため、取引先の株式を持ち合うことがあります。これを持合株式と通称します。

2 その他有価証券の処理

その他有価証券の処理では、(1)その他有価証券を取得したとき、(2)決算のとき、(3)翌期首、(4)売却時の４つの場面があります。

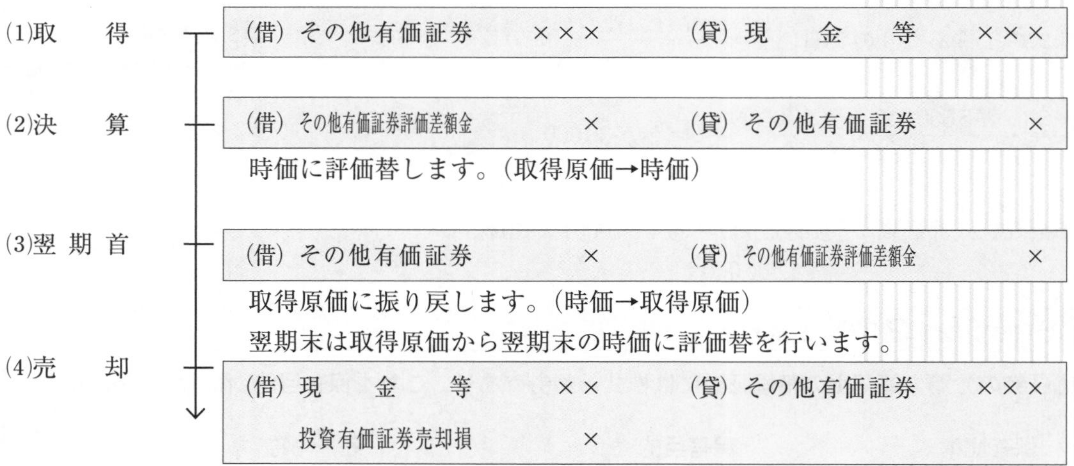

(1)取　得
(借) その他有価証券　×××　(貸) 現　金　等　×××
(2)決　算
(借) その他有価証券評価差額金　×　(貸) その他有価証券　×
時価に評価替します。(取得原価→時価)
(3)翌 期 首
(借) その他有価証券　×　(貸) その他有価証券評価差額金　×
取得原価に振り戻します。(時価→取得原価)
翌期末は取得原価から翌期末の時価に評価替を行います。
(4)売　却
(借) 現　金　等　××　(貸) その他有価証券　×××
投資有価証券売却損　×

(1)取得時

その他有価証券を取得したときは、その他有価証券勘定の増加として処理します。

例3-1

取引関係を維持するために、東京株式会社の株式150株を1株@¥770で購入し、代金は現金で支払った。

(借) その他有価証券	115,500[03]	(貸) 現　　　金	115,500

03) @¥770 × 150株 ＝¥115,500

(2)決算時

①評価

取引関係を維持するためなどの目的で保有するものですが、いつかは売却することを考え、決算日の時価で評価します。

②評価差額

短期に売却するものではないため、評価差額を損益計算書に計上せずに、貸借対照表の純資産の部にその他有価証券評価差額金として直接計上(**全部純資産直入法**(ぜんぶじゅんしさんちょくにゅうほう)[04])します。

04) プラスであってもマイナスであっても純資産の区分に直接計上します。なお、この他に部分純資産直入法という処理もありますが上級の試験範囲です。

評価差額を純資産の部に直接計上（全部純資産直入法）
→洗替法[05]により、その他有価証券評価差額金(ゆうかしょうけんひょうかさがくきん)勘定[06]で処理

05) 売買目的有価証券と異なり切放法はありません。

06) 費用、収益ではなく純資産の勘定として処理します。

③その他有価証券の表示

その他有価証券は、貸借対照表上、投資有価証券として、固定資産(投資その他の資産)の区分に表示します。

例3-2

当社が期末に保有するその他有価証券の金額は以下のとおりである。その他有価証券の評価は全部純資産直入法による。

第1期期末

第1期		
取得原価	保有株式数	期末時価
@¥770	150株	@¥800

(借) その他有価証券	4,500[07]	(貸) その他有価証券評価差額金	4,500

07) (@¥800 − @¥770) × 150株＝¥4,500
社債などの債券をその他有価証券として保有している場合も、株式と同様に時価で評価します。

貸借対照表 (単位：円)

資産の部		純資産の部	
II 固定資産		II 評価・換算差額等	
投資有価証券	120,000	その他有価証券評価差額金	4,500

(3)翌期首（洗替法）

常に取得原価と比較できるようにするため、帳簿価額(@ ¥800)を取得原価(@ ¥770)に振り戻します。

(借) その他有価証券評価差額金	4,500	(貸) その他有価証券	4,500

第２期期末

第２期

帳簿価額	保有株式数	期末時価
？	150株	@¥810

(借) その他有価証券	6,000 [08]	(貸) その他有価証券評価差額金	6,000

08)(@ ¥810 − @ ¥770) × 150株＝¥6,000

貸借対照表　(単位：円)

資産の部		純資産の部	
II 固定資産		II 評価・換算差額等	
投資有価証券	121,500	その他有価証券評価差額金	6,000

(4)売却

その他有価証券の帳簿価額(＝取得原価)と売却価額との差額が投資有価証券売却損益となります。なお、この処理は売買目的有価証券と同じです。

その他有価証券の評価

次の取引の仕訳を行うとともに、当期末の貸借対照表を作成しなさい。その他有価証券の評価は、全部純資産直入法による。

(1) 当社は、×５年４月１日にその他有価証券としてＡ社が発行した株式100株を１株¥300で購入し、代金は当座預金より支払った。

(2) 当期末におけるＡ社株式の時価は、１株¥350である。

貸借対照表　(単位：円)

資産の部		純資産の部	
II 固定資産		II 評価・換算差額等	
投資有価証券	(　　)	その他有価証券評価差額金	(　　)

(1)	(借) その他有価証券	30,000	(貸) 当座預金	30,000
(2)	(借) その他有価証券	5,000	(貸) その他有価証券評価差額金	5,000

貸借対照表　(単位：円)

資産の部		純資産の部	
II 固定資産		II 評価・換算差額等	
投資有価証券	(35,000)	その他有価証券評価差額金	(5,000)

3 税効果会計を適用する場合

有価証券のうち、その他有価証券を期末に時価評価するにあたり、税効果会計[09)]を適用する場合があります。

09) 税効果会計について、詳しくは上級で学習します。1級ではその他有価証券について税効果会計を適用する場合のみ学習します。

(1)評価益が生じている場合

その他有価証券を将来売却するときに売却益が生じた場合、その分利益が増加し税金が増えます。そして、税引後の額だけ当期純利益が増加し、純資産の額も増加します。

そのため、評価益が生じている場合、**将来増加する税金の額**を繰延税金負債勘定(固定負債)[10)]で処理し、**税引後の金額をその他有価証券評価差額金勘定で処理**します。

(2)評価損が生じている場合

その他有価証券を将来売却するときに売却損が生じた場合、その分利益が減少し税金が減ります。そして、税引後の額だけ当期純利益が減少し、純資産の額も減少します。

そのため、評価損が生じている場合、**将来減少する税金の額**を繰延税金資産勘定(固定資産)[10)]で処理し、**税引後の金額をその他有価証券評価差額金勘定で処理**します。

10) B / S上、固定資産の繰延税金資産と、固定負債の繰延税金負債は相殺して表示します。

例3-3

以下のその他有価証券について、全部純資産直入法により評価替えする。なお、税効果会計を適用し、法人税等の税率は30%である。

	取得原価	期末時価
A社株式	¥1,000	¥1,100
B社株式	¥1,500	¥1,400

A社株式

(¥1,100 − ¥1,000) × 30% = ¥30

(借)		(貸)	
その他有価証券	100	繰延税金負債	30
		その他有価証券評価差額金	70

(¥1,100 − ¥1,000) − ¥30 = ¥70

B社株式

(借)		(貸)	
繰延税金資産	30	その他有価証券	100
その他有価証券評価差額金	70		

Section 3のまとめ

■その他有価証券とは　その他有価証券とは、売買目的有価証券、満期保有目的債券、子会社株式および関連会社株式のいずれにも該当しない有価証券をいいます。

■その他有価証券の処理　その他有価証券を取得したときは、その他有価証券勘定で処理します。決算時には時価で評価し、評価差額を貸借対照表の純資産の部にその他有価証券評価差額金として直接計上します。

(1)購入時　取引関係を維持する目的で大阪商事株式会社の株式¥10,000を購入し、代金は現金で支払った。

（借）その他有価証券	10,000	（貸）現　　　金	10,000

(2)決算時　決算日における大阪商事株式会社の株価は¥12,000であった。

（借）その他有価証券	2,000	（貸）その他有価証券評価差額金	2,000

■税効果会計を適用する場合

①評価益の場合

（借）その他有価証券	×××	（貸）繰延税金負債	×
		その他有価証券評価差額金	××

②評価損の場合

（借）繰延税金資産	×	（貸）その他有価証券	×××
その他有価証券評価差額金	××		

満期保有目的債券

はじめに

資金の余裕が出てきた当社は、株式に投資して資金を運用しようとも考えましたが、株価の下落がどうしても心配です。そこで、社債であれば、満期日まで保有していれば額面金額でお金が戻ってくるし、株式ほどの配当はなくても、預金利息よりも利息をもらえると考え、社債を購入することにしました。このときの処理をみていきましょう。

1 満期保有目的債券とは

満期までの長期間所有し、利息と元本を受け取る目的で保有する社債などの債券を**満期保有目的債券**[01]といい、社債の購入者としての処理を行います。

01)「投資有価証券」勘定が使われることもあります。

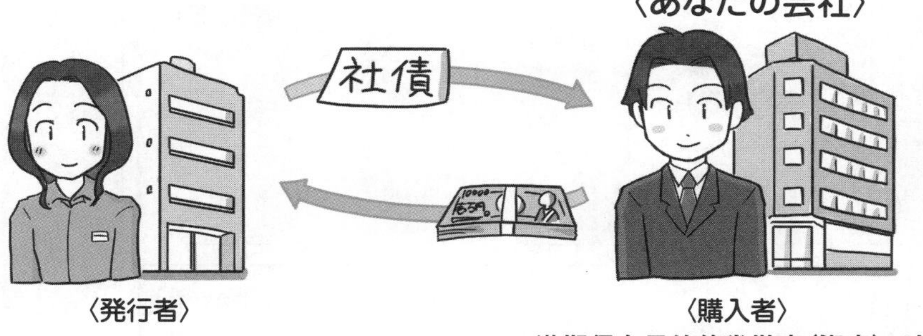

「長期間所有」という点がポイントです。
社債であっても、短期的な売買を目的として購入すれば売買目的有価証券勘定で処理することになるからです。

2 満期保有目的債券の処理

満期保有目的債券に関わる処理では、(1)満期保有目的債券として購入した時、(2)利息を受け取った時、(3)決算の時、(4)満期の時、の４つの場面があります。

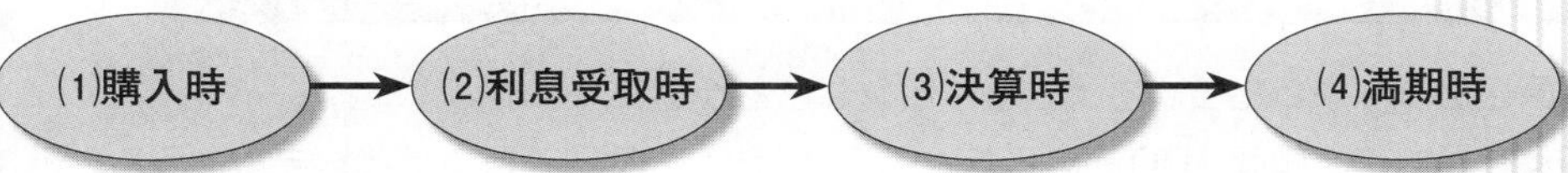

とくに(3)の決算時にさいしては、償却原価法という方法を用いて金額を算定するため、注意が必要です。

3 償却原価法

満期保有目的債券は、(原則として)取得原価を貸借対照表価額としますが、**発行価額または取得原価と額面金額が異なり、その差額が金利の調整と認められるとき**[02]は、**償却原価法にもとづいて算定した価額(償却原価)**をもって貸借対照表価額としなければなりません。なお、償却原価とは、取得原価に金利調整額を加減算した金額のことです。

(例)

取得原価 ¥95、額面金額 ¥100、満期までの期間が5年の社債を購入したとすると、その差額の¥5を、1年目には+¥1して ¥96、2年目にはさらに+¥1して ¥97と、毎期、満期保有目的債券の取得原価に加算して額面金額に近づけていくことになります。そして、この ¥96、¥97などを**償却原価**というのです。

なお、毎期の加減額[03]は1級では**定額法により算定**し、購入者側は**有価証券利息勘定で処理**します。

02) たとえば、¥95で買って¥5の利息が付いて¥100で償還される場合、実質的な利息は利札分と¥5を合わせたものとなります。このように額面と異なる価額で取得することにより利息(金利)が調整されている状態をいいます。

03) 額面金額よりも高い金額で取得した場合には減算していきます。

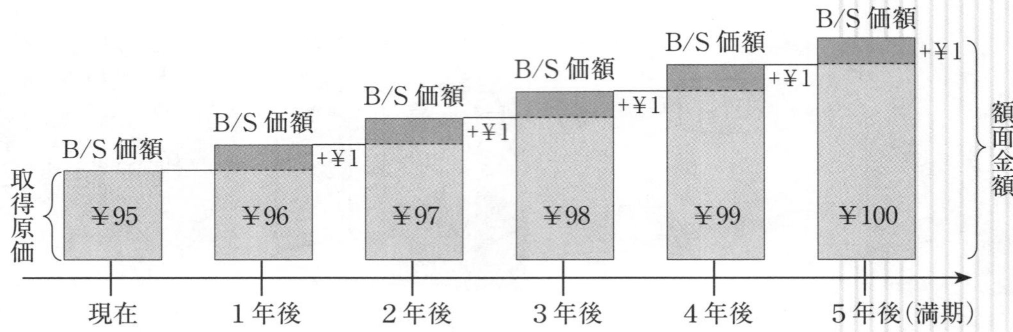

基本となる仕訳を示すと、次のようになります。

購入時:	(借) 満期保有目的債券	95	(貸) 現　　金	95
1年後:	(借) 満期保有目的債券	1	(貸) 有価証券利息	1

(決算時)⇒満期保有目的債券の貸借対照表価額は¥96となる

▶ もしも償却原価法がなかったら… ◀

もしも償却原価法がなかったら、ちょっとイビツなことが起こります。

期首に満期保有目的で、額面100円の5年ものの社債を、95円で買ったとしましょう。

決算になっても、この社債は満期保有目的債券ですから(原価のままで)、とくになにも仕訳されなかったとしましょう。

ところが5年後、満期日になると、額面金額の100円で償還されるので、このタイミングでいきなり5円の収益が発生します。1年目も2年目も同じように保有しているのに収益は出ず、5年目だけポコッと5円の収益が出るということになります。これ、おかしいですよね。同じように保有していれば同じように収益が出るべきです。

ですから、償却原価法で次の仕訳をして、毎期1円ずつ収益を計上するようにしているのです。

(借) 満期保有目的債券　1　(貸) 有価証券利息　1

4 満期保有目的債券の具体的な処理①

(1)購入時

例4-1

X1年4月1日に、下記の条件で発行された社債を、発行と同時に満期保有を目的として購入し[04]、代金は現金で支払った。なお、当社の決算日は毎年3月31日であり、償却原価法（定額法）を適用する。
【発行条件】額面 ¥1,000,000、年利6%、利払日3月と9月の各末日、償還期間2年、払込価額は額面金額@¥100につき@¥98

04)満期まで保有し、その間の利息の受取りを目的とした債券であり、原則として中途での売却は予定されていません。

満期保有目的債券は、原則として取得原価で評価します。ただし、額面金額と異なる金額で取得し、その差額の原因が金利の調整と認められる場合[05]には、償却原価法(定額法)を用いて評価します。

05)相手との力関係でムリヤリ決めた！などというのが例外で、通常は金利の調整です。

(借) 満期保有目的債券	980,000	(貸) 現　　金	980,000[06]

06)発行者側の処理
(現　金) 980,000
(社　債) 980,000
くわしくはChapter10で学習します。

(2)利息受取時

例4-2

X1年9月30日、半年分の利息を現金で受け取った。

有価証券利息は、額面金額に利率を掛けて計算します。

(借) 現　　金	30,000[07]	(貸) 有価証券利息	30,000[08]

07) $¥1,000,000 \times 6\% \times \frac{6カ月}{12カ月} = ¥30,000$

08)発行者側の処理
(社債利息) 30,000
(現　金) 30,000

2回目の利払日(×2年3月31日)にも同じ処理を行います。

(借) 現　　金	30,000	(貸) 有価証券利息	30,000

(3)決算時

例4-3

X2年3月31日、決算となり償却原価法（定額法）により満期保有目的債券の評価替えを行う。

B/S上、その他有価証券と、満期保有目的債券は、「投資有価証券」として表示します。

償却原価法(定額法)を適用した場合、決算日に償却額を計算して満期保有目的債券の金額を加減することが必要になります。また、このさいの相手勘定は、**有価証券利息**となります。

(借) 満期保有目的債券	10,000[09]	(貸) 有価証券利息	10,000[10]

09)償却額は、社債の購入時から満期日にわたって月割りで計上します。
$¥20,000 \times \frac{12カ月(当期の月数)}{24カ月(満期時までの月数)} = ¥10,000$
(¥20,000：額面との差額)

この結果、当期の貸借対照表に示される満期保有目的債券の金額は¥990,000となり、損益計算書に示される有価証券利息の金額は¥70,000となります。

2回目の決算時(×3年3月31日)にも同じ処理を行い、その後に満期償還の処理を行います。

(借) 満期保有目的債券	10,000	(貸) 有価証券利息	10,000[10]

10)発行者側の処理
(社債利息) 10,000
(社　債) 10,000

(4)満期時

例4-4

X3年3月31日、満期日となり、保有する満期保有目的債券￥1,000,000が償還され、代金は現金で受け取った。

(借) 現　　金	1,000,000	(貸) 満期保有目的債券	1,000,000[11]

11) 発行者側の処理
(社　債) 1,000,000
(現　金) 1,000,000

5 満期保有目的債券の具体的な処理②

決算日と満期保有目的債券の満期日や利払日が異なる場合の処理について見ていきましょう。

(1)購入時

例4-5

X1年4月1日に、下記の条件で発行された社債を、発行と同時に満期保有を目的として購入し、代金は現金で支払った。なお、当社の決算日は毎年12月31日であり、償却原価法（定額法）を適用する。

【発行条件】額面 ￥1,000,000、年利6%、利払日3月と9月の各末日、償還期間2年、払込価額は額面金額 @￥100につき @￥98

(借) 満期保有目的債券	980,000	(貸) 現　　金	980,000

(2)利息受取時

通常の利息の受取りの処理を行います。

(3)決算時

例4-6

X1年12月31日、決算となり償却原価法（定額法）により満期保有目的債券の評価替えなどの必要な仕訳を行う。

①償却原価法(定額法)による満期保有目的債券の評価替え

(借) 満期保有目的債券	7,500[12]	(貸) 有価証券利息	7,500

②有価証券利息の見越計上[13]

(借) 未収有価証券利息	15,000[14]	(貸) 有価証券利息	15,000

なお、翌期の決算(×2年12月31日)の処理は次のようになります。

①(借) 満期保有目的債券	10,000[15]	(貸) 有価証券利息	10,000
②(借) 未収有価証券利息	15,000	(貸) 有価証券利息	15,000

12) $￥20,000 \times \frac{9カ月}{24カ月} = ￥7,500$

13) 翌期首に再振替仕訳を行うことを忘れないでください。

14) $￥1,000,000 \times 6\% \times \frac{3カ月}{12カ月} = ￥15,000$

15) $￥20,000 \times \frac{12カ月}{24カ月} = ￥10,000$

(4)満期時

例4-7

X3年3月31日、満期日となり、保有する満期保有目的債券 ¥1,000,000が償還され、代金は現金で受け取った。

(借)満期保有目的債券	2,500 [16]	(貸)有価証券利息	2,500
(借)現　　　　　金	1,000,000	(貸)満期保有目的債券	1,000,000

16) $¥20,000 \times \frac{3カ月}{24カ月} = ¥2,500$
期首から満期日までの償却を行います。

満期保有目的債券の処理①

次の一連の取引について、各日付における当社の仕訳を示しなさい。ただし、会計期間は、毎年12月31日に終了する1年とする。

〔資　料〕

A社は、×1年4月1日に額面総額 ¥100,000の社債を、期間5年、券面利子率年2％、利払日は3月末日の年1回、発行価額1口(¥100)につき ¥94の条件で発行している。

当社は、この社債全額を、満期保有目的で発行と同時に取得し、全額小切手を振り出して支払った。

A社社債の取得価額と額面金額との差額は金利の調整と認められるため、償却原価法(定額法)で処理することとする。

(1)　×1.4.1　取得の仕訳
(2)　×1.12.31　決算日の仕訳

(1)	(借) 満期保有目的債券	94,000 [17]	(貸) 当座預金	94,000
(2)	(借) 満期保有目的債券	900 [18]	(貸) 有価証券利息	900
	(借) 未収有価証券利息	1,500 [19]	(貸) 有価証券利息	1,500

17) $¥100,000 \times \frac{@¥94}{@¥100} = ¥94,000$
18) $(¥100,000 - ¥94,000) \times \frac{9カ月(4/1〜12/31)}{60カ月} = ¥900$
19) $¥100,000 \times 2\% \times \frac{9カ月}{12カ月} = ¥1,500$

満期保有目的債券の処理②

次の取引の決算時における仕訳を行い、精算表に記入しなさい。

×1年12月1日に額面 @¥100の5年満期の社債1,000口(年利率1.5%、利払日は5月末、11月末の年2回)を発行と同時に @¥94で購入し、満期保有を目的として所有している。決算日(×2年3月31日)に必要な仕訳を示しなさい。なお、同社債の決算日の時価は @¥93であり、償却原価法(定額法)によって評価する。

精 算 表(一部)

勘定科目	残高試算表		修 正 記 入		損益計算書		貸借対照表	
	借方	貸方	借方	貸方	借方	貸方	借方	貸方
満期保有目的債券	94,000							
⋮								
有価証券利息								
未収有価証券利息								

(借) 満期保有目的債券	400 [20]		(貸) 有価証券利息	400
(借) 未収有価証券利息	500 [21]		(貸) 有価証券利息	500

20) (@¥100 －@¥94) × 1,000口× $\frac{4カ月}{60カ月}$ ＝¥400

21) @¥100 × 1,000口× 1.5% × $\frac{4カ月}{12カ月}$ ＝¥500

決算日における時価は売買目的での取得ではないため、無視します。

精 算 表(一部)

勘定科目	残高試算表		修 正 記 入		損益計算書		貸借対照表	
	借方	貸方	借方	貸方	借方	貸方	借方	貸方
満期保有目的債券	94,000		400				94,400	
⋮								
有価証券利息				400				
				500		900		
未収有価証券利息			500				500	

Section 4のまとめ

■満期保有目的債券とは　満期保有目的債券とは、満期まで所有し、利息と元本を受け取る目的で保有する社債その他の債券をいいます。

■満期保有目的債券の処理　満期保有目的債券は、原則として取得原価を貸借対照表価額としますが、取得原価と額面金額が異なり、その差額が金利の調整と認められるときは、償却原価法にもとづいて算定した価額をもって貸借対照表価額としなければなりません。

■償却原価法　償却原価法とは、取得原価と額面金額との差額を、毎期取得原価に加減算して額面金額に近づけていく方法です。毎期の加減額は定額法により算定し、有価証券利息として計上します。

$$償却額＝(額面金額－取得原価)\times\frac{当期の所有月数}{取得時から満期日までの月数}$$

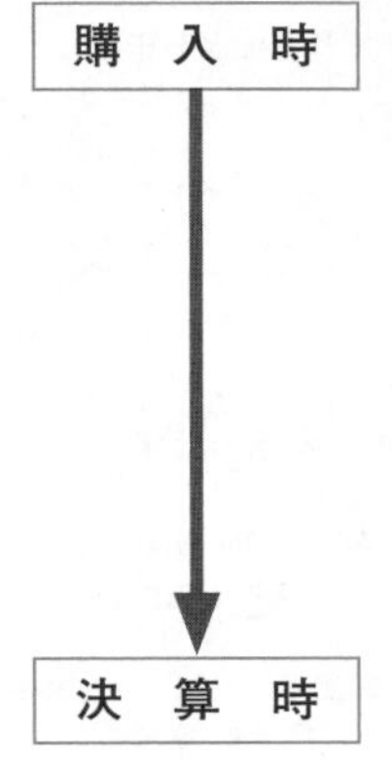

購入時

×5年10月1日に満期保有目的で長野株式会社社債(額面金額 ¥800,000、償還日 ×10年9月30日、利払日9月30日の年1回)を額面 ¥100につき¥95で買い入れ、代金は小切手を振り出して支払った。取得原価と額面金額との差額は金利の調整と認められる。

(借)		(貸)	
満期保有目的債券（資産の増加）	760,000※	当座預金	760,000

$$※¥800,000\times\frac{@¥95}{@¥100}=¥760,000$$

決算時

×6年3月31日、満期保有目的債券につき、償却原価法(定額法)を適用する。

(借)		(貸)	
満期保有目的債券（資産の増加）	4,000※	有価証券利息（収益の発生）	4,000

$$※(¥800,000-¥760,000)\times\frac{6カ月}{60カ月}=¥4,000$$

利付債券(りつきさいけん)の売買

はじめに

11月1日、あなたはA社からNS社の発行する社債(額面￥1,000,000、年利3.65%、利払日6月末、12月末の年2回)を￥980,000で購入することにしました。￥980,000の支払いを用意していたあなたは、A社から「端数利息の￥12,400を含めて合計￥992,400です」と請求されました。「端数利息だって?」社債を買えば利息をもらえるはずなのに、なぜ利息を支払わなければならないのかが理解できません。社債の売買はどのような仕組みになっているのでしょうか。また、どのように処理すればいいのでしょうか。

1 端数利息とは

次の社債券と利札をご覧ください。

(イメージ図)

社債券

利札

> つまり、2カ月しか保有していないのに利息は6カ月分受け取ることになるのです。これではもらいすぎですね。

あなたが、この社債を購入したのが11月1日ですから、その2カ月後の12月31日に、あなたは利札を金融機関に持ち込んで換金することができ、このとき受け取る有価証券利息は6カ月分の￥18,250となります。逆に、11月1日まで保有していた人は途中で手放すことによって、4カ月分(124日分)の利息がもらえなくなってしまいます。

> 前の所有者の保有日数:
> 31日(7月)+31日(8月)+30日(9月)+31日(10月)+1日(11月)=124日

あなたが受け取る利息 ￥18,250

前回の利払日の翌日	売買日 ▼	今回の利払日
×1 7/1	×1 11/1	×1 12/31

端数利息 $￥1,000,000 \times 3.65\% \times \frac{124日}{365日} = ￥12,400$

これを調整するために、あなたは購入のさいに4カ月分(124日分)の利息を前の所有者に支払うことになります。これを**端数利息(はすうりそく)**[01)]といいます。

> 01) 端数利息の計算
> 端数利息＝
> 利付債券の額面金額×年利率
> $\times \frac{前の利払日の翌日から売買日当日までの日数}{365日}$
> 本試験では「○○カ月分」(月割計算)という表現で出題されます。正しくはこのように日割りで計算されますので、本テキストでは日割りで説明を行っています。

2 端数利息の処理

端数利息の処理では、(1)社債を取得した時、(2)利息を受け取った時、(3)社債を売却した時、の3つの点に注意してください。

(1)取得時

例5-1

×1年11月1日にA社から売買目的でNS社社債 ¥980,000を購入し、代金は端数利息¥12,400を含めて現金で支払った。なお、利払日は毎年6月30日と12月31日である。

満期保有目的で取得すれば満期保有目的債券（投資有価証券）勘定となります（以下同じ）。

支払った端数利息は、有価証券利息勘定（収益の勘定）の減少として借方に記入して処理します。

(借)			(貸)	
売買目的有価証券[02]	980,000		現金	992,400
有価証券利息	12,400			

02)有価証券勘定が用いられることもあります。

(2)利息受取時

例5-2

NS社社債が×1年12月31日の利払日となり、半年分の利息 ¥18,250[03]の期限が到来した。

(借)		(貸)	
現金	18,250	有価証券利息[04]	18,250

03)通常受け取る利息については、日割計算は行いません。年2回の利払いであれば、1年分の利息の半分が支払われることになります。

04)端数利息¥12,400を支払い、6カ月分¥18,250を受け取るので、P/Lには¥5,850が有価証券利息として計上されます。

(3)売却時

例5-3

×2年3月31日にNS社社債を ¥970,000で売却し、前の利払日の翌日から売却日までの90日分の端数利息 ¥9,000とともに現金で受け取った。

当社の保有日数：
31日(1月)+28日(2月)+31日(3月)=90日

受け取った端数利息は、有価証券利息勘定の増加として処理します。

(借)		(貸)	
現金	979,000	売買目的有価証券[02]	980,000
有価証券売却損	10,000[05]	有価証券利息	9,000

05) ¥970,000－¥980,000＝△¥10,000（売却損）

有価証券利息勘定の記入は、次のようになります。

有価証券利息

購入時	12,400	受取時	18,250
		売却時	9,000

受取時 18,250：購入日の翌日から利払日までの分
売却時 9,000：利払日の翌日から売却日までの分
保有していた期間の利息 14,850

端数利息の算定

次の一連の取引について仕訳を示しなさい。端数利息については日割計算とし、1年は365日として計算すること。

6.12　売買目的で熊本商事株式会社発行の社債(額面 ¥1,500,000)を額面 ¥100につき ¥97で買い入れ、代金は端数利息とともに小切手を振り出して支払った。同社債の利息は年7.3%であり、利払日は3月と9月の各末日である。

9.30　上記の社債について利息を受け取り、当座預金とした。

11.15　上記の社債を額面 ¥100につき ¥98で売却し、代金は端数利息とともに小切手で受け取った。

6.12	(借) 売買目的有価証券	1,455,000	(貸) 当座預金	1,476,900
	有価証券利息	21,900 06)		
9.30	(借) 当座預金	54,750	(貸) 有価証券利息	54,750 07)
11.15	(借) 現金	1,483,800	(貸) 売買目的有価証券	1,455,000
			有価証券利息	13,800 08)
			有価証券売却益	15,000 09)

06) $¥1,500,000 \times 7.3\% \times \frac{73日(4/1 \sim 6/12)}{365日} = ¥21,900$

07) $¥1,500,000 \times 7.3\% \times \frac{6カ月}{12カ月} = ¥54,750$

08) $¥1,500,000 \times 7.3\% \times \frac{46日(10/1 \sim 11/15)}{365日} = ¥13,800$

09) $¥1,500,000 \times \frac{@¥98}{@¥100} - ¥1,455,000 = ¥15,000$

Section 5のまとめ

■端数利息の処理

⑴取得時

(借) 売買目的有価証券※	××	(貸) 現金など	××
有価証券利息 (端数利息の支払い)	××		

※ 有価証券勘定が用いられることもあります。

⑵利息受取時

(借) 現金など	××	(貸) 有価証券利息	××

⑶売却時

(借) 現金など	××	(貸) 売買目的有価証券※	××
有価証券売却損	××	有価証券利息 (端数利息の受取り)	××
		(有価証券売却益)	××

※ 有価証券勘定が用いられることもあります。

有価証券の差入・預り

はじめに

あなたは、取引先の宇都宮商事から資金の借入を求められ、担保として有価証券を預かることを条件に貸付けに応じることにしました。このとき、預かった有価証券はどのように処理すればいいのでしょうか。

1 有価証券の差入・預り

有価証券の財産的価値を担保にして資金を借りたり、貸したりすることがあります。このとき、担保として借入れ側が差し入れる有価証券を「差入有価証券」といい、一方、担保として貸付側が預かる有価証券を「預り有価証券」といいます。

2 有価証券の差入・預りの処理

(1)差入時

例6-1

宇都宮商事はNS社から現金￥100,000を借り入れ、担保として有価証券（帳簿価額￥50,000、時価￥60,000）を差し入れた。

（借）	現金	100,000	（貸）	借入金	100,000
（借）	差入有価証券	50,000 [01]	（貸）	有価証券 [02]	50,000

01)差入有価証券の金額は有価証券の帳簿価額となります。

02)売買目的有価証券勘定などを使用することもあります。

担保として有価証券を差し入れた場合には、有価証券勘定を減少させるとともに**差入有価証券勘定**の増加として処理します。

(2)預り時

例6-2

NS社は宇都宮商事に現金￥100,000を貸し付け、担保として有価証券（帳簿価額￥50,000、時価￥60,000）を預かった。

（借）	貸付金	100,000	（貸）	現金	100,000
（借）	保管有価証券	60,000 [03]	（貸）	預り有価証券	60,000

03)預り有価証券は、担保価値を表すために時価で評価する点に注意しましょう（宇都宮商事の取得原価は、NS社にはわかりません）。

担保として有価証券を預かった場合には、**預り有価証券勘定**の増加として処理するとともに、**保管有価証券勘定**を増加させます。保管有価証券勘定を用いるのは、当社が保有する有価証券と貸付先から預かった有価証券を区別するためです。

有価証券の差入・預り

次の取引について、A商事とB商事のそれぞれの仕訳を示しなさい。

（取引）

A商事は、B商事より現金¥1,000,000を借り入れ、帳簿価額¥930,000のC社株式を担保として差し入れた。
なお、このときのC社株式の時価は¥1,050,000であった。

A商事	(借)	現金	1,000,000	(貸)	借入金	1,000,000
	(借)	差入有価証券	930,000	(貸)	有価証券	930,000
B商事	(借)	貸付金	1,000,000	(貸)	現金	1,000,000
	(借)	保管有価証券	1,050,000	(貸)	預り有価証券	1,050,000

Section 6のまとめ

■有価証券の差入

(借)	現金など	×××	(貸)	借入金	×××
(借)	差入有価証券	×	(貸)	有価証券	×

■有価証券の預り

(借)	貸付金	×××	(貸)	現金など	×××
(借)	保管有価証券	××	(貸)	預り有価証券	××

Chapter 7

固定資産

固定資産の全体像

		重要度
Section 0	１級合格のための２級の基礎知識	★★★☆☆
Section 1	固定資産の割賦購入	★★☆☆☆
Section 2	資本的支出と収益的支出	★★☆☆☆
Section 3	減価償却（定率法・生産高比例法）	★★★★★
Section 4	買換え	★★★★☆
Section 5	固定資産の除却・廃棄	★★☆☆☆
Section 6	固定資産の滅失	★★★☆☆
Section 7	圧縮記帳	★★☆☆☆
Section 8	減損会計	★★☆☆☆
Section 9	無形固定資産	★★☆☆☆
Section 10	投資その他の資産	★★☆☆☆

ココがPOINT!!

今人気のエコカー(ハイブリッドカー)に買い換えたときの処理は？

ここでは、固定資産に関する会計処理を学習します。そして、やはり減価償却が大切だといえます。３級で学習した定額法の他に、定率法、生産高比例法を学習します。

また「今は車を持つ時代じゃないから処分しよう」という場合の処理(固定資産の売却)や、「今の車はエコカーではないから下取りに出してハイブリッドカーにしよう」という場合の処理(固定資産の買換え)を取り上げます。あわせて、固定資産を災害等で失ってしまったという場合の処理(固定資産の滅失)を見ていきます。

Section 0 重要度 ★★★★★

1級合格のための2級の基礎知識

重要ポイント

固定資産の取得…購入代価（＋付随費用）

減価償却費の計算（定額法）…$\dfrac{\text{取得原価}-\text{残存価額}}{\text{耐用年数}}$

減価償却の処理…直接法 ⇒ 固定資産の金額を直接減らす
∴固定資産の金額＝簿価
間接法 ⇒ 減価償却累計額勘定を用いて固定資産の金額を間接的に減らす
∴固定資産の金額－減価償却累計額＝簿価

固定資産の売却…簿価＜売価 ⇒ 固定資産売却益
簿価＞売価 ⇒ 固定資産売却損

1 減価償却の処理

(1)減価償却

使用や時の経過による固定資産の価値の減少を見積もり、費用として計上する手続きです。

(2)定額法

毎年同じ額だけ固定資産の価値は下がると考えて、減価償却費を計算する方法です。

$$\frac{\text{取得原価}-\text{残存価額}^{01)}}{\text{耐用年数}^{02)}}=\text{減価償却費}$$

01)耐用年数が経過した後の処分価額です。

02)固定資産の使用可能な年数です。

(3)直接控除法（直接法）

減価償却費を、減価償却費勘定を用いて計上するとともに、同額だけ固定資産勘定を直接減らす記帳方法です。

（借）減価償却費　××　（貸）建物など　××

(4)間接控除法（間接法）

減価償却費を、減価償却費勘定を用いて計上するとともに、同額だけ減価償却累計額勘定を増やして固定資産の金額を間接的に減らす記帳方法です。

（借）減価償却費　××　（貸）建物減価償却累計額　××

2 有形固定資産の売却

固定資産売却損益 ＝ 売却価額 －（取得原価 － 減価償却累計額）
帳簿価額

■固定資産の売却時

例0-1
建物（取得原価 ￥5,300,000、減価償却累計額 ￥159,000、間接法で記帳）を決算日の翌日に ￥5,140,000 で売却し、小切手を受け取った。

借方科目	金額	貸方科目	金額
(借)現金	5,140,000	(貸)建物	5,300,000
建物減価償却累計額	159,000		
固定資産売却損	1,000		

└費用の発生

3 建設仮勘定

建設仮勘定とは、建物などの建設に伴う工事代金の前払額を処理するための勘定です。

■建設仮勘定の処理

例0-2
(1)建物を新築することになり、手付金として ￥200,000 を現金で支払った。
(2)建設中の上記建物が完成し引渡しを受けた。建設請負金額 ￥600,000 のうち ￥200,000 を小切手で支払い、残額は未払いとし、建物勘定に振り替えた。

(1)代金の前渡し時

┌資産の増加

借方科目	金額	貸方科目	金額
(借)建設仮勘定	200,000	(貸)現金	200,000

(2)完成・引渡し時

┌資産の減少

借方科目	金額	貸方科目	金額
(借)建物	600,000	(貸)建設仮勘定	200,000
		当座預金	200,000
		未払金	200,000

Section 1

固定資産の割賦購入

重要度 ★★☆☆☆

はじめに

あなたは、パソコンなどのオフィス機器を揃えたいと思い、見積もりをとったところ12万円もかかることがわかりました。他の固定資産にお金を使ってしまったので「一括で支払うのはムリだな」と思い、先方に相談したところ「分割して支払うこともできますよ」とのこと。この方法について調べてみることにしました。

1 割賦購入とは

固定資産を購入するさいに、代金を分割して支払うことがあります。このとき、購入代価の他に利息を支払うことになります。割賦購入(かっぷこうにゅう)には、(1)取得時と(2)代金支払い時、(3)決算時、の３つの場面があります。

2 取得時の処理

固定資産を割賦購入した場合でも一括で代金を支払ったときと固定資産の取得原価は変わりません[01)]。しかし、支払総額は一括して支払うよりも多くなり、この差額を利息分として支払利息勘定で処理します。

01)現金購入価格となります。

例1-1

3月1日にパソコン￥120,000を購入し、代金の支払いを6カ月の均等分割払いとしたところ、毎月￥21,000ずつ、合計で￥126,000を支払うこととなった。なお、利息は支払利息で処理する。決算日は3月末日である。

(借)	備品	120,000	(貸)未払金	126,000
	支払利息[02)]	6,000		

02)他に未決算勘定、前払利息勘定を用いることもあります。

3 代金支払い時の処理

分割した代金を支払うさいに、未払金などの債務を減らします。

例1-2

月末になり、さきに割賦購入したパソコンの購入代金￥21,000（うち、利息￥1,000）を現金で支払った。

(借)	未払金	21,000	(貸)現金	21,000

4 決算時の処理

決算時に、支払利息のうち翌期以降に対応するものを前払利息として繰り延べます。

購入時に前払利息とした場合
(決算時)
(借)支払利息 1,000
　　(貸)前払利息 1,000

例1-3
決算時に、支払利息¥6,000のうち翌期以降のもの¥5,000を繰り延べる。

(借)前払利息 5,000 (貸)支払利息 5,000

	1回目	2回目	3回目	4回目	5回目	6回目	
利息分 ¥6,000	¥1,000	¥1,000	¥1,000	¥1,000	¥1,000	¥1,000	未払金 ¥126,000
現金購入価格＝備品の金額 ¥120,000	¥20,000	¥20,000	¥20,000	¥20,000	¥20,000	¥20,000	
	当期分	翌期分					

割賦購入

次の一連の取引の仕訳を示しなさい。なお、会計期間は4月1日より始まる1年とする。

① ×4年3月1日に備品(現金販売価額¥300,000)を割賦契約で購入した。代金は、毎月末に支払期限の到来する額面¥61,000の約束手形5枚を振り出して交付した。なお、利息は支払利息勘定で処理する。

② ×4年3月31日に上記手形のうち、期日の到来した¥61,000が当座預金口座より引き落とされた。また、決算日につき利息の繰り延べを行う。

①	(借)備品	300,000	(貸)営業外支払手形	305,000
	支払利息	5,000		
②	(借)営業外支払手形	61,000	(貸)当座預金	61,000
	(借)前払利息	4,000	(貸)支払利息	4,000

① 商品売買以外で約束手形を振り出した場合、営業外支払手形勘定で処理します。
支払利息：@¥61,000×5回－¥300,000＝¥5,000

② 前払利息：¥5,000÷5回×4回＝¥4,000

Section 1のまとめ

■固定資産の割賦購入の処理

(1)固定資産取得時
(借)固定資産 ××（現金購入価額） (貸)未払金など ×××
　　支払利息 ×（利息相当額）

(2)代金支払い時
(借)未払金など × (貸)現金など ×

(3)決算時
(借)前払利息 ×（支払額のうちの翌期以降分） (貸)支払利息 ×

資本的支出と収益的支出

はじめに

あなたは、建物を修繕するついでに、従業員のためにサンルームを設けました。これにかかった費用はすべて修繕費だと思って処理していると、顧問税理士のＫ氏は「固定資産の機能が上がったものは修繕費ではないですよ」とのこと。それではどのように処理すればいいのでしょうか。

1 資本的支出と収益的支出

あなたは建物の改良や修繕を行おうと思い、サンルームを設けたり[01]、壊れた屋根をなおしたり[02]しました。このとき支出した金額のうち、前者は改良**に相当する**[03]**ため**建物勘定の増加として処理し、後者は従来の機能に回復**するためのものですから、**修繕費**として**処理します。このように、有形固定資産の増加となる支出を資本的支出、当期の費用（修繕費）となる支出を収益的支出といいます[04]。

01) 建物の改良とみなされる支出です。

02) 建物の修繕とみなされる支出です。

03) 耐用年数を延長させるための支出も改良に相当します。

04)
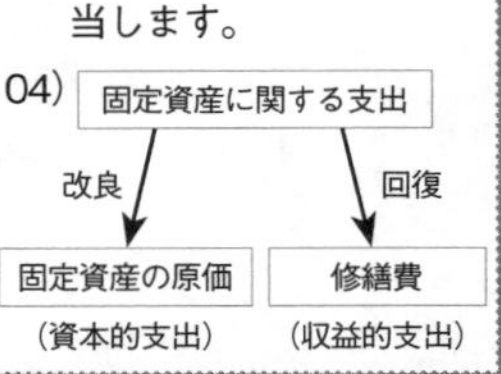

2 資本的支出と収益的支出の処理

例2-1

建物の定期修繕と改良を行い、代金 ￥180,000 を小切手を振り出して支払った。このうち ￥100,000 は改良代（資本的支出）、残りの ￥80,000 は修繕費とみなされた。

改良に要した ￥100,000 は有形固定資産の原価を構成する支出として、建物勘定の増加として処理します。

（借）	建　　物	100,000	（貸）当 座 預 金	180,000
	修 繕 費	80,000		

▶的＝対応する◀

固定資産に関する支出を、資本的支出と収益的支出に分けますが、資本的支出や収益的支出というのはどういう支出なのでしょうか。

「的」という言葉を「対応する」と置き換えると、わかりやすくなります。

つまり、資本的支出とは資本（純資産）に対応する支出、資本は貸借対照表に記載され、それに対応しているのは資産となるので、資産の原価になる支出が資本的支出ということになります。

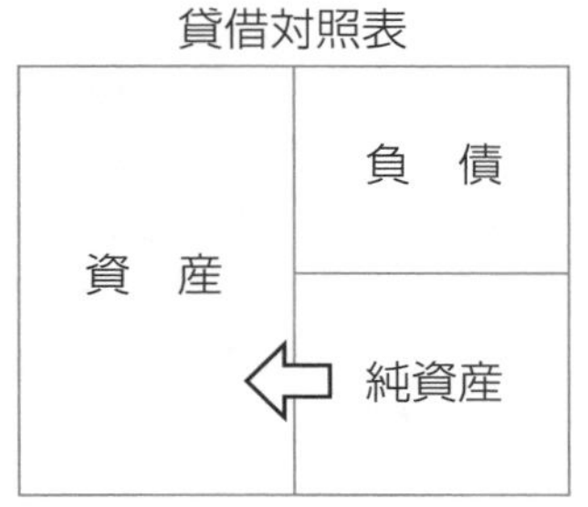

これに対して、収益的支出とは収益に対応する支出、収益は損益計算書に記載され、それに対応しているのは費用となるので、当期の費用となる支出が収益的支出ということになるのです。

資本的支出と収益的支出

次の取引の仕訳を示しなさい。

建物の改修工事を行い、工事代金 ¥3,000,000を小切手を振り出して支払った。なお、工事代金のうち ¥2,000,000は耐用年数延長のための支出であり、残りは定期的修繕のための支出である。

(借)	建　　物	2,000,000	(貸) 当座預金	3,000,000
	修 繕 費	1,000,000		

{ 耐用年数延長のための支出 → 資本的支出 → 建物勘定で処理
{ 定期的修繕のための支出 → 収益的支出 → 修繕費勘定で処理

Section 2のまとめ

■資本的支出と収益的支出

固定資産に関する支出
- 改良 → 資本的支出…固定資産の原価を構成する
- 回復 → 収益的支出…当期の費用（修繕費）となる

減価償却（定率法・生産高比例法）

はじめに

あなたは昨年デリバリーセンター（商品の配送センター）を新設しました。デリバリーセンターの業務をはじめるにあたって、配送用のトラック１台(￥200,000)と業務用のコンピュータ１台(￥120,000)を購入しました。そして、決算日が近づいたころ、顧問税理士のＫ氏から「減価償却ですが、まさかすべての有形固定資産を定額法で減価償却しようとは思っていないでしょうね」と言われました。
Ｋ氏によれば、有形固定資産も性質や用途によって価値の減少のしかたが違ってくるので、それぞれに合った方法を用いるほうがよい、とのこと。それでは減価償却の方法には、定額法の他にどのような方法があるのでしょうか。

1 減価償却とは

建物・車両・備品などの有形固定資産は、営業に長期的に使用されるため次第に老朽化し、購入したときの価値が徐々に下がっていきます。このため固定資産の価値の減少を認識する減価償却が必要になります。**減価償却とは、使用や時の経過による固定資産の価値の減少を見積もり、費用として計上する手続き**[01)]です。

01)“費用として計上する”ことを「償却」といいます。

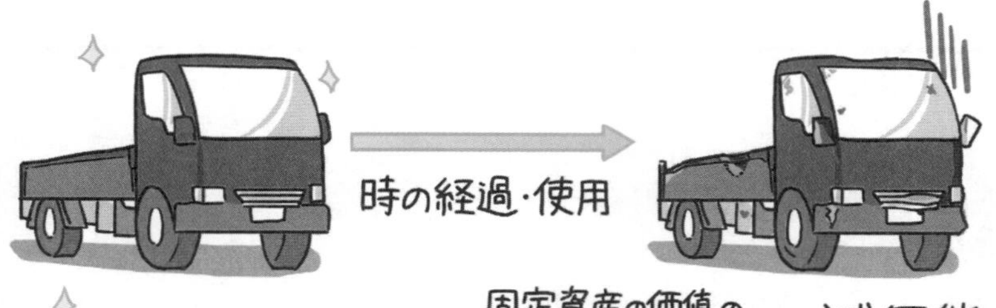

固定資産の価値の減少は、その固定資産の性質や種類によって異なるので、それぞれの固定資産に応じた減価償却費の計算方法を採用する必要があります。

毎期の価値の減少は、一定と考えることができる資産には定額法が合理的です。

減価償却費の計算方法として、３級で学習した定額法の他に、１級では**定率法・生産高比例法**を学習します。

【定額法の減価償却費の計算式】

$$減価償却費 = \frac{取得原価 - 残存価額^{02)}}{耐用年数^{03)}}$$

02)耐用年数が経過した後の処分価額(スクラップとしての価額)を残存価額といい、通常、取得原価の１割です。

03)固定資産の使用可能な年数を耐用年数といいます。

2 定率法による減価償却費の計算

定率法とは、固定資産の未償却残高(＝取得原価－減価償却累計額)に、一定の償却率(定率)を掛けて減価償却費を計算する方法です。

この方法では最初の年度の減価償却費がもっとも大きく、後は次第に少なくなっていきます。したがって、コンピュータのようにすぐに資産価値が下がってしまう資産には定率法が合理的です。

【定率法の減価償却費の計算式】

減価償却費＝(取得原価－減価償却累計額)×償却率
未償却残高

償却率は問題で与えられますが、算式は次のとおりです。

$$償却率 = 1 - \sqrt[耐用年数]{\frac{残存価額}{取得原価}}$$

つまり償却率を算定する段階で耐用年数も残存価額も考慮されています。

例3-1

決算日（x5年3月31日）において、x5年2月1日に ¥120,000で購入したコンピュータについて減価償却を行った。なお、償却方法は定率法、償却率は20%とする。間接法により記帳すること。

計算式：$¥120{,}000^{04)} \times 20\% \times \frac{2カ月}{12カ月} = ¥4{,}000$

(借) 減価償却費	4,000	(貸) 備品減価償却累計額	4,000

04) 償却率において残存価額が考慮されているので、¥120,000 × 0.9 とする必要はありません。

例3-2

翌決算日（x6年3月31日）においても、上記コンピュータについて減価償却を行った。

計算式：(¥120,000 － ¥4,000) × 20% ＝ ¥23,200

(借) 減価償却費	23,200	(貸) 備品減価償却累計額	23,200

3 生産高比例法による減価償却費の計算

生産高比例法[05] **とは、その資産の利用度に応じた減価償却費を毎期計上する方法です。**例えば総走行可能距離が10万kmの車を、当期に2万km走らせたとすると、(取得原価－残存価額)の20%を償却するという考え方です。

【生産高比例法の減価償却費の計算式】

$$減価償却費 = (取得原価 - 残存価額)^{06)} \times \frac{当期利用量}{総利用可能量}$$

要償却額　　利用度

05) 生産高比例法によって減価償却費を算定するには、次の条件が必要です。
①総利用可能量が見積もれること。
②利用に比例して減価が発生すること。
したがって車両、船舶、航空機といった有形固定資産にしか適用できない方法です。

06) 残存価額を引くことを忘れないでください。

例3-3

決算にあたり、当期に ¥200,000 で購入したトラックについて減価償却を行った。なお、見積走行可能距離は 300,000km、当期走行距離は 9,000km、残存価額は取得原価の 10%、償却方法は生産高比例法によるものとする。間接控除法による。

> 生産高比例法では、期中に取得した資産についても他の減価償却の方法と異なり、月割計算を行いません。これは生産高比例法が期末までの利用量をもとに計算する方法だからです。

計算式：$(¥200{,}000 - ¥200{,}000 \times 10\%) \times \frac{9{,}000\text{km}}{300{,}000\text{km}} = ¥5{,}400$

(借)	減価償却費	5,400	(貸)	車両運搬具減価償却累計額	5,400

例3-4

翌決算日においても、上記トラックについて減価償却を行った。なお、翌期の走行距離は 120,000km とする。

計算式：$(¥200{,}000 - ¥200{,}000 \times 10\%) \times \frac{120{,}000\text{km}}{300{,}000\text{km}} = ¥72{,}000$

(借)	減価償却費	72,000	(貸)	車両運搬具減価償却累計額	72,000

減価償却（定率法・生産高比例法）

問1　次の資料により、決算整理仕訳および精算表への記入を行いなさい。なお、会計期間は×7年4月1日から×8年3月31日である。また間接控除法により会計処理をする。

〔資　料〕

⑴備品：取得日：×7年12月1日　取得原価：¥1,500,000
　償却方法：定率法　償却率：年20%

⑵車両運搬具：取得日：×7年9月1日　取得原価：¥800,000
　償却方法：生産高比例法　見積走行可能距離：200,000km
　当期走行距離：25,000km　残存価額：取得原価の10%

問2　東京航空株式会社は、決算（年1回決算）にあたり、取得原価 ¥2,000,000の航空機（航空機勘定で処理）について生産高比例法により減価償却を行った。このとき、決算整理仕訳および精算表への記入を行いなさい。

期首帳簿価額は ¥1,820,000、残存価額は取得原価の10%、航空機の総飛行可能時間は32,000時間、当期の飛行時間は4,000時間であり、直接法により会計処理をする。

解答

問1

(1)	(借)減価償却費	100,000 [07]	(貸)備品減価償却累計額	100,000
(2)	(借)減価償却費	90,000 [08]	(貸)車両運搬具減価償却累計額	90,000

07) ¥1,500,000 × 20% × $\frac{4\text{カ月}}{12\text{カ月}}$ = ¥100,000

08) (¥800,000 − ¥800,000 × 10%) × $\frac{25,000\text{km}}{200,000\text{km}}$ = ¥90,000

精 算 表

勘定科目	残高試算表		修正記入		損益計算書		貸借対照表	
	借方	貸方	借方	貸方	借方	貸方	借方	貸方
備品	1,500,000						1,500,000	
車両運搬具	800,000						800,000	
⋮								
備品減価償却累計額				100,000				100,000
車両運搬具減価償却累計額				90,000				90,000
⋮								
減価償却費			190,000		190,000			

問2

(借)減価償却費	225,000 [09]	(貸)航空機	225,000

09) (¥2,000,000 − ¥2,000,000 × 10%) × $\frac{4,000\text{時間}}{32,000\text{時間}}$ = ¥225,000

精 算 表

勘定科目	残高試算表		修正記入		損益計算書		貸借対照表	
	借方	貸方	借方	貸方	借方	貸方	借方	貸方
航空機	1,820,000			225,000			1,595,000	
減価償却費			225,000		225,000			

●参　考●

法人税法改正による有形固定資産の減価償却と残存価額について

有形固定資産の減価償却費の計算に用いる残存価額は、取得原価の10%として計算するのが一般的でしたが、平成19年度の法人税法改正により、**平成19年４月１日以降に取得する有形固定資産**については、**残存価額をゼロ**として計算する方法に改正されました。

しかし、これはあくまで税法上の話であり、**会計上は従来どおり、残存価額を取得原価の10%として計算することができます。**

試験では、問題文の指示に従って計算するようにしてください(**本書の設例や例題では残存価額は10%として計算しています)。**

⑴新定額法

例

決算につき、期首に取得した建物¥1,000について、減価償却（定額法、残存価額はゼロ、耐用年数20年、定額法償却率0.05）を行う。なお、記帳方法は間接法によること。

定額法償却率：１÷耐用年数

本問では、0.05（＝１÷20年）となります。

(借) 減価償却費	50	(貸) 建物減価償却累計額	50

¥1,000÷20年＝¥50　または　¥1,000×0.05＝¥50

⑵新定率法(200%定率法)

原則として、期首の帳簿価額に**定額法の償却率の２倍に設定された償却率**を用いて計算します。そのため**200%定率法**ともいいます。

なお、200%定率法による場合、本問では、定率法償却率は0.1(＝0.05×200%)となり、減価償却費は ¥100（＝¥1,000×0.1)と計算されます。

Section 3のまとめ

■定　率　法

減価償却費 ＝（取得原価 － 減価償却累計額）× 償却率

（取得原価 － 減価償却累計額）：未償却残高

■生産高比例法

減価償却費 ＝（取得原価 － 残存価額）× 当期利用量／総利用可能量

（取得原価 － 残存価額）：要償却額

買換え

はじめに

デリバリーセンターの開設後、20カ月が経過した×6年9月30日のことです。業務の合理化のために最新型の業務用コンピュータが必要になり、デリバリーセンターの開設と同時に取得したコンピュータ(原価 ¥120,000、減価償却は定率法、償却率年20%、当期首までの減価償却累計額 ¥27,200)を ¥80,000で買換えすることにしました。
さて、このように固定資産を買い換えた場合の処理は、どのようにしたらいいのでしょうか。

1 固定資産の買換え

固定資産の取得にさいし、今まで利用してきた固定資産を下取りに出し、新しい固定資産を取得することがあります。これを**固定資産の買換え**といいます。

買換えの処理は、①旧固定資産の売却と、②新固定資産の購入に取引を**分解して考えます**。

買換えは旧資産の売却と新資産の購入を同時に行う行為です。

例4-1
当期首に備品（取得原価 ¥100,000、減価償却累計額 ¥30,000）を¥50,000 で下取りに出し、新たに備品¥250,000 を取得し、差額の¥200,000 を現金で支払った。間接法により記帳すること。

①旧備品売却の処理

下取価額を売却代金として売却損益を計算し処理します。なお、ここでは下取代金はいったん未収金勘定で処理することにします。

(借)		(貸)	
未収金	50,000	備品	100,000
備品減価償却累計額	30,000		
固定資産売却損	20,000		

②新備品購入の処理

下取代金(未収金)を備品の購入代金に充当します。

(借)		(貸)	
備品	250,000	未収金	50,000
		現金	200,000

③ー(i)買換えの処理

①と②の仕訳を合わせたものが買換えの仕訳となります。なお、未収金勘定は相殺しますが、備品勘定の金額は相殺しません。

(借)		(貸)	
備品	250,000	備品	100,000
備品減価償却累計額	30,000	現金	200,000
固定資産売却損	20,000		

③－(ii)買換えの処理（時価がある場合）

前記【例４－１】において、売却時価（¥30,000）がある場合、下取価額（¥50,000）と売却時価の差額（¥20,000）は、新たに購入した固定資産の値引きに相当しますので、次の仕訳となります。

（借）	備　　品	230,000[01]	（貸）	備　　品	100,000
	備品減価償却累計額	30,000		現　　金	200,000
	固定資産売却損	40,000			

01）¥250,000 － ¥20,000 ＝¥230,000

下取価額※1 － 帳簿価額※2 ＝ ⊕：固定資産売却益 ／ ⊖：固定資産売却損

※１ 時価がある場合
　時　　価 － 帳簿価額 ＝ 固定資産売却損益
※２ 帳簿価額：取得原価 － 減価償却累計額 － 期中減価償却費

期中売却と買換え

次の取引の仕訳を示しなさい。

⑴　×8年４月１日（当期首）に、岡山商事に旧備品を売却し、代わりに同商事から新備品を購入した。新備品の購入代金は ¥1,500,000で、旧備品の売却代金 ¥500,000を差し引いた残額は小切手を振り出して支払った。
なお、旧備品は×6年４月１日に取得し、取得原価は ¥1,200,000、減価償却は定率法（償却率20％）により、間接法で前期末まで適正に行われてきた（会計期間１年、決算日３月31日）。

⑵　×7年10月１日（当期首）に、それまで使用していた営業用自動車（取得原価 ¥800,000、取得日×6年10月１日）を ¥700,000で下取りさせて頭金に充当し、新しい営業用自動車（購入価額 ¥1,000,000）を購入した。購入価額と下取価額との差額は月末に支払うことにした。
なお、会計期間は９月30日を決算日とする１年であり、旧車両運搬具の減価償却方法は次のとおりである。
　償却方法：生産高比例法、残存価額は取得原価の10％、
　　　　　　見積走行可能距離　72,000km、前期末までの走行距離　20,000km
　記帳方法：間接法

⑶　取得原価 ¥600,000、期首減価償却累計額 ¥360,000の備品を、期首から半年が経過した時点で ¥50,000で下取りに出し、新しい備品 ¥700,000を購入した。新備品の購入価額と旧備品の下取り価額との差額は現金で支払った。
なお、旧備品については、償却率25％の定率法によって算定した半年分の減価償却費を下取り時において計上すること。

(1)	(借) 備品	1,500,000	(貸) 備品	1,200,000
	備品減価償却累計額	432,000 [02)]	当座預金	1,000,000
	固定資産売却損	268,000		
(2)	(借) 車両運搬具	1,000,000	(貸) 車両運搬具	800,000
	車両運搬具減価償却累計額	200,000 [03)]	未払金	300,000
			固定資産売却益	100,000
(3)	(借) 備品	700,000	(貸) 備品	600,000
	備品減価償却累計額	360,000	現金	650,000
	減価償却費	30,000 [04)]		
	固定資産売却損	160,000 [05)]		

02) 2年間償却されています。
　1年目：¥1,200,000×20%＝¥240,000
　2年目：(¥1,200,000－¥240,000)×20%＝¥192,000
　¥240,000＋¥192,000＝¥432,000

03) $(¥800,000-¥800,000\times10\%)\times\frac{20,000km}{72,000km}=¥200,000$

04) $(¥600,000-¥360,000)\times25\%\times\frac{6カ月}{12カ月}=¥30,000$

05) ¥600,000－¥360,000－¥30,000＝¥210,000(簿価)
　¥50,000－¥210,000＝△¥160,000(売却損)

Section 4のまとめ

■買換えの処理　③＝①＋②

①旧固定資産売却の処理（売却損が出る場合）

(借)		(貸)	
未収金	××	固定資産	××
減価償却累計額	××		
減価償却費	××		
固定資産売却損	××		

相殺

②新固定資産購入の処理

(借)		(貸)	
固定資産	××	未収金	××
		現金など	××

③買換えの処理

(借)		(貸)	
固定資産	××	固定資産	××
減価償却累計額	××	現金など	××
減価償却費	××		
固定資産売却損	××		

Section 5

重要度 ★★★★★

固定資産の除却・廃棄

はじめに

デリバリーセンターの開設に伴い、新型のＯＡシステムを導入したため、今まで使用してきたＯＡシステムが不要となりました。そこで、これを営業の用途からはずし、倉庫に保管するようにしました。このＯＡシステムは他の用途にはあと2、3年は使用に耐え得るものだったからです。
ところで、このように今まで使用してきた固定資産を営業の用途からはずし、これを保管するような場合はどのように処理すればよいのでしょうか。
あなたはこれを詳しく調べてみることにしました。

1 固定資産の除却

固定資産が営業のために使用できなくなり、これを**帳簿**[01]**から取り除くことを除却**(じょきゃく)といいます。除却された固定資産は**評価額**(見積処分価格)をもって**貯蔵品勘定**(ちょぞうひん)[02](資産)で処理します。したがって、評価額と帳簿価額の差額が固定資産除却損益となります。

01) 使用する固定資産が記載されている固定資産台帳を指しています。

02) 貯蔵品には、他に次のようなものが含まれます。
①事務用消耗品
②包装用材料
③消耗工具器具備品

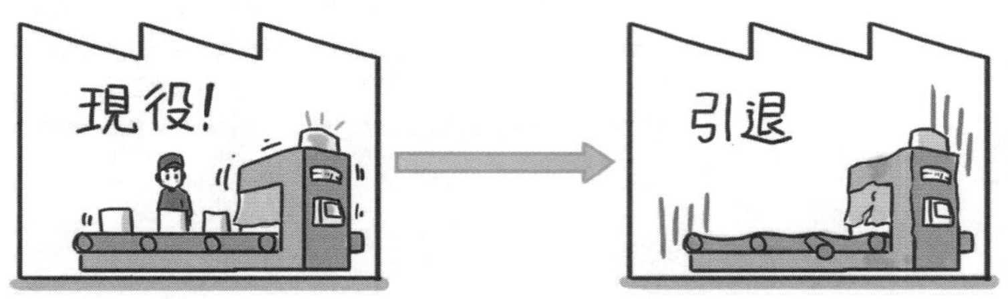

評価額－帳簿価額[03]－ 除却費用 ＝ { ⊕：固定資産除却益 / ⊖：固定資産除却損 }

03) 帳簿価額…この場合、取得原価－減価償却累計額－期中減価償却費を意味します。

▶除却の処理

例5-1

当期首に取得原価 ￥250,000 の営業用ＯＡ機器（減価償却累計額 ￥180,000）を除却し、その除却費用 ￥3,000 を現金で支払った。なお、このＯＡ機器の処分価額は ￥30,000 と見積もられている。

見積処分価額(評価額) ￥30,000 を貯蔵品勘定で処理し、これと帳簿価額 ￥70,000（＝￥250,000 − ￥180,000)との差額 ￥40,000に、除却費用 ￥3,000を加えた額を固定資産除却損勘定で処理します。

(借)		(貸)	
備品減価償却累計額	180,000	備　　　品	250,000
貯　蔵　品	30,000	現　　　金	3,000
固定資産除却損	43,000		

2 固定資産の廃棄

固定資産が営業のために使用できなくなり、これを**処分することを廃棄**といいます。廃棄の場合、固定資産に評価額はなく、帳簿価額が固定資産廃棄損となります。

処分された資産を保管するのが除却で、棄ててしまうのが廃棄です。

固定資産廃棄損 ＝ 帳簿価額 ＋ 廃棄費用

▶廃棄の処理

例5-2
当期首に取得原価 ￥200,000 の車両（減価償却累計額 ￥150,000）を廃棄し、廃車のための費用 ￥2,500 を現金で支払った。

廃棄したときの帳簿価額 ￥50,000（＝￥200,000 − ￥150,000）と廃棄費用 ￥2,500の合計を、固定資産廃棄損勘定で処理します。

（借）車両減価償却累計額	150,000	（貸）車	両	200,000
固定資産廃棄損	52,500	現	金	2,500

除却と廃棄の処理

次の有形固定資産の除却・廃棄に関する仕訳を示しなさい。

(1) 当期首に、取得原価 ￥500,000の機械装置（減価償却累計額 ￥450,000）を除却し、除却のための費用 ￥40,000を現金で支払った。なお、除却物の処分価額は ￥10,000と見積もられている。間接法による。

(2) 当期首に、取得原価 ￥500,000の機械装置（減価償却累計額 ￥450,000）を廃棄し、廃棄のための費用 ￥40,000を現金で支払った。間接法による。

(3) 株式会社四国商会（決算　年１回　3月31日）は、×1年４月１日に購入した商品陳列用ケース（取得原価 ￥200,000）を×5年11月30日に除却した。なお、この商品陳列用ケースはただちに倉庫に保管し、その処分価額を ￥3,000と見積もった。
ただし、商品陳列用ケースの耐用年数は８年、残存価額は取得原価の10%、定額法によって償却し、間接法で記帳しているが、当期分の減価償却費の計上も月割りで合わせて行うこと。

(1)	(借) 機械装置減価償却累計額	450,000	(貸) 機械装置	500,000
	貯蔵品	10,000	現金	40,000
	固定資産除却損	80,000		
(2)	(借) 機械装置減価償却累計額	450,000	(貸) 機械装置	500,000
	固定資産廃棄損	90,000	現金	40,000
(3)	(借) 備品減価償却累計額	90,000 04)	(貸) 備品	200,000
	減価償却費	15,000 05)		
	貯蔵品	3,000		
	固定資産除却損	92,000 06)		

04) (¥200,000 − ¥200,000 × 10%) ÷ 8 年 × $\frac{48\text{カ月}}{12\text{カ月}}$ = ¥90,000

05) (¥200,000 − ¥200,000 × 10%) ÷ 8 年 × $\frac{8\text{カ月}}{12\text{カ月}}$ = ¥15,000

06) ¥200,000 − ¥90,000 − ¥15,000 = ¥95,000(簿価)
¥3,000 − ¥95,000 = △¥92,000 (除却損)

Section 5のまとめ

■固定資産の除却
(除却損が出る場合)

(借)減価償却累計額	××	(貸)固定資産	××
貯蔵品※1、2	××	現金など	××
固定資産除却損※2	××		

※1　除却された固定資産は評価額をもって貯蔵品勘定で処理します。

※2　廃棄したときは、貯蔵品がなく、廃棄したときの固定資産の簿価および廃棄費用を固定資産廃棄損とします。

Section 6
重要度 ★★★☆☆

固定資産の滅失

はじめに

あなたの会社は、商品¥30,000を倉庫に保管していましたが、当期首にその倉庫(取得原価 ¥300,000、減価償却累計額 ¥180,000)で火災が発生し、全焼してしまいました。このような場合、どのような処理をすればよいのでしょうか。

[固定資産の滅失のパターン]

固定資産の滅失 ┬ 保険契約が付されていない
└ 保険契約が付されている ┬ 火災未決算＜保険金確定額
└ 火災未決算＞保険金確定額

1 固定資産の滅失

固定資産が、地震・火災などによって、滅失(めっしつ)した(使用できなくなった)ときに、これを帳簿から取り除きます。滅失した固定資産の処理は、**保険契約が付されていない場合**と**保険契約が付されている場合**とで異なります。

2 保険契約が付されていない場合

例6-1

当期首に火災が発生し、建物(取得原価 ¥300,000、減価償却累計額 ¥180,000)および商品 ¥30,000が焼失した。なお、この建物や商品には火災保険がかけられていなかった。なお、商品売買取引については三分法で処理している。

焼失した資産に保険契約が付されていない場合、その資産の帳簿価額を火災損失[01]として処理します。

(借) 建物減価償却累計額	180,000	(貸) 建物	300,000
火災損失 −特別損失−	150,000	仕入	30,000

01) 地震の場合には地震損失勘定を用います。また、これらを総称して災害損失勘定とすることもあります。

3 保険契約が付されている場合

焼失した資産に保険契約が付されている場合の処理では、(1)焼失時、(2)保険金確定時、の２つに注意してください。

(1)焼失時

例6-2

当期首に火災が発生し、建物（取得原価 ¥300,000、減価償却累計額 ¥180,000）および商品 ¥30,000 が焼失した。なお、この建物や商品には ¥170,000 の火災保険がかけられていた。

①資産が焼失した時点では、**保険金はまだ確定していない**ので、資産の帳簿価額を火災未決算[02]として処理します。

(借)建物減価償却累計額	180,000	(貸)建物	300,000
火災未決算	150,000	仕入	30,000

02)未決算勘定とは、金額の確定していない費用および債権の性質をもつ勘定です。ここでは、火災により資産が減少したにもかかわらず、これに対応する補償請求金額などが確定しないときに、一時的に処理する勘定として使われています。

②上記**【例６-２】**において、火災保険契約額が ¥120,000であった場合、次の仕訳となります。

(借)建物減価償却累計額	180,000	(貸)建物	300,000
火災未決算	120,000	仕入	30,000
火災損失	30,000		

(2)保険金確定時

焼失した資産は、保険会社の調査により保険金が確定します。このとき、次の２つの場合があります。

①火災未決算＜保険金確定額（火災未決算の額が保険金確定額より小さい場合）

②火災未決算＞保険金確定額（火災未決算の額が保険金確定額より大きい場合）

①火災未決算＜保険金確定額

例6-3

保険会社から保険金 ¥170,000 を支払うという通知を受けた。

火災未決算の額が保険金確定額より小さい場合には、**火災未決算の額と保険金確定額との差額**を保険差益として処理します。

(借)未収金	170,000	(貸)火災未決算	150,000
		保険差益 -特別利益-	20,000

②火災未決算＞保険金確定額

例6-4

保険会社から保険金のうち、¥100,000を支払うという通知を受けた。

火災未決算の額が保険金確定額より大きい場合には、**火災未決算の額と保険金確定額との差額**を火災損失として処理します。

(借)	未　収　金	100,000	(貸) 火災未決算	150,000
	火災損失	50,000		

固定資産の減失

次の一連の取引について仕訳を示しなさい。

(1) 当期首に火災により建物(取得原価 ¥800,000、減価償却累計額 ¥500,000)が全焼した。なお、この建物には火災保険 ¥400,000がかけられていて、保険会社へ保険金の支払いを請求した。間接法による。

(2) 保険会社から保険金のうち、¥350,000を支払うという通知を受けた。

(1)	(借)	建物減価償却累計額	500,000	(貸)	建　物	800,000
		火災未決算	300,000			
(2)	(借)	未　収　金	350,000	(貸)	火災未決算	300,000
					保険差益	50,000

Section 6のまとめ

■固定資産の滅失（保険契約が付されている場合）

(1)焼　失　時

(借)減価償却累計額	××	(貸)固定資産	××
火災未決算※	××		

(2)保険金確定時

(借)未　収　金	××	(貸)火災未決算	××
(火災損失	××)	保険差益	××

※ 焼失時には、保険金未確定のため、固定資産の帳簿価額を火災未決算勘定で処理します。

圧縮記帳

はじめに

ある固定資産を購入するにあたって、国から補助金を受け取ることができました。この補助金は、収益として処理されるため、法人税等の課税対象となります。せっかく補助金を受け取ることができたのですが、すぐに税金を支払わなければならないとすれば、少しがっかりですね。
こんなときに、「圧縮記帳」という処理が認められています。

1 圧縮記帳とは

圧縮記帳（あっしゅくきちょう）とは、一定の要件を満たした資産を取得した場合に、その資産の取得原価を減額(圧縮)するという会計処理です。

圧縮記帳を行うことができるのは、国庫補助金（こっこほじょきん）[01]、工事負担金[02]等を受け入れて有形固定資産を取得した場合や、保険差益が計上された有形固定資産の代替資産を取得した場合などです。

これは、一時に課税されることが望ましくない一定の利益(収益)について、課税対象となる利益(収益)と同額の圧縮損(費用)を計上することにより、**課税の繰延べ**を行うことを目的としています。

圧縮記帳の会計処理には「直接控除方式」と「積立金方式」があります。まずは「直接控除方式」をしっかり押さえましょう！

01)国または地方公共団体が企業に交付する補助金

02)電力会社、電話会社等が設備取得のために利用者から受け取る金銭等

2 直接控除方式

(1)会計処理

①国庫補助金の受入時

例7-1

期首に国庫補助金 ￥90 の交付を受け、当座預金に入金された。

(借)当座預金	90	(貸)国庫補助金受贈益[03] －特別利益－	90

03)「受入国庫補助金」や「国庫補助金収入」を用いる場合もあります。

②有形固定資産(備品)の購入時

例7-2

期首に国庫補助金の対象となる備品 ￥300 を現金で購入した。

(借)備品	300	(貸)現金	300

③**決算時**

(ア)圧縮記帳

対象資産について**圧縮損を計上**し、**取得原価を減額**させます。

例7-3

備品につき国庫補助金相当額¥90の圧縮記帳を行った。

(借)固定資産圧縮損[04] -特別損失-	90	(貸)備品	90

04)「備品圧縮損」というように資産の内容を示す場合もあります。

(イ)減価償却

圧縮後の取得原価に基づいて減価償却を行います。

例7-4

備品の減価償却を、耐用年数は3年、残存価額は ¥0として定額法（間接法）により行った。

(借)減価償却費	70[05]	(貸)備品減価償却累計額	70

05)(¥300－¥90)÷3年＝¥70

⑵**財務諸表の表示**

①**貸借対照表の表示**

貸借対照表の表示には、直接控除方式と間接控除方式があります。直接控除方式の場合は圧縮額等の注記[06]が必要になります。

06)注記については学習上の重要性が低いため参考程度でよいでしょう。

＜直接控除方式＞

備品	210	
減価償却累計額	△70	140

〔注記〕備品から国庫補助金相当額90円が控除されている。

＜間接控除方式＞

備品	300	
固定資産圧縮額	△90	
減価償却累計額	△70	140

②**損益計算書の表示**

損益計算書の表示は次のとおりとなります。

表示科目	表示区分
国庫補助金受贈益	特別利益
固定資産圧縮損	特別損失

(3)圧縮記帳の効果

上記のとおり、国庫補助金受贈益は特別利益として計上されますが、せっかく交付された補助金に対し、一時に税金(法人税等)が課されてしまっては、企業を助成するはずの効果が減殺(げんさい)されてしまいます。

そこで、国庫補助金を利用して資産を取得した場合、その国庫補助金に相当する金額を**圧縮損(特別損失)**として計上することで、**国庫補助金受贈益(じゅぞうえき)(特別利益)**と**相殺**し、一時の課税を回避することが認められています。

また、圧縮記帳後は資産の**取得原価が減額**されますので、圧縮記帳しない場合と比べ減価償却費(費用)が減少し、その分だけ増加する利益に対して課税されます。よって、国庫補助金等に対する課税は事後的に行われることになります[07]。

07)圧縮記帳は「課税を繰延べる方法」といわれます。

▶圧縮記帳による課税の繰延べ効果◀

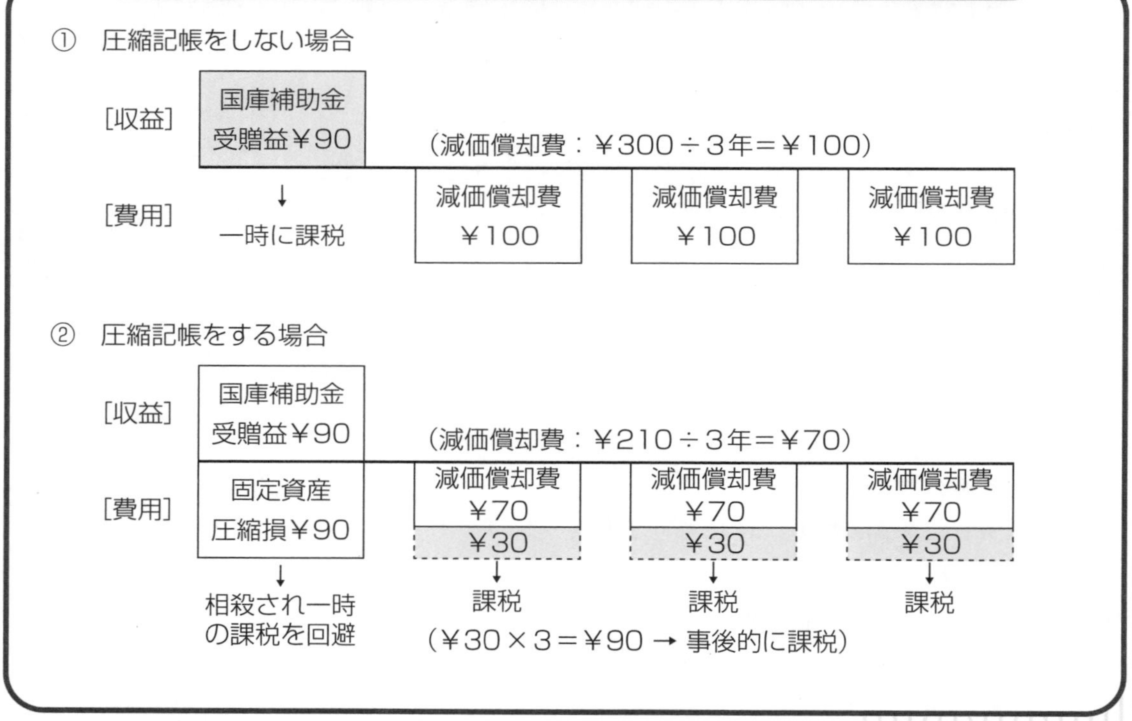

① 圧縮記帳をしない場合

(減価償却費：¥300÷3年＝¥100)

[収益]	国庫補助金受贈益¥90			
[費用]	↓ 一時に課税	減価償却費 ¥100	減価償却費 ¥100	減価償却費 ¥100

② 圧縮記帳をする場合

(減価償却費：¥210÷3年＝¥70)

[収益]	国庫補助金受贈益¥90			
[費用]	固定資産圧縮損¥90	減価償却費 ¥70	減価償却費 ¥70	減価償却費 ¥70
		¥30	¥30	¥30
	↓ 相殺され一時の課税を回避	↓ 課税	↓ 課税	↓ 課税

(¥30×3＝¥90 → 事後的に課税)

圧縮記帳－直接控除方式

次の一連の取引の仕訳を示しなさい。なお、会計期間は４月１日より始まる１年とする。

① ×２年４月１日に国庫補助金 ￥5,000の交付を受け当座預金に入金された。

② ×２年４月１日に国庫補助金 ￥5,000と自己資金 ￥15,000により機械装置を購入し、代金は小切手を振り出して支払った。

③ ×３年３月31日、決算となり購入した機械装置について国庫補助金相当額の直接控除方式により圧縮記帳を行った。機械装置の減価償却計算は、耐用年数を５年、残存価額を ￥０として定額法(間接法)により行う。

①	(借) 当座預金	5,000	(貸) 国庫補助金受贈益	5,000
②	(借) 機械装置	20,000	(貸) 当座預金	20,000
③	(借) 固定資産圧縮損	5,000	(貸) 機械装置	5,000
	(借) 減価償却費	3,000	(貸) 機械装置減価償却累計額	3,000

② 機械装置の取得原価

￥5,000（国庫補助金）＋￥15,000（自己資金）＝￥20,000

③ 圧縮記帳後の減価償却計算

（￥20,000－**￥5,000**）÷５年＝￥3,000

3 積立金方式

(1)会計処理

国庫補助金受入時と、有形固定資産購入時の処理は直接控除方式と同じです。

①国庫補助金の受入時

例7-5

当期末に国庫補助金¥90の交付を受け、当座預金口座に入金された。

(借)当座預金	90	(貸)国庫補助金受贈益	90

②有形固定資産(備品)の購入時

例7-6

当期末に国庫補助金の対象となる備品¥300を現金で購入した。この備品は翌期首から使用する予定である。

(借)備品	300	(貸)現金	300

③決算時(積立金の積立て)

積立金方式では、固定資産の取得原価を減額せず、決算において圧縮積立金を繰越利益剰余金から積み立てます[08]。この圧縮積立金の積立額は税務上の費用として認められるため、税務上、国庫補助金の収益と積立額分の費用が相殺され、一時の課税を回避することができます。

08)本試験では固定資産圧縮積立金勘定を用いることがあります。なお、圧縮積立金について税効果会計を適用する処理については、全経上級で学習します。

例7-7

国庫補助金¥90について圧縮積立金¥90を積立てた。

(借)繰越利益剰余金	90	(貸)圧縮積立金	90

④減価償却時・圧縮積立金取崩し時

例7-8

翌期末に、備品の減価償却を、耐用年数は3年、残存価額は¥0として定額法(間接法)により行った。
合わせて、圧縮積立金¥30を取崩した。

(ア)減価償却

もともとの取得原価に基づいて減価償却を行います。

(借)減価償却費	100[09]	(貸)備品減価償却累計額	100

09) ¥300÷3年=¥100

(イ)圧縮積立金の取崩し

圧縮積立金は、減価償却時に固定資産の耐用年数にわたり取り崩します。この取崩額は、税務上の収益となり、その分だけ課税されます。

(借)圧縮積立金	30	(貸)繰越利益剰余金	30

(2)財務諸表の表示

①貸借対照表の表示

貸借対照表の表示は次のとおりとなります。

貸借対照表					
資産の部			純資産の部		
備品	300		その他利益剰余金		
減価償却累計額	△100	200	圧縮積立金	60	
			繰越利益剰余金	××	××

②損益計算書の表示

損益計算書の表示は次のとおりとなります。

損益計算書	
減価償却費	100

Section 7のまとめ

■固定資産の圧縮記帳(直接控除方式)

(1)国庫補助金受入時

(借)現金など	××	(貸)国庫補助金受贈益 -特別利益-	××

(2)決算時

(1)圧縮記帳

(借)固定資産圧縮損 -特別損失-	××	(貸)固定資産	××

(2)減価償却

圧縮後の取得原価に基づいて減価償却を行う。

(借)減価償却費	×	(貸)減価償却累計額	×

■固定資産の圧縮記帳(積立金方式)

(1)国庫補助金受入時

(借)現金など	××	(貸)国庫補助金受贈益 -特別利益-	××

(2)決算時(積立時)

圧縮積立金の積立て

(借)繰越利益剰余金	××	(貸)圧縮積立金 -純資産の部-	××

(3)決算時(減価償却時)(取崩時)

①減価償却

もともとの取得原価に基づいて減価償却を行う。

(借)減価償却費	×	(貸)減価償却累計額	×

②圧縮積立金の取崩し

(借)圧縮積立金	×	(貸)繰越利益剰余金	×

減損会計

はじめに

有形固定資産の価値はどうやってはかればいいか、というのは結構難しい問題です。
いくらで入手したのかという「取得原価」は過去の事実として大変重要ですが、将来いくら回収できるかという「回収可能価額」も状況によっては考慮する必要があります。
固定資産の簿価に比べて回収可能価額が下がっている場合に登場するのが減損会計です。

1 減損会計とは

減損会計とは、収益性の低下により投資額を回収する見込みが立たなくなった固定資産[01]の帳簿価額を、一定の条件のもとで**回収可能性を反映させるように減額する会計処理**のことをいいます。

なお、ここでいう帳簿価額とは、当期分の減価償却を行ったあとの金額(取得原価－期末の減価償却累計額)をいいます。

01)子会社株式など、他の基準に減損に関する規定がある固定資産は対象となりません。

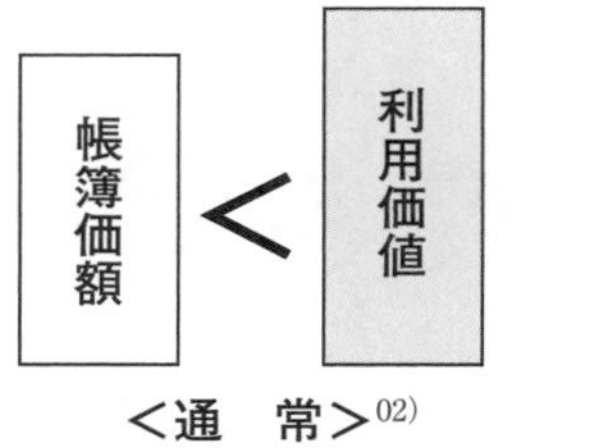

＜通　常＞[02]

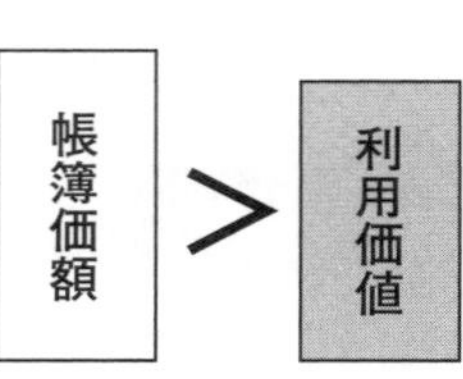

＜減損発生＞

02)有形固定資産は原価よりも利用価値が大きいと判断したときに購入します。したがって、取得時には＜通常＞の形になっています。

2 減損会計の流れ

減損会計の処理の流れを示すと次のようになります[03]。

03)厳密には回収可能価額を算定する前に減損の兆候の把握と減損の認識の判定を行いますが、詳しくは全経上級で学習します。

回収可能価額の算定 ＜ 正味売却価額と使用価値の大きい方はどちら？

正味売却価額 ↓

回収可能価額
→正味売却価額

↓

減損損失
＝帳簿価額－回収可能価額(正味売却価額)

使用価値 ↓

回収可能価額
→使用価値

↓

減損損失
＝帳簿価額－回収可能価額(使用価値)

企業は、固定資産に投資した金額を、固定資産を売却するか、使用して収益を獲得することにより回収します。この売却による回収額を**正味売却価額**といい、使用による回収額を**使用価値**といいます。

> 企業は、売却による収入か、使用によりもたらされる収入のうち、いずれか大きい方を選択して、固定資産に対する投資を回収しようとするからです。

正味売却価額＝固定資産の時価－処分費用見込額

正味売却価額と使用価値の**いずれか大きい方を回収可能価額**といい、減損会計を行う場合、帳簿価額を回収可能価額まで減らし、その減らした額を**減損損失**として処理します。

例8-1

機械装置（取得原価￥130,000、当期末減価償却累計額￥30,000）について、減損処理を行う。
なお、この機械装置の当期末における時価は￥55,000、処分費用は￥4,000、使用価値は￥57,250 と見込まれた。
減損処理にあたっては固定資産勘定を直接減らすこと。

使用価値 ￥57,250 ＞ 正味売却価額 ￥51,000により、回収可能価額は￥57,250となります。

したがって、帳簿価額 ￥100,000（＝￥130,000 － ￥30,000）と回収可能価額￥57,250の差額 ￥42,750を減損処理します。

(借)減損損失	42,750	(貸)機械装置	42,750

▶ 減損とものの価値 ◀

固定資産には、使うことで得られる使用価値と売却することで得られる売却価値の２つの価値があります。

たとえば、120,000円で取得し、減価償却累計額が20,000円の固定資産があり、減損処理を行うとしましょう。すると簿価100,000円から「いくらまで価値を下げればいいのか」が問題になります。

このとき、使用価値が60,000円、売却価値が70,000円であったとしましょう。

この場合に回収できる金額（回収可能価額）は70,000円であり、この額まで価値を下げるため、30,000円の減損損失を計上することになるのです。

3 損益計算書・貸借対照表の表示

減損損失の損益計算書への記載、減損処理された固定資産の貸借対照表の記載方法は以下のとおりです。

(1)**減損損失**：特別損失の区分に記載します[04)]。
(2)**固定資産**：減損損失の控除方法の違いにより、次の３種類、４通りの形式が認められます[05)]。

(原則)直接控除形式

機　械　装　置	87,250	
減価償却累計額	30,000	57,250

(容認)

独立間接控除形式

機　械　装　置	130,000	
減損損失累計額	42,750	
減価償却累計額	30,000	57,250

合算間接控除形式①

機　械　装　置	130,000	
減価償却累計額及び減損損失累計額	72,750	57,250

合算間接控除形式②

機　械　装　置	130,000	
減価償却累計額	72,750	57,250

(注記)減価償却累計額に減損損失累計額42,750が含まれている。

04) Ⅶ　特別損失
　1．減損損失　42,750

05) ①直接控除形式を中心にマスターしておきましょう。控除後の金額をその後の取得原価とします。

●参　考●

資産のグルーピング

減損会計では資産の生み出す将来キャッシュ・フロー（将来の収入額）を予測しますが、複数の資産が一体となってキャッシュ・フローを生み出す場合には、個々の資産ごとにキャッシュ・フローを把握することは困難です。

そこで、将来キャッシュ・フローを把握できる単位まで資産をグループ分け（グルーピング）する必要があります。

(1)グルーピングの方法

資産のグルーピングは、各事業部単位などのように他の資産や資産グループから独立したキャッシュ・フローを生み出す最小の単位で行います[06)]。

(2)資産グループについて減損を行う場合

資産グループについて減損会計を適用するときは、①**資産グループ全体について減損損失を計算**します。そして、資産グループを構成する各資産に帳簿価額等を基準にして②**減損損失を配分**します。

06) たとえば、ビール事業部とソフトドリンク事業部の２つの事業部がある会社では、ビール事業部が有する土地や建物などを総合的に使ってビール事業部のキャッシュ・フローを生み出しています。
このように多くの場合はひとまとまりの資産(土地や建物や備品など)が一体となってキャッシュ・フローを生み出しています。

例

下記にもとづき、必要な仕訳を示しなさい。当社の資産グループ（土地と建物より構成）について減損損失を計上する。
建物の帳簿価額は￥1,500、土地の帳簿価額は￥500であり、回収可能価額は￥1,900である。
なお、減損損失は、帳簿価額にもとづいて資産の種類別に配分し、固定資産勘定を直接減らすこと。

(借)		(貸)	
減　損　損　失	100	建　　物	75
		土　　地	25

①資産グループ全体について減損損失の計算

減損損失：帳簿価額￥2,000 − 回収可能価額￥1,900 = ￥100

②減損損失の配分　建物：$￥100 \times \frac{￥1,500}{￥1,500 + ￥500} = ￥75$

土地：$￥100 \times \frac{￥500}{￥1,500 + ￥500} = ￥25$

減損会計

次の取引の仕訳を示しなさい。なお、会計期間は4月1日より始まる1年とする。

① ×4年4月1日に建物を¥1,000,000で購入し、代金は当座預金口座より支払った。

② ×5年3月31日の決算にあたり、建物について以下の方法により減価償却を行うとともに、建物の収益性が低下したため減損処理を行う。
減価償却方法：定額法、耐用年数：20年、残存価額：ゼロ、間接法
当期末における建物の時価：¥900,000　建物の処分費用見込額：¥20,000
当期末における建物の使用価値：¥860,000
減損処理にあたっては固定資産勘定を直接減らすこと。

①	(借)建物	*1,000,000*	(貸)当座預金	*1,000,000*
②	(借)減価償却費	*50,000*	(貸)建物減価償却累計額	*50,000*
	(借)減損損失	*70,000*	(貸)建物	*70,000*

解説

② 減価償却費：¥1,000,000 ÷ 20年 = ¥50,000
減価償却後の帳簿価額：¥1,000,000 − ¥50,000 = ¥950,000
正味売却価額：¥900,000 − ¥20,000 = ¥880,000
正味売却価額¥880,000 > 使用価値¥860,000　∴　回収可能価額：¥880,000
減損損失：¥950,000 − ¥880,000 = ¥70,000

Section 8のまとめ

■減損会計とは　減損会計とは、収益性の低下により投資額を回収する見込みが立たなくなった固定資産の帳簿価額を、一定の条件のもとで回収可能性を反映させるように減額する会計処理のことをいいます。

■減損会計の処理　固定資産の帳簿価額を回収可能価額まで減額し、減損損失として処理します。
正味売却価額：売却による価値(回収額)→固定資産の時価－処分費用見込額
使用価値：使用による価値(回収額)

(借)減損損失　×　(貸)固定資産　×

Section 9 重要度 ★★☆☆☆

無形固定資産

はじめに

あなたの会社で開発した新製品Rの発表会のことです。来社していた経営コンサルタントのN氏が製品Rを見て、「この技術は特許権が取得できると思いますよ。特許権が取得できれば、それは無形固定資産として、今後あなたの会社で優先的に使用することが法律上認められるばかりか、同業者がこの技術を使用した場合には、その会社に対し特許権の使用料を請求することができるのです」と言い、弁理士を紹介してくれました。あなたは、さっそく弁理士を訪ねてみることにしました。

1 固定資産の分類

固定資産は、**有形固定資産**、**無形**（むけい）**固定資産**および**投資その他の資産**の３つに分類されます。

2 無形固定資産

無形固定資産は有形固定資産とは異なり、具体的な形はありませんが、有形固定資産と同様に**収益を獲得する要因**となる[01)]ので、資産として扱います。無形固定資産には、次のものがあります。

01)例えば、特許権を他社に使用させることによって使用料が得られます。

(1)法律上の権利として認められたもの

特　許　権：特許を受けた発明を営業上独占的に使用する権利
商　標　権：登録を受けた商標を営業上独占的に使用する権利
借　地　権（しゃくちけん）：土地の利用権
鉱　業　権：鉱物（鉱石や原油など）を採掘する権利

(2)経済上の価値

の　れ　ん[02)]：超過収益力を資産化したもの
ソフトウェア：コンピュータを動かすためのプログラム

02)のれんについては、Chapter11 Section 3を参照してください。

3 無形固定資産の処理

無形固定資産の処理では、(1)取得した時、(2)決算の時、の２つに注意してください。

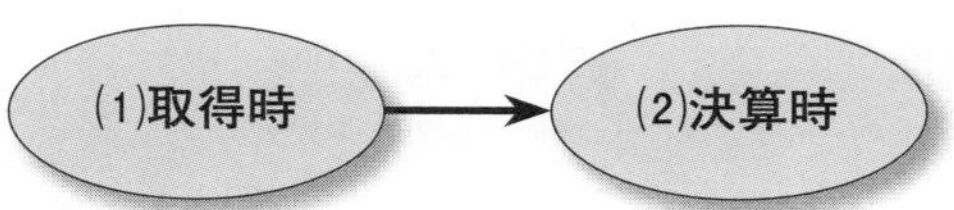

(1)取得時

例9-1

当期首に独自の技術を開発し特許権を取得した。これに要した費用は¥225,000であり、登録にさいし登録料 ¥15,000を含めて現金で支払った。

無形固定資産を取得したときは取得原価をもって処理します。この場合、取得原価とはその無形固定資産の**取得に要した支出額**をいいます。

このとき、開発に要した費用 ¥225,000および登録料 ¥15,000の合計を特許権として処理します。

(借) 特　許　権	240,000	(貸) 現　　金	240,000

(2)決算時

例9-2

当期首に取得した特許権の償却を行う。償却年数は8年とし、月割りで償却する。

無形固定資産の**償却**を行います。無形固定資産の多くは法律上の権利ですから、それぞれの法律に定める権利の存続期間に従い、残存価額をゼロとした定額法により**償却**します。また記帳は直接法によります。

このとき、当期分の償却額 ¥30,000[03]を**特許権償却勘定(費用の勘定)**に計上し、特許権の金額を同額だけ減少させます。

(借) 特 許 権 償 却	30,000	(貸) 特　許　権	30,000

03) ¥240,000 × $\frac{12カ月}{96カ月}$ ＝¥30,000

4 ソフトウェアの処理

ソフトウェアとは、コンピュータを動かすためのプログラムなどのことをいいます。

(1)取得時

ソフトウェアの利用により将来の収益獲得が確実な場合、または、費用削減が確実な場合には、ソフトウェアの制作費、取得費用をソフトウェア(無形固定資産)として計上します[04]。

04) 具体的には、自社用のソフトウェアを開発した場合、パッケージ化されたソフトウェアを購入した場合です。
また、制作途中のソフトウェアの制作費についてはソフトウェア仮勘定(無形固定資産)として計上します。

例9-3

×1年期首に、ソフトウェア¥100,000を購入し、自社用にカスタマイズするための費用¥180,000とともに現金で支払った。

(借) ソフトウェア	280,000	(貸) 現　　金	280,000

(2)決算時

無形固定資産として計上したソフトウェアは、他の無形固定資産と同様に残存価額を0とした定額法により償却します。なお、償却期間(耐用年数)は原則5年以内とされています。

償却額 ＝ 当期首未償却残高 × $\frac{\text{当事業年度の期間}^{05)}}{\text{当期首における残存耐用月数}}$

05)当期に取得した場合は、使用した月数に応じて償却額を計算します。

例9-4

次に示す資料にもとづいて、×１期のソフトウェアの償却に関する仕訳を示しなさい。

[資料]

1．X１年期首に無形固定資産として計上した自社用のソフトウェア制作費は￥280,000である。

2．ソフトウェアは、定額法により５年間で償却する。

(借) ソフトウェア償却	56,000 [06)	(貸) ソフトウェア	56,000

06) ￥280,000 × $\frac{12カ月(1年)}{60カ月(5年)}$ ＝￥56,000

無形固定資産

次の取引の仕訳を示しなさい。

×8.4.1　独自の技術を開発し、特許権を取得した。この開発に要した費用 ￥1,200,000と、登録料 ￥40,000を小切手を振り出して支払った。

×9.3.31　決算にあたり、特許権を８年で償却する。

×8.4.1	(借) 特許権	1,240,000	(貸) 当座預金	1,240,000
×9.3.31	(借) 特許権償却	155,000 [07)	(貸) 特許権	155,000

07) ￥1,240,000 × $\frac{12カ月}{96カ月}$ ＝￥155,000

Section 9のまとめ

■無形固定資産の種類

(1)法律上の権利として認められたもの(ex.特許権、商標権…)

(2)経済上の価値(のれん、ソフトウェア)

■無形固定資産(権利)の処理

(1)取得時	(借)無形固定資産	××	(貸)現金など	××
(2)決算時	(借)無形固定資産償却	×	(貸)無形固定資産	×

■ソフトウェアの処理

(1)取得時	(借)ソフトウェア	××	(貸)現金など	××
(2)決算時	(借)ソフトウェア償却	×	(貸)ソフトウェア	×

Section
10
重要度
★★★★★

投資その他の資産

はじめに

売上を順調に伸ばしているあなたは、余ったお金で投資をしようと証券会社へ向かいました。担当者からおすすめの投資をいろいろ紹介されましたが、その中で不動産でも投資ができるという耳慣れない言葉が出てきました。興味をもったあなたは投資不動産について、いろいろ調べてみることにしました。ここでは投資その他の資産について見ていきましょう。

1 投資その他の資産

資産を分類した場合、(1)長期の利殖を目的とするもの、(2)正常な営業サイクルから外れたものは、貸借対照表上、投資その他の資産として分類されます。

(1)長期の利殖などを目的とするもの

長期性預金：決算後、1年を超えて満期になる定期預金
長期貸付金：長期の貸付金
出資金：信用金庫や組合などの団体に提供した資金
関係会社株式：子会社株式と関連会社株式
投資有価証券：満期保有目的債券やその他有価証券
投資不動産：投資目的で保有する不動産

(2)正常な営業サイクルから外れたもの

不渡手形：不渡りとなった手形の代金請求権のうち長期のもの
長期前払費用：長期間にわたる費用の前払額

2 出資金

出資金とは、主に株式会社以外の会社や組合、信用金庫などにお金を出資したときに処理する勘定科目をいいます。出資金は、主に出資した金額をもって、**貸借対照表上、固定資産の投資その他の資産に出資金**[01] **として表示**します。

01)一部の会社に対する出資は投資有価証券とすることもあります。本試験では問題文の指示に従って解答するようにしてください。

例 10-1
NS 信用金庫に¥100,000 の出資を行い、現金で支払った。

(借)出資金	100,000	(貸)現金	100,000

3 投資不動産

(1)投資不動産とは

企業が自ら使用する目的および販売を目的とした不動産を除いた賃貸収益の獲得、または値上がりを期待して保有する不動産を投資不動産といいます。

なお、所有の不動産を用途別に分類すると以下のようになります。

営業用のもの(本社建物など) ……**有形固定資産**

販売用のもの(不動産販売会社における販売用の土地・建物など)

……**棚卸資産(商品)**[02]

投資用のもの(投資目的で所有する土地・建物など)

……**投資その他の資産**

02)販売用不動産のことです。

(2)投資不動産の会計処理

投資不動産は、時価の変動をそのまま損益に算入せず、他の有形固定資産と同様に減価償却を行います。

例 10-2

当社はメーカーであるが、余剰資金を不動産に運用している。以下の仕訳を示しなさい。

①×1年4月1日に投資目的として建物¥2,300,000を小切手を振り出して取得した。

②投資目的として所有している建物を静岡商事株式会社に賃貸し、賃貸料¥80,000が当座預金に振り込まれた。

③×2年3月31日、決算につき定額法(耐用年数20年、残存価額は取得原価の10%、間接法)により減価償却を行う。

①	(借) 投資不動産	2,300,000	(貸) 当座預金	2,300,000
②	(借) 当座預金	80,000	(貸) 受取家賃	80,000
③	(借) 減価償却費	103,500[03]	(貸) 投資不動産減価償却累計額	103,500

03)(¥2,300,000－¥2,300,000×10%)÷20年＝¥103,500

(3)損益計算書および貸借対照表上の表示

投資不動産の減価償却費は営業外費用の区分に計上します。また、それから生じる家賃収入や地代収入は、受取家賃や受取地代として営業外収益の区分に計上します[04]。

04)投資不動産賃貸料とすることもあります。

損益計算書

:	
Ⅳ 営業外収益	
受取家賃	80,000
Ⅴ 営業外費用	
減価償却費	103,500

貸借対照表

Ⅱ 固定資産		
:		
3. 投資その他の資産		
投資不動産	2,300,000	
減価償却累計額	103,500	2,196,500

4 長期前払費用

決算のさいに繰り延べた費用(前払費用)のうち、**決算日の翌日から1年を超える期間に対応するものについては、通常の前払費用とは区別して、長期前払費用という固定資産として計上します**[05)]。

05) 未払費用や未収収益、前受収益は長期であるかどうかの判断は行わずに流動資産・負債となる点に注意してください。

例 10-3

当期首に火災保険契約を締結し、向こう5年分の保険料¥50,000(1年分は¥10,000)を支払った。決算にあたり、前払いの保険料を繰り延べることとした。

当期首に支払った向こう5年分の保険料のうち、1年分は当期の保険料であるため、残りの4年分を次期以降に繰り延べます。そのうち、決算日の翌日から1年以内の期間に対応する保険料は翌期分の1年分だけです。それ以外の3年分は決算日の翌日から1年を超える期間に対応する保険料であるため、それを長期前払保険料に振り替えます。

(借)		(貸)	
前払保険料	10,000	保険料	40,000
長期前払保険料	30,000		

投資その他の資産

次の一連の取引を仕訳しなさい。なお会計期間は1年とする。

(1) 期首に投資目的で建物 ¥5,000,000を取得し、代金は小切手を振り出して支払った。

(2) 上記(1)の建物を神田株式会社に賃貸し、賃貸料 ¥150,000が普通預金口座に振り込まれた。

(3) 決算につき、定額法(耐用年数25年、残存価額ゼロ、間接法)により減価償却を行う。

	(借)		(貸)	
(1)	投資不動産	5,000,000	当座預金	5,000,000
(2)	普通預金	150,000	受取家賃	150,000
(3)	減価償却費	200,000	投資不動産減価償却累計額	200,000

Section 10のまとめ

■**投資不動産** 他の有形固定資産と同様に減価償却を行う。

表示区分と表示科目

<B/S> 投資その他の資産に「投資不動産」と表示する。

<P/L> 営業外収益に「受取家賃」「受取地代」を計上する。

営業外費用に「減価償却費」を計上する。

Chapter 8

繰延資産

繰延資産の全体像

重要度

Section 1　繰延資産　★★☆☆☆

ココがPOINT!!

資産のくせに財産じゃない

繰延資産は元々は費用なのですが、資産として計上することが認められた費用です。

Section 1

重要度 ★★★★★

繰延資産

はじめに

会社をはじめて、最初の決算をむかえたときのことでした。あなたの会社は一定の利益は上げているものの、会社を作るためにかかった費用 ¥100,000（創立費)や、営業をはじめるためにかかった費用 ¥150,000（開業費)の負担が重く赤字になっていました。それを見た顧問税理士のＫ氏は「創立費や開業費を資産に計上して繰り延べましょう。そうすれば、当期の負担は償却分の¥50,000だけにできるので…。ちゃんと黒字になりますよ」とのことでした。資産に計上できる費用があるなんて…。驚いたあなたは、他にどんな費用が資産に計上できるのかを調べてみることにしました。

1 繰延資産とは

会社設立のための費用や開業準備のための費用など、支出の効果が将来にわたって発現すると期待される費用をいいます。

●繰延資産の処理

原則 … 支出した期間の費用として、全額を計上します。

容認 … 繰延資産として貸借対照表に計上し、その後数年にわたって償却します。

2 繰延資産の種類

制度上、以下の５項目が限定的に繰延資産として計上することが認められています[01]。

01)全経簿記では、繰延資産として資産計上する場合、勘定科目をそれぞれ、「繰延創立費」「繰延開業費」「繰延株式交付費」「繰延社債発行費」「繰延開発費」とし、費用処理した場合と区別します。

繰延資産の例

創　立　費：会社設立のために支出した費用をいいます。会社設立のさいの株式の発行費用を含みます。

開　業　費：会社設立後、営業開始までに支出した開業準備のための費用をいいます。

株式交付費：株式発行のために支出した費用をいいます。

社債発行費：社債の発行にさいし支出した費用をいいます。

開　発　費：企業が新技術の採用・新資源の開発等のために特別に支出した費用をいいます。

なお、開発費に似たものとして研究開発費があり、「研究開発活動」のための支出がこれにあたります。研究開発費については繰延資産ではなく、全額を当期の費用（一般管理費または当期製造費用）として処理するので注意しましょう。

繰延資産は、次のように表示されます。

貸借対照表

Ⅰ流動資産	×××	
Ⅱ固定資産		
1．有形固定資産	××	
2．無形固定資産	××	
3．投資その他の資産	××	
Ⅲ繰延資産	×××	

社債発行費は、Chpter10 Section 1で、学習します。

3 繰延資産の償却

処理方法

- 金額の計算…定額法により月割償却します。
- 処理方法…直接法(繰延資産を直接減らします)。借方は繰延資産の名称の後に「償却」を付して示します(例、創立費償却、開業費償却)。

4 繰延資産の処理

開発費を例に、見ていきます。

開発費は、原則として支払時に費用処理がなされますが、繰延資産として計上する場合には、(1)支払時に繰延資産として計上し、(2)決算時に償却手続きにより費用化します。

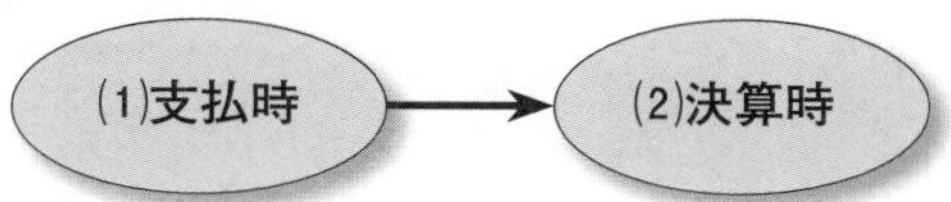

(1)支払時

例1-1

期首に開発費 ¥50,000 を現金で支払い、繰延資産として処理した。

(借)繰延開発費	50,000	(貸)現金	50,000

(2)決算時

繰延資産として処理した場合には、決算にさいして償却を行います。この手続きによって繰延資産は費用化されます。なお、償却は残存価額をゼロにした定額法によって行い、開発費は**5年以内**に月割償却されます。

社債発行費を除いて、
3文字（開発費）5年、
5文字（株式交付費）3年
と覚えましょう！

例1-2

決算にさいし、開発費 ¥50,000 を償却した。なお、法定の最長期間にわたり償却する。

(借)開発費償却[02]	10,000[03]	(貸)繰延開発費	10,000

02)償却は繰延資産の名称の後に「償却」と付して勘定科目とします。

03) $¥50,000 \times \frac{12カ月}{60カ月} = ¥10,000$

開発費の処理

次の一連の取引について仕訳を示しなさい。繰延資産は法定の最長期間にわたり償却すること。

(1) ×1.11.1　開発費として¥300,000を支出し、代金を現金で支払った。この支出は、すべて繰延資産として処理することとした。

(2) ×2.3.31　決算にさいし、法定の最長期間にわたり開発費の償却を行った。

(1)	(借) 繰延開発費	300,000	(貸) 現金	300,000
(2)	(借) 開発費償却	25,000 04)	(貸) 繰延開発費	25,000

04) $¥300,000 \times \frac{5カ月}{60カ月} = ¥25,000$

Section 1のまとめ

■繰延資産

種類	償却年数	償却費の表示場所
創立費	5年以内に償却	営業外費用※
開業費		
株式交付費	3年以内に償却	
社債発行費	社債の償還期間内に償却	
開発費	5年以内に償却	売上原価または 販売費及び一般管理費

※　開業費償却については、販売費及び一般管理費の区分に表示することもできます。

Chapter 9

引当金

引当金の全体像

ココがPOINT!!

引当金は相方

「引当金」というものは会計の世界に特有のものですが、これって費用の計上を正しくするためのものなんですね。例えば、私がこの瞬間、会社員として働いています。そして、私が働いたことの結果として、退職時には退職金が発生します。逆にいえば、私が当期に働くことで、会社には将来退職金を支払う義務が生じるので、それを当期の費用に計上するとともに、貸方は支払義務を負債としておこうという意図で引当金を使って処理します。つまり、引当金は費用を正しく計上するための相方、なんですね。

Section 0
重要度 ★★★☆☆

1級合格のための2級の基礎知識

重要ポイント

修繕引当金…将来の修繕費の支払いに備えた引当金
賞与引当金…将来の賞与の支払いに備えた引当金

1 修繕引当金

(1)設定時

例0-1

機械Aの修繕費として修繕引当金 ¥88,000 を見積計上した。

(借)修繕引当金繰入[02]（費用の発生）	88,000	(貸)修繕引当金[01]（負債の増加）	88,000

01)B/S・流動負債に表示します。

02)P/L・販売費及び一般管理費に表示します。

(2)修繕のため支出した時

例0-2

機械Aの修繕を行い、¥100,000 を小切手を振り出して支払った。なお、設定した修繕引当金は全額取り崩した。

(借)修繕引当金（負債の減少）	88,000	(貸)当座預金	100,000
修繕費[02]（費用の発生）	12,000		

2 特別修繕引当金

修繕引当金は翌期の修繕に備えるものですが、特別修繕引当金は数年に一度といった長期的な修繕に備えての引当金です[03]。

特別修繕引当金の処理は修繕引当金と同じです。

03) 1年基準で判断し、B/S・固定負債に表示します。

3 賞与引当金

(1)決算時

次期に支払いを予定している賞与のうち、当期に属する期間に対する額を賞与引当金繰入として費用計上し、貸方に賞与引当金[04]として処理します。

04) B/S・流動負債に表示します。

例0-3
決算にあたり、賞与引当金 ¥40,000 を設定した。このときの仕訳を示しなさい。

(借)賞与引当金繰入[05]	40,000	(貸)賞与引当金	40,000

05) P/L・販売費及び一般管理費に表示します。

(2)賞与支給時

実際に賞与を支給したときには、設定していた賞与引当金を取り崩して充当するとともに、当期負担分については賞与(費用)[06]として処理します。

06) P/L・販売費及び一般管理費に表示します。

例0-4
当期の 12 月 1 日に賞与 ¥120,000 を現金で支払った。なお、賞与引当金 ¥40,000 が設定されている。このときの仕訳を示しなさい。

(借)賞与引当金	40,000	(貸)現金	120,000
賞与	80,000		

Section 1

重要度 ★★★★★

さまざまな引当金

はじめに

あなたは、会社のメンバーが退職するときには十分な手当てをしてあげたいと考えていました。そこで退職金について顧問税理士のK氏に相談したところ、「退職給付は従業員が入社してから退職するまでの長年の期間に対し支払われる一種の給与ですから、支払った年度だけの費用とするより、各会計年度末にその期間が負担する金額を見積もり、年々の費用とすることで将来の退職給付の支払いに備える必要があります」というアドバイスを受けました。
そこで、あなたは退職給付引当金について詳しく調べてみることにしました。

1 引当金の分類

引当金は貸借対照表上、資産の部にマイナス項目として記載されるもの(**評価性引当金**←貸倒引当金のみ)と負債の部に記載されるもの(**負債性引当金**)とに大別されます。負債性引当金としては、**退職給付引当金、商品保証引当金**などがあります。

2 退職給付引当金

(1)退職給付引当金とは

退職給付引当金とは、将来従業員が退職したときに、退職給付規程によって**支払われる退職金および年金をあらかじめ見積もり、これに備えて設定される引当金**です。ここで登場するのは、**会社・従業員・年金基金**、の三者です[01]。

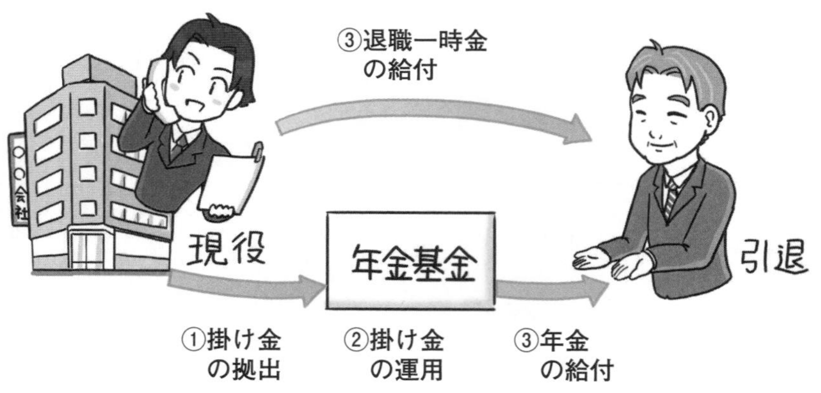

01)上級で学習する内容も一部含まれています。

①会社はまず、外部の年金基金に対して掛け金を拠出します。

②年金基金ではこれを元手に運用して掛け金を増やします。

③退職する従業員に対して会社から退職一時金が、年金基金からは年金が支払われます。この退職一時金と年金を合わせて退職給付といいます。
それでは、具体的な会計処理を見てみましょう。

(2)退職給付引当金の処理

退職給付引当金の処理については、①決算時、②退職金支払時、の2つに注意する必要があります。

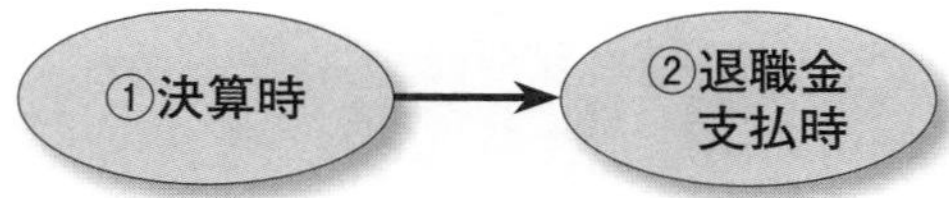

①決算時

退職給付費用[02]の当期負担分を計算し、退職給付引当金勘定に加えます。

例1-1

決算にあたり、退職給付の当期負担分 ¥3,000 を計上した。

当期の負担分 ¥3,000 を退職給付費用**(費用の勘定)**として計上します。その結果、**退職給付引当金という負債(従業員に対する債務)が増加した**ことを意味します。

(借)退職給付費用	3,000[04]	(貸)退職給付引当金	3,000[03]

②退職者に退職金を支払ったとき

退職給付引当金を取り崩します。

例1-2

従業員A氏が退職したので、退職金 ¥10,000 を小切手を振り出して支払った。なお、前期から繰り越された退職給付引当金が ¥8,500 ある。

あらかじめ退職給付引当金を設定してあった部分は引当金を取り崩し、超過分は当期の費用として処理します[05]。

(借)退職給付引当金	8,500	(貸)当座預金	10,000
退職給付費用	1,500		

3 商品保証引当金

(1)商品保証引当金とは

販売した商品に対して、一定期間であれば無料で修理などを行うことを保証している[06]場合、当期に販売した商品に対する修理費などの費用が翌期以降に発生する可能性があると考えられます。

このとき、保証に応じることによって発生する費用に備えて設定する引当金を、**商品保証引当金**といいます。

02)退職給付の当期負担分を損益計算書上に計上する項目です。

03)B/S・固定負債に表示します。

04)P/L・販売費及び一般管理費に表示します。

05)退職した従業員の功労などを考慮して、上乗せして退職金を支払った場合には、その部分について「退職給与金」または「退職給付費用」として計上します。

06)「1年間無料保証」といった広告をよく見かけると思います。このようなサービスを行っている企業の処理を見ていくことになります。

「商品保障引当金」でも「商品補償引当金」でもありません。漢字のミスに気をつけましょう。

(2)商品保証引当金の処理

商品保証引当金の処理は、①決算時、②保証に応じたとき、③保証期間終了時、の３つに注意する必要があります。

①決算時

翌期以降に発生すると見積もられる保証費用の金額を、商品保証引当金に繰り入れます。

例1-3

決算にさいし、当期に品質保証付きで販売した商品の保証費用を¥10,000と見積もり、商品保証引当金に繰り入れることにした。

当期に販売した商品に対して発生する費用であるため、商品保証引当金繰入という費用を計上するとともに、商品保証引当金という負債が増加したことを意味します。

(借)商品保証引当金繰入	10,000	(貸)商品保証引当金	10,000

②保証対応時

例1-4

前期に販売した上記の商品について修理の申し出があったため、修理に応じた。このとき、修理業者に対して修理費用¥4,000を現金で支払った。

あらかじめ商品保証引当金を設定しているため、商品保証を行ったときに支出した金額の分だけ商品保証引当金を取り崩し、費用は発生しません[07]。

(借)商品保証引当金	4,000	(貸)現　　金	4,000

07)商品保証引当金の残高を超える金額については、「商品保証費」などの費用として処理することになります。

③保証期間終了時

例1-5

前期に販売した商品に対する上記の品質保証期限が経過したため、品質保証引当金の残額¥6,000を取り崩すことにした。

保証期限が終了したら、引当金の残額を取り崩します。このとき、商品保証引当金勘定の借方に記入し、貸方は**商品保証引当金戻入(収益の勘定)の増加として処理**します。

(借)商品保証引当金	6,000	(貸)商品保証引当金戻入	6,000

4 債務保証損失引当金

⑴債務の保証とは

債務の保証とは、主たる債務者が債務の返済ができない場合、代わりに当社がその債務の返済を引き受ける契約をいいます。つまり、債務の保証人になることです[08]。

08)偶発債務の対照勘定による処理は、全経上級で学習します。

「保証人にだけはなるな。もしも、どうしてもという場面になったら、自分のできる範囲のお金をあげろ」と他人の保証人になって財を失った祖母とともに苦労した父の口癖でした。みなさんも気を付けて。

⑵債務保証損失引当金とは

債務者の財政状態が悪化し支払不能になり、代わりに当社が債務を返済する[09]可能性が高い場合などに、決算時に債務保証損失引当金を計上します。

⑶債務保証損失引当金の処理

債務保証損失引当金の処理については、決算時の処理のみをみておきます。

09)当社が代わりに返済した債務者の債務については、後で当社があらためて債務者に返済の請求をします。

決算時

債務者に代わって、当社が返済することになる可能性が高い債務額を債務保証損失引当金として計上します。

例1-6

A社が銀行から借入れを行うにあたり、当社はA社の借入金返済の保証人になった。当期末において、A社の財政状態が悪化し、当社が債務の返済を引き受ける可能性が高くなったため、¥300,000の債務保証損失引当金を計上する。

(借)債務保証損失引当金繰入[11]	300,000	(貸)債務保証損失引当金[10]	300,000

10) B/S上、翌期に支払うと考えられる場合には流動負債に、翌々期以降に支払うと考えられる場合には固定負債に表示します。

11) P/L上、営業外費用または特別損失の区分に表示します。

引当金の処理

次の取引の仕訳を示しなさい。

(1) 決算にさいし、退職給付の当期負担額 ¥6,000を見越計上した。
(2) 従業員のPさんが退職したので、退職一時金 ¥25,000を現金で支払った。なお、Pさんに対する退職給付引当金が ¥20,000あった。
(3) 決算にさいし、商品保証引当金 ¥30,000を設定した。なお、商品保証引当金の残高は ¥8,000であった(差額補充法)。

(1)	(借)退職給付費用	6,000	(貸)退職給付引当金	6,000
(2)	(借)退職給付引当金	20,000	(貸)現　　金	25,000
	退職給付費用	5,000		
(3)	(借)商品保証引当金繰入	22,000	(貸)商品保証引当金	22,000

Section 1のまとめ

■退職給付引当金の処理

(1)決算時	(借)退職給付費用	×××	(貸)退職給付引当金	×××
(2)退職金支払時	(借)退職給付引当金	××	(貸)現金など	×××
	退職給付費用	×		

■商品保証引当金の処理

(1)決算時	(借)商品保証引当金繰入	×××	(貸)商品保証引当金	×××
(2)保証対応時	(借)商品保証引当金	××	(貸)現　　金	××
(3)保証期間終了時	(借)商品保証引当金	×	(貸)商品保証引当金戻入	×

■債務保証損失引当金の処理

決算時	(借)債務保証損失引当金繰入	×××	(貸)債務保証損失引当金	×××

Chapter10

負債会計

負債会計の全体像

		重要度
Section 1	社債	★★★★★
Section 2	リース会計	★★★★★
Section 3	資産除去債務	★★★☆☆

ココがPOINT!!

元本の減少と利息の発生

銀行から借り入れた借入金の返済は、返済時に借入利息とともに元本も徐々に減少していくケースが多いのに対し、一般大衆から借り入れた社債の返済は、利払日には利息のみを支払い、元本は満期日に一括返済します。

リース取引は借りたお金で固定資産を購入したと考える取引であり、借入金と同様に利息とともに元本も徐々に減少していきます。

資産除去債務は固定資産を将来除去するときの費用（支払義務）を負債計上したものであり、どちらかと言えば引当金に近いものがあります。

Section 1

重要度 ★★★★★

社債

はじめに

欧州の家具を扱うあなたの会社では、好調につき阪神地区にあったデリバリーセンターを神戸支店に格上げすることを検討中です。そのためには資金が¥1,000,000ほど必要です。このための資金を調達する方法として社債を発行することにしました。さて、この場合にどのように処理すべきでしょうか。

1 社債とは

会社は社債券という有価証券を発行し、一般大衆から資金を調達することができます。**この場合に生じる債務を社債**[01]といい、簿記上、社債の発行者は社債勘定(負債)で処理します。

01)社債を発行するということは、一般大衆から資金を借り入れることを意味します。

2 社債の発行

社債の発行には、次の方法があります。

(1)**平価**(へいか)**(額面)発行**：額面金額で発行します。

(2)**打歩**(うちぶ)**発行**：額面金額より高い金額で発行します。

(3)**割引発行**：額面金額より低い金額で発行します。

①社債

わが国では、社債は購入者にとって魅力があるように割引発行されることが多く[02]、払込金額と社債の額面金額との間に差額(発行差額)が生じます。これは安く買っても額面で償還(＝返済)されるため、差額分だけオトクだからです。この差額分は、契約以外に支払う利息を意味しています。この場合は、払込金額[03]を社債勘定(負債)の増加として処理し、以後、償却原価法を適用して社債を評価します。

02)額面 @￥100より低い価格で社債を発行することを"割引発行"といいます。

03)払込金額を発行価額ともいいます。

②社債発行費

社債を購入してもらうためには、社債を発行したことを広く知ってもらうために広告します。その広告費などの費用は、原則として**社債発行費勘定を用いて支払った期間の費用とします**。ただし、この社債発行費は繰延資産(繰延社債発行費勘定)として処理することが認められています。１級では、社債の**償還期間**内に定額法により月割償却を行います。

3 社債の処理

社債に関わる処理では、(1)社債を発行したとき、(2)利息を支払うとき、(3)決算のとき、の３つの場面[04]があります。

04)満期償還は上級で学習します。

とくに(3)の決算時にさいしては、償却原価法という方法を用いて金額を算定するため、注意が必要です。

4 償却原価法[05]

社債は発行価額を貸借対照表価額としますが、**発行価額と額面金額が異なり、その差額が金利の調整と認められるとき**[06]は、償却原価法に**もとづいて算定した価額（償却原価）**をもって貸借対照表価額としなければなりません。なお、償却原価とは、発行価額に金利調整額を加算した金額のことです。

(例)

社債を額面金額 ¥100、発行価額 ¥95、満期までの期間が５年の条件で発行したとすると、その差額の¥５を、１年目には＋¥１して ¥96、２年目にはさらに＋¥１して ¥97と、毎期、社債の簿価に加算して額面金額に近づけていくことになります。そして、この ¥96、¥97等を**償却原価**というのです。

なお、毎期の加減額[07]は１級では定額法により算定し、社債利息として計上します。

05)１級では定額法を学習し、上級で利息法を学習します。

06)¥95で発行して¥5の利息をつけて¥100で償還するため、実質的な利息は利札分と¥5を合わせたものとなります。このように額面と異なる価額で発行することにより利息(金利)が調整されている状態をいいます。

07)額面金額よりも高い金額で発行した場合には減算していきます。

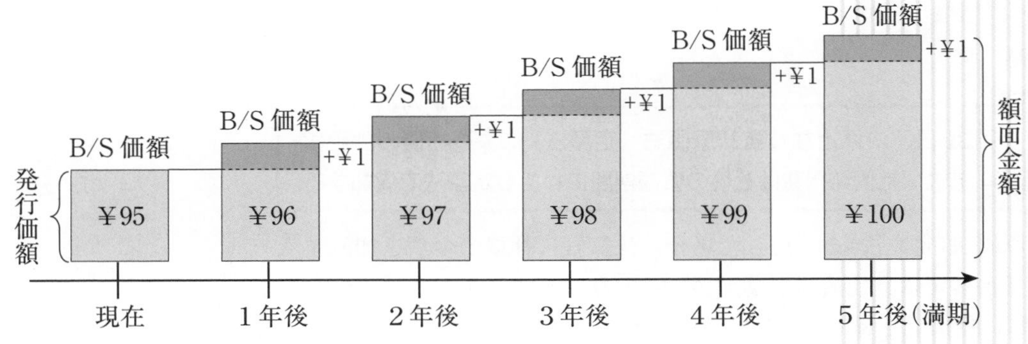

基本となる仕訳を示すと、次のようになります。

発行時：	(借) 現　　金	95	(貸) 社　　債	95
１年後：	(借) 社 債 利 息	1	(貸) 社　　債	1

(決算時)⇒社債の貸借対照表価額は¥96となる

5 社債の具体的な処理

⑴発行時

例1-1

X1年4月1日に、社債 ¥1,000,000を下記の条件で発行し、現金による払込みを受けた。なお、当社の決算日は毎年3月31日であり、償却原価法（定額法）を適用する。また、社債発行のための諸費用 ¥12,000を小切手を振り出して支払い、繰延資産として計上した。

【発行条件】額面 ¥1,000,000、年利6%、利払日3月と9月の各末日、償還期間2年、払込価額は額面金額 @¥100につき@¥98

(借)	現　　　金	980,000	(貸)	社　　　債	980,000[08]
(借)	繰延社債発行費	12,000	(貸)	当 座 預 金	12,000

08) $¥1,000,000 \times \frac{@¥98}{@¥100}$ ＝¥980,000

⑵利息の支払時

例1-2

X1年9月30日、半年分の社債の利息を当座預金で支払った。

社債はそれを発行する会社にとっては一種の借入金であり、当然に**利息の支払義務**が生じます。この利息を社債利息といい、額面金額に利率を掛けて計算します。

(借)	社 債 利 息	30,000[09]	(貸)	当 座 預 金	30,000

09) $¥1,000,000 \times 6\% \times \frac{6カ月}{12カ月}$ ＝¥30,000

2回目の利払日(×2年3月31日)にも同じ処理を行います。

(借)	社 債 利 息	30,000	(貸)	当 座 預 金	30,000

⑶決算時

例1-3

X2年3月31日、決算となり償却原価法（定額法）により社債の評価替えを行う。また、社債発行費は社債の償還期間にわたり定額法で償却する。

償却原価法(定額法)を適用した場合、決算日に社債の金額を加減するさいの相手勘定は、社債利息勘定(費用)となります。また、社債発行費の償却額は社債発行費償却として処理します。

(借)	社 債 利 息	10,000[10]	(貸)	社　　　債	10,000
(借)	社債発行費償却	6,000[11]	(貸)	繰延社債発行費	6,000

10) 償却額は、社債の発行時から償還期間にわたって月割りで計上します。
¥20,000（額面との差額）× 12カ月(当期の借入月数) / 24カ月(満期までの月数)
＝¥10,000

11) $¥12,000 \times \frac{12カ月}{24カ月}$ ＝¥6,000

この結果、当期の貸借対照表に示される社債の金額は¥990,000となり、損益計算書に示される社債利息の金額は¥70,000となります。

社債の処理

次の一連の取引について、各日付における広島商事の仕訳を示しなさい。
ただし、会計期間は、毎年３月31日に終了する１年である。なお、広島商事は社債の発行差額について償却原価法(定額法)により処理する。

〔資　料〕

広島商事株式会社は、×１年４月１日に額面総額 ¥1,000,000の社債を、期間５年、券面利子率年２％、利払日は3月末日の年１回、発行価額１口(¥100)につき ¥94の条件で発行し、代金は当座預金とした。

(1)　×1.4.1　発行の仕訳

(2)　×2.3.31　決算日の仕訳（利息の支払いは現金による）

(1)	(借) 当 座 預 金	940,000	(貸) 社	債	940,000
(2)	(借) 社 債 利 息	20,000	(貸) 現	金	20,000
	(借) 社 債 利 息	12,000	(貸) 社	債	12,000

解説

(1)　社債金額：$¥1,000,000 \times \dfrac{@¥94}{@¥100} = ¥940,000$

(2)　券面利息計上額：¥1,000,000 × ２％ = ¥20,000
償却原価法による償却額：

$$(¥1,000,000 - ¥940,000) \times \frac{12\text{カ月}(4/1\sim3/31)}{60\text{カ月}} = ¥12,000$$

Section 1のまとめ

発行時

×7年1月1日　社債額面総額 ¥2,000,000（償還期間5年、年利率4％、利払日6月、12月の各末日）を @¥100につき @¥96で発行し、払込金額を当座預金とした。償却原価法（定額法）を採用している。なお、社債の発行に要した諸費用 ¥180,000は現金で支払い、繰延資産として計上した。

（借）	当座預金	1,920,000※	（貸）	社債（負債の増加）	1,920,000
（借）	繰延社債発行費（資産の増加）	180,000	（貸）	現金	180,000

※ $¥2,000,000 \times \frac{@¥96}{@¥100} = ¥1,920,000$

利息の支払時

×7年6月30日　第1回目の利払日につき、社債利息を小切手を振り出して支払った。

（借）	社債利息（費用の発生）	40,000※	（貸）	当座預金	40,000

※　支払利息勘定にしないように注意してください。

$¥2,000,000 \times 4\% \times \frac{6カ月}{12カ月} = ¥40,000$

決算時

×7年12月31日　第2回目の利払日につき、社債利息を小切手を振り出して支払った。また、本日決算日につき、償却額の計上と社債発行費の償却を行う。なお、社債発行費は社債の償還期間にわたって定額法により償却する。

（借）	社債利息（費用の発生）	40,000	（貸）	当座預金	40,000
（借）	社債利息（費用の発生）	16,000※1	（貸）	社債（負債の増加）	16,000
（借）	社債発行費償却（費用の発生）	36,000※2	（貸）	繰延社債発行費（資産の減少）	36,000

※1　$(¥2,000,000 - ¥1,920,000) \times \frac{12カ月}{60カ月} = ¥16,000$

※2　$¥180,000 \times \frac{12カ月}{60カ月} = ¥36,000$

Section 2 重要度 ★★★★★

リース会計

はじめに

欧州の家具を扱うあなたの会社では、家具を運搬するための車両の追加購入を考えています。しかし、購入する資金が不足しています。そこで、顧問税理士のK氏に相談したところ、リース会社からリースを受ければ、固定資産はすぐ使えるし、代金も分割して払えばいいということが分かりました。さて、この場合にどのように処理すべきでしょうか。

1 リース取引とは

備品や機械などの固定資産(**リース物件**)を、あらかじめ決められた期間(**リース期間**)にわたって、使用する契約を結び、その使用料(**リース料**)を支払う取引を**リース取引**といいます[01]。

01)借手側の処理についてみていきます。
貸手側の処理は全経上級の範囲となります。

リース料には一般的には保険料と固定資産税が含まれる場合が多いため、割賦購入と比較すると、面倒な事務手続きが省けます。
また、支払期間が、リースは比較的長期間、割賦は短期間の場合が多いです。

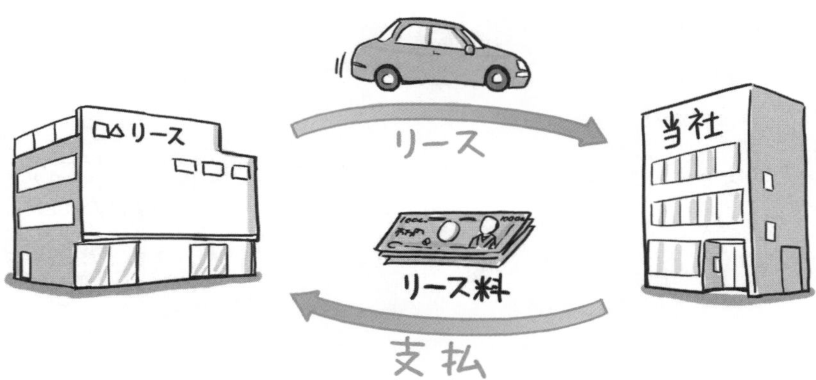

2 リース取引の分類

リース取引は、取引条件によって、**ファイナンス・リース取引**と**オペレーティング・リース取引**に分類されます。

(1)ファイナンス・リース取引

ファイナンス・リース取引とは、**リース期間の途中で解約することができず**(ノンキャンセラブルといいます)、**リース物件から生じるコストを借手側が負担する**(フルペイアウトといいます)という２つの要件を満たすリース取引です。

また、ファイナンス・リース取引は、リース物件の所有権が貸手側から借手側に移るかどうかで、**所有権移転ファイナンス・リース取引**と**所有権移転外ファイナンス・リース取引**に分類されます。

(2)オペレーティング・リース取引

オペレーティング・リース取引とは、**ファイナンス・リース取引以外**のリース取引です。

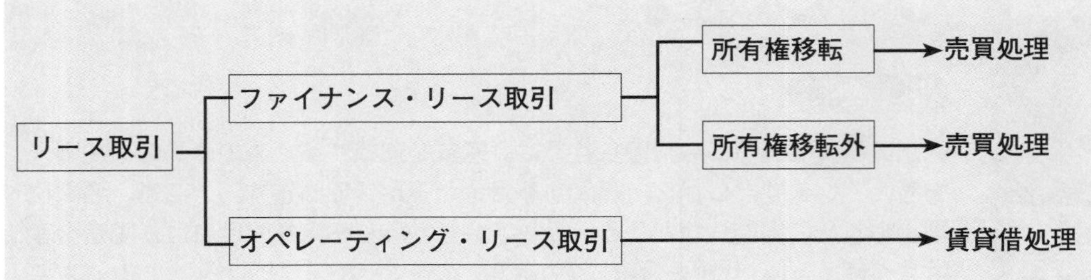

3 ファイナンス・リース取引の処理

ファイナンス・リース取引は、実質的には、お金を借りて固定資産を購入したことと同じになるため、**売買処理**を行います。

(1)**リース契約締結時**、(2)**リース料支払時**、(3)**決算時**の処理について、みていきましょう。

(1)リース契約締結時

リース取引の開始日に、借方はリース資産(資産)、貸方はリース債務(負債)で処理します。

(借)リース資産[02]	××	(貸)リース債務	××

02)「備品」や「機械」など具体的な資産の勘定科目は用いず、「リース資産」とします。また、リース資産とリース債務は、同額が計上されます。

リース資産、リース債務として計上する金額を算定するにあたっては、利子抜き法と利子込み法の2つがあります。

①利子抜き法

リース料総額から、これに含まれている**利息相当額を差し引いた金額**をリース資産、リース債務として計上する方法です。

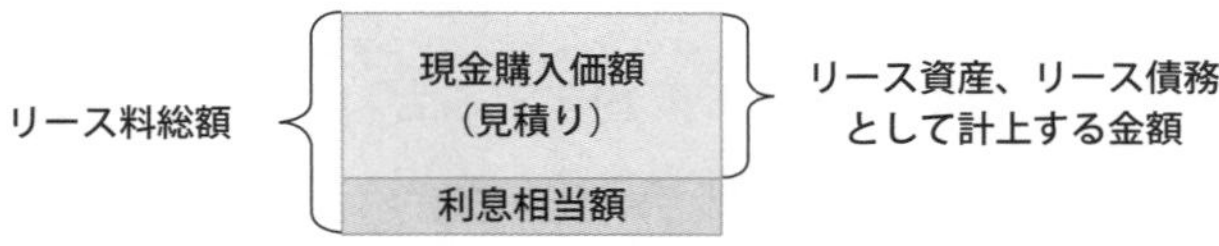

②利子込み法

リース料総額をリース資産、リース債務として計上する方法です。

例2-1

当社は、期首（×１年４月１日）にＡ社と機械のリース契約を、年間のリース料￥6,000（毎年３月末日払い）、期間５年の条件で締結した。なお、リース料総額￥30,000、見積現金購入価額￥27,600である。
契約締結時における処理について①利子抜き法、②利子込み法による場合の仕訳を行う。

①利子抜き法による場合

(借)		(貸)	
リース資産	27,600	リース債務	27,600

リース資産：見積現金購入価額

②利子込み法による場合

(借)		(貸)	
リース資産	30,000	リース債務	30,000

リース資産：￥6,000×5年＝￥30,000（リース料総額）

「リース資産」「リース債務」の計上額
・利子抜き法…リース料総額－利息相当額
・利子込み法…リース料総額

(2)リース料支払時

リース料は、元本部分(リース債務の返済額)と利息部分から構成されています。そのため、**利子抜き法**の場合、まず、**利息分を計算**し、**リース料から利息分を差し引いた金額をリース債務(元本)の返済に充てた**という処理をします。

なお、このときの利息の計算は、**定額法**[03]により行います。

03）定額法では、利息相当額をリース期間で割った金額を各期の「支払利息」として計上します。

例2-2

１回目（×２年３月31日）のリース料￥6,000支払時（当座預金口座より支払い）の処理について、①利子抜き法、②利子込み法による場合の仕訳を行う。
リース料総額に含まれる利息相当額は￥2,400である。また、利息の期間配分は定額法によること。

①利子抜き法による場合

残額がリース債務の返済額
￥6,000－￥480＝￥5,520

(借)		(貸)	
リース債務	5,520	当座預金	6,000
支払利息	480		

支払利息を先に計算
￥2,400÷5年＝￥480

②利子込み法による場合

(借)		(貸)	
リース債務	6,000	当座預金	6,000

(3)決算時の処理[04)]

ファイナンス・リース取引の場合、決算時にリース資産の減価償却を行います。なお、**所有権が移転するかどうか**によって、**耐用年数**と**残存価額**が異なります。

①所有権移転ファイナンス・リース取引の場合

所有権が移転する場合、そのリース物件は、結局、自社の所有資産となるので、**自己所有の資産と同様の方法**で減価償却を行います。

②所有権移転外ファイナンス・リース取引の場合

所有権が移転しない場合、つまり、リース期間終了後にリース物件を返却する場合、**リース期間を耐用年数**として計算します。また、リース物件は返却するので、**残存価額はゼロ**とします。

> **売買処理におけるリース資産の減価償却**
> ①所有権移転ファイナンス・リース取引
> 耐用年数、残存価額：自己所有の資産と同様
> ②所有権移転外ファイナンス・リース取引
> 耐用年数：リース期間　　残存価額：ゼロ

04)固定資産の購入と変わらないので、当然、減価償却を行います。

例2-3

決算にあたり、リース資産（￥27,600）の減価償却（間接法）を行う。リース期間は５年、機械の耐用年数は６年、残存価額は取得原価の 10% である。なお、本リース契約は所有権移転外ファイナンス・リース取引に該当する。

(借)減価償却費	5,520	(貸)リース資産減価償却累計額	5,520

$$￥27,600 \times \frac{1年}{5年} = ￥5,520$$

残存価額はゼロ（× 0.9 とはしない）

耐用年数はリース期間

4 オペレーティング・リース取引の処理

オペレーティング・リース取引については、**賃貸借処理**（ちんたいしゃく）[05)]を行います。借手側は、リース料の支払時に**支払リース料（費用）**として処理します。

05)賃貸借処理とは、家賃を支払って（受け取って）アパートを借りている（貸している）ときに行う処理と同じです。

例2-4

当社は、期首に締結したＡ社との機械のリース契約（オペレーティング・リース取引）のリース料￥6,000 を当座預金口座より支払った。

リース取引開始時は、「仕訳なし」となります。

リース料支払時の仕訳

(借)支払リース料	6,000	(貸)当座預金	6,000
−販売費及び一般管理費−			

リース取引の処理

次の取引について、×１年度(決算日は３月31日)における、①リース契約締結時、②リース料支払時および③決算時の仕訳を、(1)利子抜き法、および(2)利子込み法により、それぞれ示しなさい。

×１年４月１日に車両のリース契約を以下の条件で締結した。

・所有権移転外ファイナンス・リース取引に該当。

・リース期間：５年であり、毎年３月31日に¥12,000ずつ現金で支払う。

・リース料総額に含まれる利息相当額：¥4,800
　利息の配分は定額法によること。

・減価償却方法は、定額法、間接法による。
　車両の残存価額：ゼロ、耐用年数：６年

(1) **利子抜き法**

①	(借)リース資産	55,200[06]	(貸)リース債務	55,200
②	(借)リース債務	11,040[08]	(貸)現　　金	12,000
	支払利息	960[07]		
③	(借)減価償却費	11,040[09]	(貸)リース資産減価償却累計額	11,040

06) ¥12,000×５年－¥4,800＝¥55,200
07) ¥4,800÷５年＝¥960
08) ¥12,000－¥960＝¥11,040
09) ¥55,200÷５年＝¥11,040

(2) **利子込み法**

①	(借)リース資産	60,000[10]	(貸)リース債務	60,000
②	(借)リース債務	12,000	(貸)現　　金	12,000
③	(借)減価償却費	12,000[11]	(貸)リース資産減価償却累計額	12,000

10) ¥12,000×５年＝¥60,000
11) ¥60,000÷５年＝¥12,000

Section 2のまとめ

■リース取引の分類と処理

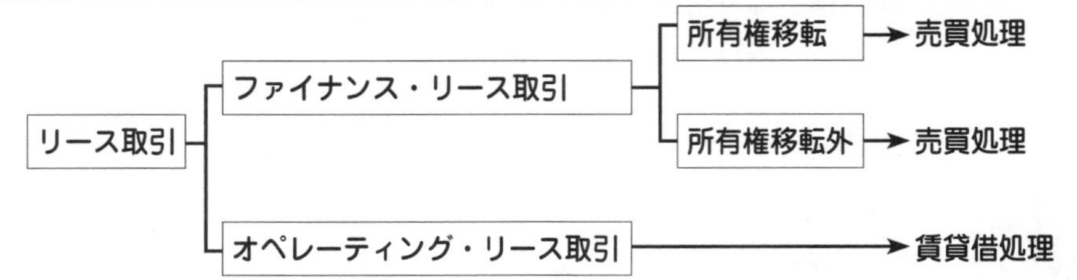

■ファイナンス・リース取引の処理

リース資産・リース債務の計上額
①利子抜き法：利息相当額を差し引いた金額とする方法
②利子込み法：リース料総額とする方法

(1)リース契約締結時

(借)リース資産	×××	(貸)リース債務	×××

(2)リース料支払時 ①利子抜き法

(借)リース債務	×	(貸)現金など	××
支払利息	×		

②利子込み法

(借)リース債務	×	(貸)現金など	×

(3)決算時

所有権移転ファイナンス・リース取引：自己所有の固定資産と同様に減価償却
所有権移転外ファイナンス・リース取引：リース期間で減価償却

(借)減価償却費	×	(貸)リース資産減価償却累計額	×

■オペレーティング・リース取引の処理

リース料支払時

(借)支払リース料	××	(貸)現金など	××

Section 3

重要度 ★★★☆☆

資産除去債務

はじめに

たとえば10年契約で借りた土地の上に、建物を建てたとします。10年後土地を返すとき、その建物は取り壊さなければなりません。建物を壊すのには費用がたくさんかかります。今回は、その将来の負担をどうやって現在の財務諸表に反映させるかについて学習していきます。

1 資産除去債務とは

(1)資産除去債務とは

「資産除去債務(しさんじょきょさいむ)」とは、有形固定資産[01]の取得、建設、開発または通常の使用によって生じ、有形固定資産の除去に関して法令または契約で要求される法律上の義務およびそれに準ずるもの[02]をいいます。

なお、有形固定資産の「除去」とは、売却、廃棄、除却等の形で、有形固定資産を用役(ようえき)提供から除外することをいいます。

01)有形固定資産には建設仮勘定やリース資産のほか、投資不動産なども含みます。

02)債務の履行を免れることがほぼ不可能な義務をいいます。たとえば、アスベスト等の法律で処理方法等を規定されている有害物質を除去する義務などが、これに該当します。

(2)資産除去債務の範囲

資産除去債務は、有形固定資産の除去にかかわるものを対象としています。そのため、**有形固定資産の使用期間中に実施する修繕などは対象とはなりません。**

(3)一連の流れ

資産除去債務の会計処理の一連の流れは、以下のようになっています。

(1)取得時 → (2)決算時 → (3)除去時

(1)取得時
・資産除去債務の負債計上

(2)決算時
・除去費用の配分

(3)除去時
・有形固定資産の除去
・資産除去債務の履行

2 資産除去債務の処理

(1)取得時の処理

資産除去債務は、有形固定資産の取得、建設、開発または通常の使用によって発生した時に負債として計上し、同額を有形固定資産の帳簿価額に加えます[03)]。

03)厳密には、除去費用の見積額を発生時点の金額に直して計上しますが、詳しくは全経上級で学習します。

例3-1

×1年4月1日に備品¥30,000を取得し、現金で支払った。当社には、契約上この備品を使用後に除去する義務がある。この備品の除去に必要な除去費用として負債¥9,000を計上する。

(借)		(貸)	
備品	39,000	現金	30,000
		資産除去債務	9,000

(2)決算時の処理

①除去費用の配分

資産除去債務を負債計上したさい、当該負債の計上額と同額を有形固定資産の帳簿価額に含めて計上しました。資産計上することにより、減価償却を通じて、資産除去債務に対応する除去費用を有形固定資産の残存耐用年数にわたり各期に費用配分します。

例3-2

×2年3月31日の決算にあたり、【例3-1】で取得した備品（購入価額¥30,000、資産除去債務¥9,000）について、減価償却を行う。この備品は耐用年数3年の定額法（間接法）により償却を行う。なお、残存価額はゼロである。

(借)		(貸)	
減価償却費	13,000	備品減価償却累計額	13,000

資産除去債務に対応する除去費用は、減価償却により費用化します。

$$(\underbrace{¥30,000}_{\text{購入金額}} + \underbrace{¥9,000}_{\text{資産除去債務}}) \times \frac{1年}{3年} = ¥13,000$$

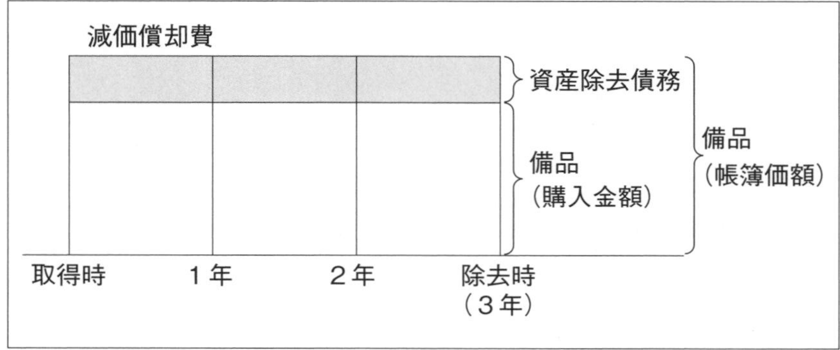

(3)除去時の処理

①有形固定資産の除去

売却、廃棄等により有形固定資産を除去する場合には、その除去方法に応じて処理を行います[04]。

②資産除去債務の履行

資産除去債務を履行したときに、資産除去債務を取り崩します。

04)問題文の指示に従ってください。

例3-3

×4年3月31日に、【例3-1】で取得した備品の使用終了にともない、備品を除去し、除去費用¥9,000を現金で支払った。

(借)	備品減価償却累計額	39,000	(貸) 備品	39,000
(借)	資産除去債務	9,000	(貸) 現金	9,000

3 貸借対照表における表示

資産除去債務は、**貸借対照表日後1年以内にその履行が見込まれる場合を除き、固定負債の区分に「資産除去債務」として表示**します。貸借対照表日後1年以内に資産除去債務の履行が見込まれる場合には、流動負債の区分に表示します[05]。

05)一年基準が適用されます。

貸借対照表
×2年3月31日 (単位：円)

Ⅱ 固定資産			Ⅱ 固定負債	
1有形固定資産			**資産除去債務**	**9,000**
備品	39,000			
減価償却累計額	13,000	26,000		

4 損益計算書における表示

資産除去債務にかかる減価償却費[06]については、その資産にかかる減価償却費と同じ区分に表示します。

06)帳簿価額に含めた資産除去債務にかかる減価償却費のことです。

損益計算書
自×1年4月1日 至×2年3月31日 (単位:円)

Ⅲ 販売費及び一般管理費	
減価償却費	13,000

資産除去債務の処理

次の取引の仕訳を示しなさい。なお、会計期間は4月1日より始まる1年とする。

(1) ×4年4月1日に建物を¥1,000,000で購入し、代金は当座預金口座より支払った。当社には契約上、この建物を使用後に除去する義務があり、除去費用として¥200,000を負債計上する。

(2) ×5年3月31日の決算にあたり建物について以下の方法により減価償却を行う。
減価償却方法：定額法、耐用年数：10年、残存価額：ゼロ、間接法

(3) ×14年3月31日に建物を除去し、除去費用¥200,000を現金で支払った。

	借方科目	金額	貸方科目	金額
(1)	(借) 建物	1,200,000	(貸) 当座預金	1,000,000
			資産除去債務	200,000
(2)	(借) 減価償却費	120,000 [07]	(貸) 建物減価償却累計額	120,000
(3)	(借) 減価償却費	120,000	(貸) 建物減価償却累計額	120,000
	(借) 建物減価償却累計額	1,200,000	(貸) 建物	1,200,000
	(借) 資産除去債務	200,000	(貸) 現金	200,000

07) 減価償却費：(¥1,000,000 + ¥200,000) ÷ 10年 = ¥120,000

Section 3のまとめ

■資産除去債務の処理

(1)資産除去債務発生時

借方		貸方	
(借)固定資産	×××	(貸)現金など	××
		資産除去債務	×

(2)減価償却時

資産に計上した除去費用を含めて減価償却を行う。

借方		貸方	
(借)減価償却費	×	(貸)減価償却累計額	×

(3)固定資産の除去時

借方		貸方	
(借)減価償却費	×	(貸)減価償却累計額	×
(借)減価償却累計額	×××	(貸)固定資産	×××
(借)資産除去債務	×	(貸)現金など	×

Chapter11

資本（純資産）会計

資本（純資産）会計の全体像

		重要度
Section 0	１級合格のための２級の基礎知識	★★★☆☆
Section 1	株主資本等の分類	★★☆☆☆
Section 2	株式の発行と株主資本間の振替え	★★★★★
Section 3	会社の合併・買収	★★★☆☆
Section 4	剰余金の配当	★★★☆☆
Section 5	損失の処理・欠損てん補	★★☆☆☆

ココがPOINT!!

元手を集める手段は株式

株式会社って、どんな形で元手（資本）を集めるのでしょう？　それは株式を発行して資本を集めているのですね。また株式会社は、会社法の中で「株式会社というものを設立してよいですよ」と定められているものですから、資本金の計算についても会社法の条文に決められているわけです。私がいちばん覚えてもらいたいのが、この資本金の計算についての規定です。でも、この規定は２つしかありません。だから丸暗記なんて覚悟もいらないワケです。２つというのは、（原則）株主から提供されたお金全額を資本金とする、（容認）株主から提供されたお金のうち２分の１以上※を限度として資本金とするということなのです。これは覚えておきましょう。

※法律では「２分の１以上」となっていますが、簿記の問題では「会社法規定の最低額を資本金とする」となっています。つまり半額を資本金とすることになります。

Section 0 重要度 ★★★☆☆

1級合格のための2級の基礎知識

重要ポイント

繰越利益剰余金…純資産(資本)の勘定。貸方で増加、借方で減少
⇒純利益の計上 → 貸方、配当などの利益処分 → 借方

株式の発行…原　則：払込金額＝資本金
容　認：(最低)払込金額×1／2＝資本金、他は資本準備金

株式の発行費用…設立時：創立費
増資時：株式交付費

1 株式会社の資本構成

資本は、貸借対照表の純資産の部に株主資本として表示します。株主資本の構成は次のようになります。

純資産の部

Ⅰ 株主資本		
1 資本金		650,000
2 資本剰余金		
(1) 資本準備金	60,000	
(2) その他資本剰余金	100,000	160,000
3 利益剰余金		
(1) 利益準備金	40,000	
(2) その他利益剰余金		
任意積立金	100,000	
繰越利益剰余金	50,000	190,000
純資産合計		1,000,000

資本準備金には、株式払込剰余金などが含まれます。

2 株式の発行

●資本金の組入額と株式発行費用

株式の発行についてまとめると、次のとおりです。

	設立	増資
原則	払込金額の総額を資本金とする。	
容認	払込金額の $\frac{1}{2}$ を資本金の最低組入額とし、資本金としない金額を資本準備金（株式払込剰余金）とする。	
株式発行費用	創立費	株式交付費

3 剰余金の配当

●剰余金の配当とは

剰余金の配当とは、株式会社が獲得した利益をどのように使うかを決定することです。

(1)決算時

例0-1

×8年3月31日　A社（資本金：￥2,000,000、資本準備金：￥125,000、利益準備金：￥100,000）は第1期決算において、当期純利益 ￥800,000を損益勘定から繰越利益剰余金勘定に振り替えた。

(借)損　　益	800,000	(貸)繰越利益剰余金（純資産の増加）	800,000

(2)剰余金の配当時

例0-2

×8年6月24日　定時株主総会において、繰越利益剰余金 ￥800,000につき以下の剰余金の配当が決定された。
　株主への配当金　￥550,000　　利益準備金の積立　￥55,000

(借)繰越利益剰余金（純資産の減少）	605,000	(貸)利益準備金（純資産の増加）	55,000
		未払配当金（負債の増加）	550,000

(3)決算時

例0-3

×9年3月31日　第2期決算において、当期純利益 ￥930,000を計上した。

(借)損　　益	930,000	(貸)繰越利益剰余金	930,000

第2期における繰越利益剰余金勘定は次のとおりです。

繰越利益剰余金

借方		貸方	
剰余金の配当	605,000	前期繰越	800,000
1,125,000		損　　益	930,000

株主資本等の分類

はじめに

株主資本の中心は、資本金です。株主からの払込みを全額資本金とし、また、利益計算を経た金額をすべて資本金とするよりも、「剰余金」を設けて「資本金としない部分」という区分をつくったほうが便利な場合があります。株式会社は個人商店と異なり、多くの出資者がいるため資本金の変動にはビンカンなのです。剰余金は、資本剰余金と利益剰余金に分けて考え、拠出資本と留保利益の区別をしっかりと守ることにしています。
この区分は、貸借対照表の表示方法に反映されています。また、株主資本の変動は、株主資本等変動計算書により明らかにされます。ではみてみましょう。

1 株主資本等の分類

貸借対照表の純資産の部は、株主資本と株主資本以外の項目に分類されます。

株主資本は、発生源泉別に分類され、資本金、資本剰余金、利益剰余金の３つの区分に大別されます。

株主資本以外の項目には、評価・換算差額等があり、その他有価証券評価差額金は評価・換算差額等の区分に表示されます。

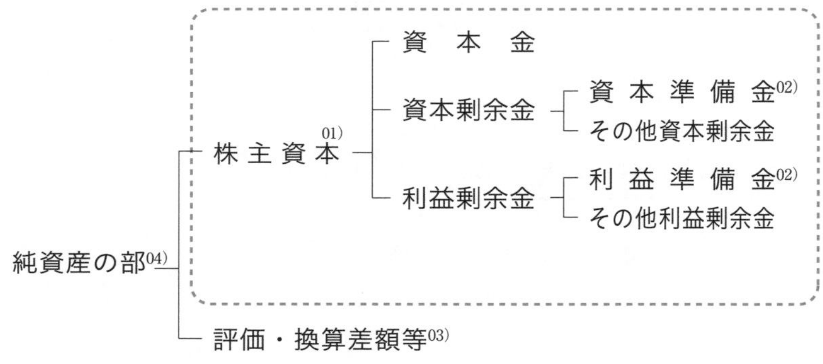

01) 株主資本とは、会社の純資産(資産－負債)のうち、株主に帰属する部分です。なお、総資本とは、純資産と負債の合計です。

02) 資本準備金と利益準備金をあわせて「準備金」と総称することもあります。

03) Chapter 6 Section 3 参照。

04) 自己株式、新株予約権は全経上級で学習します。

2 資本剰余金の区分

資本剰余金は、資本準備金とその他資本剰余金の二つに区分して記載します。「その他資本剰余金」は、より具体的な科目として「資本金及び資本準備金減少差益」等を用いることがありますが、貸借対照表上は「その他資本剰余金」として表示します。

05)資本金・資本準備金を減額させたことにより生じる項目です。

資本剰余金
- ①資本準備金
- ②その他資本剰余金：資本金及び資本準備金減少差益[05)]

3 利益剰余金の区分

利益剰余金は、利益準備金とその他利益剰余金の二つに区分して記載します。さらに、その他利益剰余金は「任意積立金」と「繰越利益剰余金」に区分して記載します。

なお、貸借対照表上、任意積立金は「新築積立金」や「別途積立金」などの具体的な表示科目を用います。

06)利益準備金を減額した場合には、繰越利益剰余金に振り替えられます。

07)当期に計上された純利益などが含まれます。

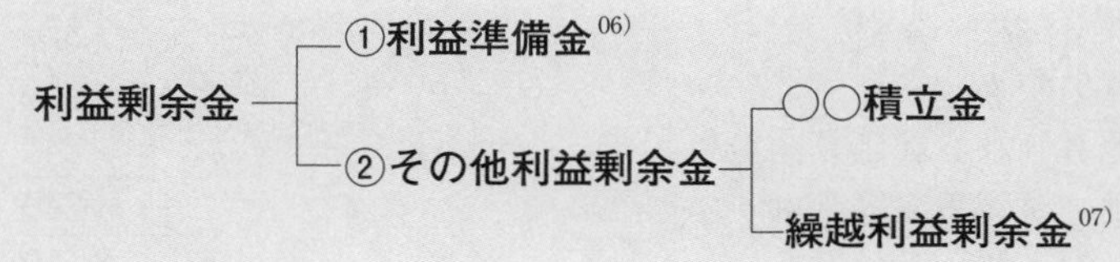

4 貸借対照表における純資産の部の表示

株主資本は、貸借対照表の純資産の部に表示されます。この純資産の部は、Ⅰ株主資本、Ⅱ評価・換算差額等に大別され、さらに株主資本は、1資本金、2資本剰余金、3利益剰余金に分類されます。

貸借対照表

×2年3月31日

⋮

純資産の部

Ⅰ株主資本		
1 資本金		5,500
2 資本剰余金		
(1) 資本準備金	700	
(2) その他資本剰余金	400	
資本剰余金合計		1,100
3 利益剰余金		
(1) 利益準備金	560	
(2) その他利益剰余金		
任意積立金	400	
繰越利益剰余金	310	
利益剰余金合計		1,270
株主資本合計		7,870
Ⅱ評価・換算差額等		
1 その他有価証券評価差額金		240
評価・換算差額等合計		240
純資産合計		8,110

※ 貸借対照表の純資産の部の金額は、株主資本等変動計算書の「当期末残高」と一致します。

5 株主資本等変動計算書における表示

株式会社の基本的なルールを定めた会社法では、計算書類(財務諸表)として、貸借対照表、損益計算書、株主資本等変動計算書と個別注記表(財務諸表の補足説明をまとめたもの)を作成することを規定しています。

株主資本等変動計算書は、以下のようになります。

株主資本等変動計算書

自×1年4月1日　至×2年3月31日[08)]

変動の原因	株主資本									評価・換算差額等		純資産合計
	資本金	資本剰余金			利益剰余金				株主資本合計	その他有価証券評価差額金	評価・換算差額等合計	
		資本準備金	その他資本剰余金	資本剰余金合計	利益準備金	その他利益剰余金		利益剰余金合計				
						任意積立金	繰越利益剰余金					
当期首残高	5,000	200	400	600	550	400	300	1,250	6,850	180	180	7,030
当期変動額												
新株の発行	500	500		500					1,000			1,000
剰余金の配当					10		△110	△100	△100			△100
当期純利益							120	120	120			120
株主資本以外の項目の当期変動額(純額)										09) 60	60	60
当期変動額合計	500	500	−	500	10	−	10	20	1,020	60	60	1,080
当期末残高	5,500	700	400	1,100	560	400	310	1,270	7,870	240	240	8,110

この行の金額が期末の貸借対照表の純資産の部に記載されます。

Ⅰ株主資本の変動を総額で記載します。

Ⅱ評価・換算差額等の変動を記載します。

株主資本等変動計算書は、上から下に向かって読むことで、各純資産の変動状況がわかります[10)]。

08) 会計期間を記載します。

09) 問題を解くときは、当期首残高と当期末残高の差額で求めましょう。

10) たとえば資本金は、当期首残高が￥5,000あり、当期に新株発行によって￥500増えた結果、当期末残高が￥5,500であることがわかります。

Section 1のまとめ

■純資産の部の分類　貸借対照表の純資産の部は、以下のように分類されます。

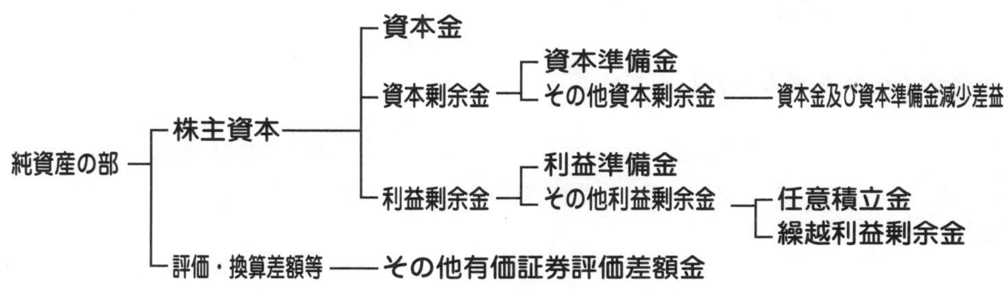

Section 2 重要度 ★★★★★

株式の発行と株主資本間の振替え

はじめに

会社の設立にさいし、仲間で資金を持ち寄ったところ ¥20,000,000の現金を調達することができました。そこで、あなたは仲間に対し、その出資額に応じて、１株あたり ¥100,000で200株を交付しました。また、このときに株式の発行費用として ¥300,000を支払いました。これらの取引はどのように処理し、いくらを資本金とすればいいのでしょうか。

1 株式とは

株式とは、株式会社における社員[01]としての地位をいいます。株券発行会社では、株式は株券に具体化されます[02]。

01)社員とは、株主としての地位を表し、従業員を意味するものではありません。株主は、株式を購入して株式会社の社員となるのです。なお、株式会社は出資額が小額に分けられた株式と、出資額を限度として責任を負う、間接有限責任があることで大量の資金を調達することができます。

02)現在は「株券不発行」が原則であり、印刷物としての株券は存在しませんが、印刷物であるかどうかにかかわらず、株式が社員としての地位を表すものであることに変わりはありません。

2 会社設立時の株式発行の処理

株式を発行したときは、払込金額[03]のうちいくらを資本金とするかが問題となります。そして会社法の規定に従った処理をする必要があります。

03)株式の発行により出資された財産の金額です。

(1)原　則

例2-1

×1年4月1日、株式200株を1株あたり ¥100,000で発行し、払込金は現金で受け取り、会社を設立した。なお、株式の発行費用 ¥300,000は現金で支払い、繰延資産として計上した。

資本金の額について問題ではなにもいっていませんね。こういう場合は「原則」でいきます。つまり、払込金額の全額を資本金とします。

払込金額の全額を資本金とします。

(借)現　金	20,000,000	(貸)資　本　金	20,000,000
(借)繰延創立費	300,000	(貸)現　金	300,000

⑵容　認

例2-2

×1年4月1日、株式200株を1株あたり ¥100,000 で発行し、払込金は現金で受け取り、会社を設立した。なお、資本金組入額は「会社法」で認められる最低額とする。また、株式の発行費用 ¥300,000 は現金で支払い、繰延資産として計上した。

資本金の額は会社法規定の最低額といっていますね。そのため、払込金額の2分の1だけを資本金とします。

払込金額の2分の1を資本金の最低額とし、残額を資本準備金とすることができます。資本準備金勘定は純資産の勘定です[04)]。

04)株式払込剰余金勘定を用いることもあります。

〔計算〕 資　本　金：$¥100,000 \times \frac{1}{2} \times 200$株 $= ¥10,000,000$

資本準備金：$¥20,000,000 - ¥10,000,000 = ¥10,000,000$

(借)現　金	20,000,000	(貸)資　本　金	10,000,000
		資本準備金	10,000,000
(借)繰延創立費	300,000	(貸)現　金	300,000

3 創立費の償却

会社設立時の場合、**株式の発行費用は、創立費となります。**この創立費を繰延資産として処理した場合は、会社成立後**5年**以内に定額法により償却を行うことになります[05)]。

05)営業外費用に表示します。

例2-3

決算(×2年3月31日)となり、創立費(繰延資産として計上) ¥300,000 の償却を5年間の定額法により行った。

(借)創立費償却	60,000[06)]	(貸)繰延創立費	60,000

06) $¥300,000 \times \frac{12カ月}{60カ月} = ¥60,000$

4 増　資

増資とは、資本金を増加させることをいいます。増資には、会社設立後の資金調達を目的とした募集株式の発行や、資本剰余金の資本金への振替え[07)]など、さまざまな方法があります。

07)1級では、資本準備金の資本金への振替えなどについて学習します。

5 増資に関する一連の手続き

増資には一定の期間を設けて株主を募集し、応募者から払込みを受け、その期間の末日に株式の割当てを行い[08)]、資本金を確定するという一連の手続きがあります。

08)発行する株式数よりも応募数のほうが多かった場合には抽選を行うことがあります。

⑴払　込　期　間　⑵

募集開始　　払込期日

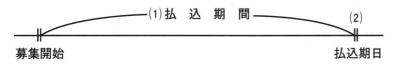

6 増資時の株式発行の処理

増資時では、(1)払込期間の処理、(2)払込期日の処理に注意してください。

(1)払込期間

例2-4

×7年4月1日、増資のため株式100株を1株あたり¥80,000で募集し、全株式の申し込みを受け、払込金の全額を申込証拠金として受け入れ、別段預金とした。

払込期間中、払込金は別段預金(べつだんよきん)[09]とし、それを新株式申込証拠金として処理します。

(借)別段預金	8,000,000	(貸)新株式申込証拠金	8,000,000

09)別段の目的(=株式の発行)のための預金ということで別段預金勘定を用います。
なお、この段階では、会社にとっては自由に使えるお金ではありません。
また、会社法により別段預金とせず、普通預金で処理できることとなりました。

(2)払込期日

例2-5

×7年7月1日、払込期日につき払込金を資本金へ振り替えるとともに、別段預金を当座預金に振り替えた。なお、株式の発行費用 ¥300,000は現金で支払い、繰延資産として計上した。

別段預金を当座預金とし[10]、**新株式申込証拠金を資本金**へ振り替えます。なお、この時には、「資本金とすべき金額」に注意する必要があります[11]。また、設立時以外の株式の発行費用は、株式交付費として計上します[12]。

10)この時点で、会社にとって自由に使える当座預金になります。

11)設立のときと同じです。

12)会社設立のときは創立費ですが、増資のときは株式交付費となります。

①原則：払込金額の全額を資本金とします。

(借)当座預金	8,000,000	(貸)別段預金	8,000,000
(借)新株式申込証拠金	8,000,000	(貸)資本金	8,000,000
(借)繰延株式交付費	300,000	(貸)現金	300,000

上記(1)と(2)①の仕訳をまとめて、次のように仕訳を行うこともできます(②容認も同様)。

(借)当座預金	8,000,000	(貸)資本金	8,000,000
(借)繰延株式交付費	300,000	(貸)現金	300,000

②容認：払込金額の2分の1以上を資本金とし、残額は資本準備金(株式払込剰余金)とすることができます。

(借)当座預金	8,000,000	(貸)別段預金	8,000,000
(借)新株式申込証拠金	8,000,000	(貸)資本金	4,000,000
		資本準備金	4,000,000
(借)繰延株式交付費	300,000	(貸)現金	300,000

〔計算〕資本金：$¥80,000 \times \frac{1}{2} \times 100$株 $= ¥4,000,000$

資本準備金：$¥8,000,000 - ¥4,000,000 = ¥4,000,000$

7 株式交付費の償却

増資のために新株を発行した場合、**株式の発行費用は株式交付費となります**。この株式交付費を繰延資産として処理した場合、新株発行後**3年**以内に定額法により月割償却を行います[13]。

13)営業外費用に表示します。

14)「株式を発行した日」からの期間で償却します。
$¥300,000 \times \frac{9カ月}{36カ月} = ¥75,000$

例2-6
決算(×8年3月31日)となり、株式交付費(繰延資産として計上)の償却を3年間の定額法により行った。

(借) 株式交付費償却	75,000[14]	(貸) 繰延株式交付費	75,000

なお、企業規模の拡大のために行う資金調達などの財務活動に係るものが繰延資産の対象となります。

株式分割や株式無償割当てなどの費用は繰延資産に該当しません。

8 資本剰余金の資本金への振替え

資本剰余金を資本金に振り替えて、増資をすることができます。このうち、資本準備金の資本金への振替えについて学習します。

資本準備金の資本金への振替え

例2-7
株主総会の決議で財務基盤を強化するために、資本準備金 ¥300,000 を資本金とすることが決定した。

会社は株主総会の決議により、資本準備金を資本金に振り替えることができます。

(借) 資本準備金	300,000	(貸) 資本金	300,000

9 利益剰余金の資本金への振替え

利益剰余金を資本金に振り替えて、増資をすることができます[15]。このうち、利益準備金の資本金への振替えについて学習します。

15)逆に資本金を利益剰余金に振り替えることは、欠損てん補の場合を除いてできません。

利益準備金の資本金への振替え

例2-8
利益準備金 ¥200,000 を資本金とすることを決議し、効力が生じた。

(借) 利益準備金	200,000	(貸) 資本金	200,000

10 減資

減資とは、資本金を減少させることをいいます。減資には、欠損てん補[16]や会社の規模縮小に伴う株主への払戻しなどさまざまな目的があります。

16)欠損てん補はSection 5で学習します。

11 払戻しによる資本金の減少

会社の規模を縮小するなどのために株主へ払戻しを行った場合には資本金を減らし、資本金減少額と払戻額との差額を**資本金減少差益**として処理します。なお、資本金減少差益は、貸借対照表上、その他資本剰余金として表示します。

例2-9

会社の事業の縮小に伴い資本金￥100,000を減少させるとともに、株主へ￥90,000の払戻しを行い当座預金口座より支払った。

(借)		(貸)	
資本金	100,000	当座預金	90,000
		資本金減少差益[17]	10,000

17)「その他資本剰余金」または「資本金及び資本準備金減少差益」として処理する場合もあります。本試験では問題文の指示に従うようにしてください。

12 資本準備金の減少

配当の財源を確保するなどのため[18]に資本準備金を減らした場合には、資本準備金減少差益として処理します。これは、資本準備金減少差益はその他資本剰余金であり、配当財源とすることが可能だからです。

18) その他資本剰余金を財源として配当することができます。詳しくはSection 4で学習します。

例2-10

配当財源を確保するために、資本準備金￥20,000を減少させ資本準備金減少差益に振り替えた。

資本金や資本準備金を取り崩す際は、債権者を保護するための手続きが必要となります。

(借)		(貸)	
資本準備金	20,000	資本準備金減少差益[19]	20,000

19)「その他資本剰余金」または「資本金及び資本準備金減少差益」として処理する場合もあります。本試験では問題文の指示に従うようにしてください。

株式の発行

次の取引の仕訳を示しなさい。

(1) 山原商事は会社設立にあたり、株式500株を1株の発行価額 ￥60,000で発行し、全株式の払込みを受け、払込金額は当座預金とした。なお、発行価額のうち「会社法」で認められる最低額を資本金に組み入れることとした。

(2) 広島商会は、株主総会の決議により、株式400株を1株 ￥6,000で発行し、全株式について払込みを受け、払込金額を当座預金に預け入れた。

(3) 鈴木商会は、株主総会の決議により、株式400株を1株 ￥6,000で発行し、全株式について払込みを受け、払込金額を当座預金に預け入れた。なお、発行価額のうち「会社法」で認められる最低額を資本金に組み入れることとした。

(1)	(借) 当座預金	30,000,000	(貸) 資本金	15,000,000
			資本準備金[20]	15,000,000

(2)	(借) 当座預金	2,400,000	(貸) 資本金	2,400,000

(3)	(借) 当座預金	2,400,000	(貸) 資本金	1,200,000[21]
			資本準備金[20]	1,200,000

20) 株式払込剰余金勘定を用いることもあります。

21) @¥6,000 × $\frac{1}{2}$ × 400株 = ¥1,200,000

Section 2のまとめ

■増資時の株式発行の処理

1. 払込期間中

(借)別段預金	100	(貸)新株式申込証拠金	100

⇩　⇩

2. 払込期日

(借)当座預金	100	(貸)別段預金	100
(借)新株式申込証拠金	100	(貸)資本金	50
		資本準備金	50

※　払込金額の２分の１を資本金の最低組入額とし、資本金としない金額は資本準備金（株式払込剰余金）とします。

■株式の発行費用
- 設立時 ⇒ 創立費 ← ５年以内償却
- 増資時 ⇒ 株式交付費 ← ３年以内償却

■資本の払戻しによる減資の処理

(借)資本金	××	(貸)現金など	×
		資本金減少差益	×

※　資本金及び資本準備金減少差益は、Ｂ／Ｓ上、その他資本剰余金として表示します。

Section 3

重要度 ★★★★★

会社の合併・買収

はじめに

テレビではA社が甲社を吸収合併するというニュースを報道していました。つい先日も、やはり大手の銀行同士が合併したという話がありました。「最近は会社の合併の話が多いなあ」と思ったあなたは、合併の意味、そして合併が行われたときの処理について調べてみることにしました。

1 合併とは

合併とは、2つ以上の会社が契約により1つの会社に合同することをいいます。合併は企業の競争力の強化、市場占有率の拡大などを目的として行われ、その形態には次の2つがあります。

(1)新設合併[01]

すべての合併当事会社が解散し、新会社を設立する場合をいいます。

(2)吸収合併[02]

合併当事会社の1つ(合併する会社)が存続し、他の会社(合併される会社)は解散し、これに吸収される場合をいいます。

以下では、吸収合併の合併会社の立場で学習します。

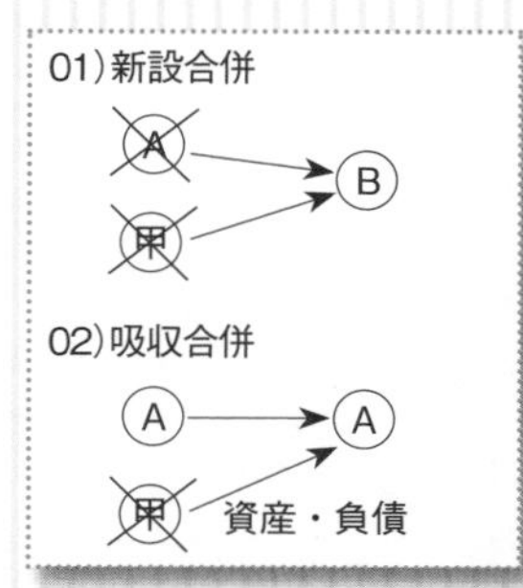

2 合併の本質

合併会社(吸収合併をする会社)は、**被合併会社**(吸収合併される会社)**の資産および負債を受け入れる**とともに、**被合併会社の株主に対して新たに株式を発行する**ことによる資本金の増加の処理をします。

3 合併の処理

合併の処理では、被合併会社から受け入れた資産と負債の時価の差額(この差額を純資産額といいます)と、これに対し、交付した株式による増加資本の金額との間に差額が生じます。この差額の処理に注意する必要があります。

(1)受入純資産額 < 増加資本の場合

①増加資本の全額を資本金とする場合

例3-1

期首に諸資産 ¥100,000(時価)、諸負債 ¥40,000(時価)の会社を吸収合併し、被合併会社の株主に対し、時価@ ¥5,000 の当社株式 14 株を発行し、交付した。なお、交付した株式による増加資本をすべて資本金として処理する。

受入純資産の額¥60,000(= ¥100,000 − ¥40,000)**が増加資本の額¥70,000**(=@¥5,000 × 14株)**に満たないときは、この差額を無形固定資産の1つである、のれん勘定(資産)で処理します。**

(借)			(貸)	
諸資産	100,000		諸負債	40,000
のれん	10,000		資本金	70,000

純資産¥60,000の企業を、¥70,000で買ったと考えるので差額が生じます。しかし、この差額である¥10,000は超過収益力(余分にお金を払ってでも買いたいと思わせるその企業のブランド力など)を評価したものと考えて、のれん(資産)とします。

②増加資本の一部を資本金とする場合

例3-2

期首に諸資産 ¥100,000(時価)、諸負債 ¥40,000(時価)の会社を吸収合併し、被合併会社の株主に対し、1株あたりの時価 ¥5,000 の当社株式 14 株を発行し、交付した。なお、交付した株式のうち1株あたり ¥2,500 を資本金とし、¥2,500 を資本準備金とする。

増加資本の額¥70,000(=¥5,000 × 14株)のうち、¥35,000(=@¥2,500 × 14株)を資本金とします。

(借)			(貸)	
諸資産	100,000		諸負債	40,000
のれん	10,000		資本金	35,000
			資本準備金	35,000

(2)受入純資産額 > 増加資本の場合

受入純資産の額が増加資本の額を超える場合には、この差額を負ののれん発生益(収益)[03]として貸方に計上します。

(借)			(貸)	
諸資産	×××		諸負債	×××
			資本金	×××
			負ののれん発生益	×××

03) 損益計算書の特別利益の区分に表示します。なお、負ののれんの処理自体の出題可能性は低いと思われます。

4 買収とは

営業の全部または一部を譲り受けて、その代価として現金が支払われることを買収（ばいしゅう）といいます。買収では、合併のように株式を発行し、交付することはありません。

また、この営業とは、営業財産だけでなく、社会的活力のある会社そのものの営業[04)]を意味します。したがって多くの場合に、単なる財産の評価額より高い代価が支払われます。

04)取引先との関係や従業員も含むものです。

5 買収の処理

例3-3

期首にそれまでB社が営業していた店舗を買収し、その代金 ¥100,000 を小切手を振り出して支払った。なお、この店舗の資産価値（時価）は、建物 ¥30,000、土地 ¥50,000、商品 ¥10,000 と評価された。

受入純資産の額を超える代価を支払ったときは、合併と同様に、その差額をのれん勘定で処理します。なお、買収においては、この逆の場合（代価の額が受入純資産の額に満たないとき）は考慮する必要はないと思われます[05)]。

(借)	建物	30,000	(貸) 当座預金	100,000
	土地	50,000		
	仕入[06)]	10,000		
	のれん	10,000		

05)建物や土地の合計額よりも低く売るくらいなら、バラバラにして売ってしまうからです。

06)仕入勘定の代わりに、繰越商品勘定を用いることもあります。

6 のれんとその償却

のれんとは、超過収益力[07)]**を資産化したもの**[08)]で、合併や買収によって有償で取得した場合に**無形固定資産として計上**します。

例えば、受入純資産額 ¥90,000 の会社に対して ¥100,000 支払うということは、差額の ¥10,000 は買収先の儲ける力に対して支払ったと考えます。

なお、計上した**のれんは**20年以内に定額法で償却**し、処理方法は**直接法になります。

07)同業他社より、より多く儲ける力をいいます。

08)原因としては、立地条件の有利さや取引先との関係、優秀な従業員の存在などがあります。

例3-4

決算となり当期首に計上したのれん ¥10,000 を20年間の定額法により償却する。

(借)	のれん償却[09)]	500[10)]	(貸) のれん	500

09) P/L、販売費及び一般管理費に表示されます。

10) $¥10,000 \times \frac{12カ月}{240カ月} = ¥500$

7 のれんの算定

のれんは、仕訳の貸借差額としてではなく、次の算式により単独に計算することができます。

被買収会社の年平均利益額 ÷ 同業種の平均利益率 − 被買収会社の純資産額

被買収会社の年平均利益額を同業種の平均利益率で割ることで、被買収会社の利益面から見た価値(収益還元価値)が求められ、その価値と純資産額との差額がのれん(超過収益力)となります。

例3-5

被買収会社の年平均利益額 ¥23,000　同社の純資産額 ¥200,000
同業種の平均利益率 10%

¥23,000 ÷ 10% − ¥200,000 = ¥30,000
収益還元価値 ¥230,000　純資産額

合　併

次の取引の仕訳を示しなさい。

(1) 期首に諸資産 ¥500,000(時価)、諸負債 ¥300,000(時価)の会社を吸収合併した。対価として時価 ¥230,000の株式を交付した。なお、全額を資本金とする。
(2) 期末となり、(1)で発生したのれんを20年間にわたって定額法により償却する。

(1)	(借) 諸資産	500,000	(貸) 諸負債	300,000
	のれん	30,000	資本金	230,000
(2)	(借) のれん償却	1,500	(貸) のれん	1,500

Section 3のまとめ

■合併の処理

1. 受入純資産額 < 増加資本の場合

(借) 諸資産	500,000	(貸) 諸負債	200,000
のれん	100,000	資本金	400,000

└資産の増加　└純資産の増加

2. 受入純資産額 > 増加資本の場合

(借) 諸資産	500,000	(貸) 諸負債	200,000
		資本金	200,000
		負ののれん発生益	100,000

└収益の発生

※ 受入純資産額と増加資本とを比べ、増加資本が大きい場合には借方にのれん(資産)が計上され、受入純資産額が大きい場合には貸方に負ののれん発生益(収益)が計上されます。

Section 4 重要度 ★★★☆☆

剰余金の配当

はじめに

あなたの会社では設立後、最初の決算において利益を獲得することができました。ところで、あなたの会社は株式会社のため会社が獲得した利益をあなたが自由に処分することはできません。利益は会社のものであるだけでなく、株主のものでもあるからです。そこであなたは、会社の役員と話し合って株主資本等変動計算書を作成し、株主総会に提出して剰余金の配当について決議を行うことにしました。

1 剰余金の配当とは

剰余金の配当とは、株式会社が獲得した利益(の一部)[01]を株主に支払うことです。株式会社の利益は、基本的には株主のものなので、原則として株主総会で剰余金の配当について決議が行われ、それにもとづいて配当が行われます。

また、このとき利益のうち配当されない分をどのような形で残しておくかも決定されます。これを剰余金の処分といい、このような取引により株主資本の各項目の金額がどのように変化したかを表すものとして、期末に**株主資本等変動計算書**が作成されます。

01) 稼いだ利益を全部株主に配当してしまうと、会社を大きくする資金がなくなったり、万が一損失が出てしまったときに、その損失を埋め合わせるための蓄えがなかったりという不都合があるため、株主に配当されるのは利益の一部だけです。
その金額がいくらなのかを株主総会で決定することになります。

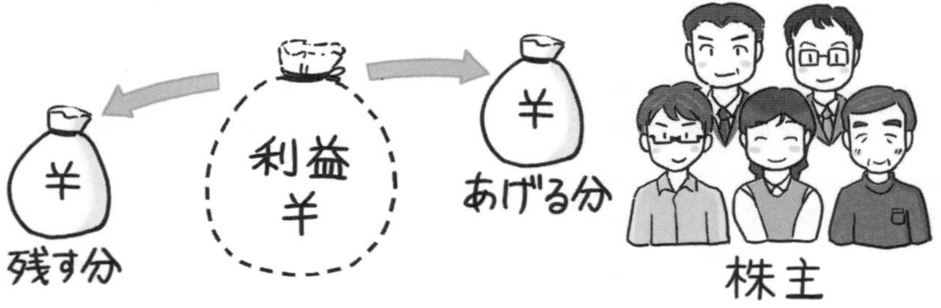

▶剰余金の分類

剰余金は次の項目に分類されます。

利益剰余金(繰越利益剰余金)
- 外部流出 ── 株主配当金 ………… 株主に対して支払われる配当金
- 内部留保[02]
  - 利益準備金 ….. 株主への配当のさいに会社法によって一定額積み立てることを強制された準備金
  - 任意積立金 ….. 獲得した利益のうち、会社が任意で積み立てたもの
  - 繰越利益剰余金 ….. 剰余金の配当後の残高、次期の剰余金の配当の財源となる

02) これらはB/S、純資産の部の「3 利益剰余金」のまま残ることになります。

2 剰余金の配当の処理

剰余金の配当の処理では、(1)**決算時**、(2)**株主総会時**、の２つに注意し、さらに(3)**翌決算時の処理**も理解してください[03]。

03) 剰余金の配当は一定の条件を満たせばいつでもできますが、ここでは決算後に開催される定時株主総会での剰余金の配当について学習します。

3 決算時の処理

例4-1

あなたの会社の第１期の当期純利益は ¥100,000 と計算された。

損益勘定において計算された**当期純利益 ¥100,000 を繰越利益剰余金勘定に振り替え**ます[04]。この繰越利益剰余金勘定は、**いまだ使いみち(配当するのか、残しておくのか)が決定していない利益**の金額を意味します。

(借) 損　益	100,000	(貸) 繰越利益剰余金	100,000

繰越利益剰余金

	損益 ¥100,000[05]

損　益

費　用	収　益
当期純利益 ¥100,000	

04) 個人商店においては当期純利益を直接、資本金勘定に振り替える処理をしますが、株式会社においては、株主総会の決議がないと資本金を増減させることはできません。

05) 株式会社の場合、当期純利益については次のような仕訳を行うことはあり得ません。
(借)損　益 100,000
(貸)資本金 100,000

4 株主総会時の処理

株主総会において、剰余金の配当が確定すると、繰越利益剰余金の金額を**確定した項目に振り替えます**。

オーナーが全額の出資を行っている個人企業とは異なり、出資者が多数いる株式会社の場合には、重要事項の決定は合議によります。これを決定するのが株主総会(という機関)です。

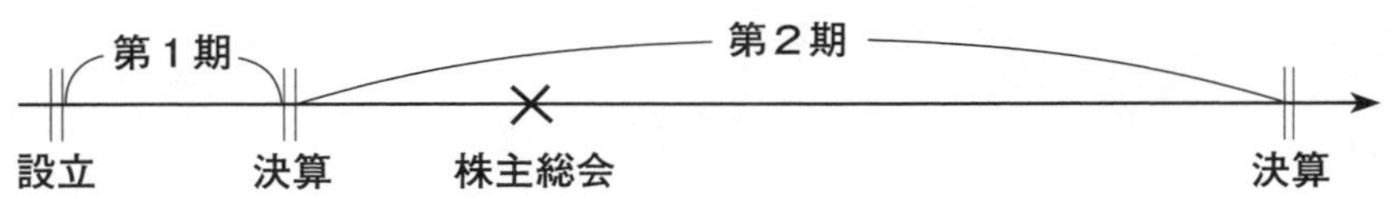

なお、剰余金の配当の仕訳は翌期(このタイムテーブルでは第２期)に行われる[06]ことに注意してください。

06) 決算後、３カ月以内に開催されます。

例4-2

株主総会で、以下のように繰越利益剰余金の配当・処分を行うことが決議された。

株主への配当金…¥50,000　　任意積立金への積立て…¥30,000

また、配当に伴って会社法に規定された額の利益準備金を積み立てる。なお、配当時点での資本金の残高は ¥2,500,000、資本準備金の残高は ¥225,000、利益準備金の残高は ¥20,000 である。

会社法では、繰越利益剰余金から株主への配当を行ったさいに、**資本準備金と利益準備金の合計が資本金の４分の１に達するまで、**株主への**配当金の10分の１を利益準備金として積み立てるように要求**されています。

そのため、株主への**配当金の10分の１の金額と、資本準備金と利益準備金の合計と資本金の４分の１との差額(「利益準備金積立可能額」ということにします)を比較**して、**どちらか小さいほうの金額**を利益準備金として積み立てることになります。

①株主への配当金の10分の１：$¥50,000 \times \frac{1}{10} = ¥5,000$

②利益準備金積立可能額：$¥2,500,000 \times \frac{1}{4} - (¥225,000 + ¥20,000)$

$= ¥380,000$

①¥5,000　＜　②¥380,000　より、

利益準備金積立額：¥5,000

(借) 繰越利益剰余金	85,000 [07]	(貸) 利益準備金	5,000
		未払配当金	50,000 [08]
		任意積立金	30,000 [09]

07) 繰越利益剰余金のうち、処分額のみを借方に記入します。

08) 株主総会では、配当金を支払うことを決めただけで後で支払うため、未払配当金とします。
後に実際に当座預金から株主に支払われたさいに以下の仕訳が行われます。
(借) 未払配当金 50,000
(貸) 当座預金 50,000

09) 任意積立金は、会社の定款の規定や株主総会の決議によって、利益の一部を積み立てたものです。

5 中間配当の処理

取締役会の決議などにより、期中に中間配当を行うことがあります。このときも、通常の配当と同じように処理します。

例4-3

中間配当 ¥10,000 を行う決議を行った。なお、これに伴う利益準備金の積立額は ¥1,000 である。

(借) 繰越利益剰余金	11,000	(貸) 利益準備金	1,000
		未払中間配当金	10,000

6 翌決算時の処理

当期純利益とは一会計期間において計算された利益であり、**繰越利益剰余金とは剰余金の配当の財源となる利益**をいいます。両者は必ずしも一致しないことに注意する必要があります。

例4-4

第２期の決算において、当期純利益が ¥120,000 計上された。

(借) 損益	120,000	(貸) 繰越利益剰余金	120,000

繰越利益剰余金

利益準備金： 5,000	前期繰越 100,000
未払配当金：50,000	
任意積立金：30,000	
利益準備金： 1,000	
未払中間配当金：10,000	
次期繰越 124,000	損　益 120,000

損　益

繰越利益剰余金 120,000	

7 株主資本等変動計算書

以上の決算における当期純利益の繰越利益剰余金への振替え、剰余金の配当は、株主資本の当期変動額として、株主資本等変動計算書に記載されます。

仮に、あなたの会社の株主資本の当期首残高が以下であったとすると、第２期の期末時点での株主資本等変動計算書は次のようになります。

当期変動額の内訳欄の記入の仕方に注意してください。

例4-5

資本金 当期首残高 ￥2,500,000　資本準備金 当期首残高 ￥225,000
利益準備金 当期首残高 ￥ 20,000　任意積立金 当期首残高 ￥ 10,000
繰越利益剰余金 当期首残高 ￥ 100,000

株主資本等変動計算書　(単位：円)

	株主資本						純資産合計
		資本剰余金	利益剰余金			株主資本合計	
				その他利益剰余金			
	資本金	資本準備金	利益準備金	任意積立金	繰越利益剰余金		
当期首残高	2,500,000	225,000	20,000	10,000	100,000	2,855,000	2,855,000
当期変動額							
剰余金の配当			6,000		△66,000	△60,000	△60,000
任意積立金の積立				30,000	△30,000		
当期純利益					120,000	120,000	120,000
当期変動額合計			6,000	30,000	24,000	60,000	60,000
当期末残高	2,500,000	225,000	26,000	40,000	124,000	2,915,000	2,915,000

株主資本等変動計算書とは、純資産の１年間の金額の変動を明らかにするものです。

8 その他資本剰余金からの配当

会社は、通常、会社が稼いだ利益の中から配当を行います。ただし、会社設立後間もなく利益剰余金がない場合や業績悪化により利益剰余金が少ない場合でも株主へ配当を行う必要がある場合などを考慮して、その他資本剰余金から配当を行うことができます。

その他資本剰余金から配当を行った場合には、繰越利益剰余金と同様に資本金の４分の１に達するまで、配当金の10分の１を資本準備金として積み立てます。

配当の対象となった剰余金によって、積み立てる準備金の科目が異なります。

例4-6

株主総会でその他資本剰余金からの配当￥50,000を行うことが決議された。
また、配当に伴って会社法に規定された額の準備金を積み立てる。
なお、配当時点の資本金の残高は￥2,500,000、資本準備金の残高は￥330,000、利益準備金の残高は￥291,000である。

①株主への配当金の10分の１：￥50,000 × $\frac{1}{10}$ = ￥5,000

②資本準備金積立可能額：￥2,500,000 × $\frac{1}{4}$ −（￥330,000 + ￥291,000）
= ￥4,000

①￥5,000＞②￥4,000　より、資本準備金積立額：￥4,000

(借)		(貸)	
その他資本剰余金	54,000	資本準備金	4,000
		未払配当金	50,000

剰余金の配当

問1　次の株主総会における取引の仕訳を示しなさい。

株主総会において、繰越利益剰余金 ¥1,000,000を次のとおり処分することとした。なお、残額は次期へ繰り越すこととする。

利益準備金　¥ 70,000　　株主配当金　¥ 700,000　　任意積立金　¥ 100,000

問2　次の資料より、当期末(第2期末)における繰越利益剰余金勘定の次期繰越額を計算しなさい。

1．繰越利益剰余金勘定の前期繰越額……………¥2,000,000
2．当期における剰余金の配当等の内容
　(1)利益準備金：¥　100,000
　(2)株主配当金：¥ 1,000,000
　(3)任意積立金：¥　500,000 ……………… ¥ 1,600,000
　＊残額は次期へ繰り越す。
3．当期純利益……………………………… ¥ 1,100,000

問3　次の取引の仕訳を示しなさい。
当社(発行済み株式数200株)は、×2年6月26日の株主総会において、繰越利益剰余金¥2,180,000を次のとおり処分することの承認を得た。

利益準備金：会社法に規定する金額
株主配当金：1株につき ¥7,500　　任意積立金：¥500,000
ただし、×2年3月31日(決算日)現在の資本金は ¥10,000,000、資本準備金は ¥1,300,000、利益準備金は ¥1,100,000であった。

問1

(借)		(貸)	
繰越利益剰余金	870,000	利益準備金	70,000
		未払配当金	700,000
		任意積立金	100,000

問2　¥ 1,500,000

¥2,000,000 − ¥1,600,000 + ¥1,100,000 = ¥1,500,000
（¥1,100,000：利益）

問3

(借)		(貸)	
繰越利益剰余金	2,100,000	利益準備金	100,000
		未払配当金	1,500,000
		任意積立金	500,000

資本金の1/4：¥10,000,000 × 1/4 = ¥2,500,000 ←資本準備金＋利益準備金の上限
利益準備金積立可能額：¥2,500,000 −(¥1,300,000 + ¥1,100,000) = ¥100,000
配当金の1/10：@¥7,500 × 200株× 1/10 = ¥150,000
利益準備金積立額：¥100,000 ＜¥150,000　　∴　¥100,000

Section 4のまとめ

■繰越利益剰余金の配当の処理（株主総会決議時）

(借)繰越利益剰余金	660,000	(貸)利益準備金	60,000
		未払配当金	600,000

※配当のさいに、資本準備金と利益準備金の合計が資本金の４分の１に達するまで、株主への配当金の10分の１を利益準備金として積み立てます。

■その他資本剰余金の配当の処理（株主総会決議時）

(借)その他資本剰余金	660,000	(貸)資本準備金	60,000
		未払配当金	600,000

※配当のさいに、資本準備金と利益準備金の合計が資本金の４分の１に達するまで、株主への配当金の10分の１を資本準備金として積み立てます。

損失の処理・欠損てん補

はじめに

あなたの会社では、当期、予想外の円安の影響により主力商品であるD社製家具の輸入価格が急騰し、決算において当期純損失が見込まれます。“損失が計上されれば、利益の分配を期待する株主への配当を支払うことができなくなるのではないか”、と不安に思ったあなたは、経営コンサルタントのN氏を訪ね、もしもの事態に備えることにしました。

1 損失の処理・欠損てん補とは

利益の反対が損失です。**損失が生じた場合には、その穴埋めをどうするかを株主総会で話し合います。**そして、この損失を当期以前に獲得した利益である利益準備金および任意積立金などで補てんする場合、これを欠損てん補(けっそんてんぽ)といいます。

剰余金の配当と同様に、欠損てん補の処理では、(1)決算の時、(2)株主総会の時、の２つに注意してください。

2 欠損てん補の処理

(1)決算時

損益勘定において計算された当期純損失は、**繰越利益剰余金勘定（純資産の勘定）[01]の借方に振り替え**ます。

その結果、繰越利益剰余金が借方残高になれば、損失を次期に繰り越すことになります。ただし、その場合も繰越利益剰余金という科目名を用います。

01)繰越利益剰余金をマイナスするイメージです。

例5-1

当期の決算において ￥500,000 の当期純損失が計上された。

(借) 繰越利益剰余金	500,000	(貸) 損　　益	500,000

損　益

費　用	収　益
	当期純損失 ￥500,000

→ 繰越利益剰余金

損　益 ￥500,000	

(2)株主総会時

①資本金の取崩しによるてん補

その他利益剰余金がマイナスである場合に、資本金等を取り崩して欠損を解消することができます。

例5-2

繰越利益剰余金 △￥200,000 をてん補するために、資本金 ￥300,000 を減少させることを株主総会で決議し、その効力が生じた。このときの仕訳を示しなさい。

(借)資　本　金	300,000	(貸)繰越利益剰余金	200,000
		資本金減少差益	100,000

②任意積立金の取崩しによるてん補

繰越利益剰余金が借方残高の場合、株主総会においてこれまで積み立ててきた任意積立金で、欠損てん補することがあります[02]。なお、このとき全額を処理しないで損失として次期に繰り越すこともできます。

02)任意積立金と繰越利益剰余金を相殺します。

例5-3

株主総会において、繰越利益剰余金勘定の借方残高 ￥500,000 につき、任意積立金 ￥400,000 を取り崩し、これをてん補した。なお、残額は次期に繰り越すこととした。

次期に繰り越す損失の額 ￥100,000 を、そのまま繰越利益剰余金勘定で繰り越します。

(借)任意積立金[03]	400,000	(貸)繰越利益剰余金	400,000

03)新築積立金や別途積立金といった具体的な科目で処理されます。

③準備金によるてん補

欠損てん補は準備金(資本準備金、利益準備金)によって、てん補することができます。なお、このとき全額を処理しないで損失として次期に繰り越すこともできます。

例5-4

株主総会において、繰越利益剰余金勘定の借方残高 ￥500,000 につき、利益準備金 ￥400,000 を取り崩し、これをてん補した。

(借)利益準備金	400,000	(貸)繰越利益剰余金	400,000

3 損失から利益への転換

次期の決算において、当期純利益が計上された場合には、繰り越した損失の金額は当期純利益と相殺され、当期純利益が繰り越した損失の金額を超える場合、次期における株主総会では剰余金の配当が行われます。

例5-5
決算において、当期純利益 ¥800,000 が計上された。なお、前期から繰り越された損失が ¥700,000 ある。

(借)	損益	800,000	(貸)	繰越利益剰余金	800,000

繰越利益剰余金

借方	貸方
前期繰越 ¥700,000	損益 ¥800,000
∴次期繰越 ¥100,000	

損失の処理・欠損てん補

次の取引の仕訳を示しなさい。

問1 (1)決算において、当期純損失 ¥500,000 が計上された。
(2)株主総会において、上記繰越利益剰余金勘定・借方残高 ¥500,000 につき、新築積立金(任意積立金) ¥450,000 を取り崩し、これをてん補した。なお、残額は次期に繰り越すこととした。

問2 株式会社新宿商事は、前期末より繰り越された繰越利益剰余金勘定・借方残高 ¥100,000 のてん補のため、株主総会決議にもとづき、資本準備金 ¥100,000 の取り崩しを行うこととした。

問1

(1)	(借)	繰越利益剰余金	500,000	(貸)	損益	500,000
(2)	(借)	新築積立金	450,000	(貸)	繰越利益剰余金	450,000

問2

(借)	資本準備金	100,000	(貸)	繰越利益剰余金	100,000

Section 5のまとめ

■欠損てん補

B社は×8年3月31日　第1期決算において、当期純損失 ¥450,000を計上した。

純資産の減少			
(借)繰越利益剰余金	450,000	(貸)損　益	450,000

欠損 ¥200,000を任意積立金によりてん補した。

純資産の減少		純資産の増加	
(借)任意積立金	200,000	(貸)繰越利益剰余金	200,000

欠損 ¥250,000のてん補のため、利益準備金 ¥250,000を取り崩した。

純資産の減少		純資産の増加	
(借)利益準備金	250,000	(貸)繰越利益剰余金	250,000

コラム　解答用紙は、間違えるための場所

「考えたけどわからなかった」というときに、解答用紙を白紙のままにしてしまう人がいます。これは、とってももったいないことです。

せっかく考えたならば、答えにまでして文字にさえ残しておけば、それが当たれば嬉しくて記憶に残るし、外れれば間違えたところとして記録に残せる。どちらにしても、勉強が進みます。

ですから「解答用紙は、間違えるための場所」と決め込んで、思いついた答えはジャンジャン書いていくようにしましょう。合格への近道です。

Chapter12

決　算

決算の全体像

		重要度
Section 0	１級合格のための２級の基礎知識	★★★☆☆
Section 1	財務諸表	★★★★★
Section 2	英米式決算法と大陸式決算法	★★★★☆

ココがPOINT!!

決算整理仕訳と帳簿の締切りがポイント！

　ここでは、決算の処理を見ていきます。財務諸表の作成等の決算問題は第５問で必ず出題されているので、合格を果たすためには必須のChapterといえます。

Section 0 重要度 ★★★

1級合格のための2級の基礎知識

重要ポイント

貸倒引当金…貸倒引当金の金額は常に「売上債権期末残高×設定率」で決まる
有 価 証 券…時価評価を行う
費用となる税金…租税公課勘定
純利益のマイナスとなる税金…法人税等勘定

1 貸倒れの見積もり

(1)見積高＞引当金残高の場合

例0-1
決算において、売掛金期末残高 ￥300,000 に対して 2 %の貸倒れを差額補充法により見積もる。なお、貸倒引当金勘定残高は ￥1,000 である。

(借)貸倒引当金繰入（費用の発生）	5,000	(貸)貸 倒 引 当 金	5,000

￥300,000 × 2 % − ￥1,000 = ￥5,000

貸倒引当金繰入額 ＝ 売上債権の期末残高 × 設定率 － 貸倒引当金残高

(2)見積高＜引当金残高の場合

例0-2
決算において、売掛金期末残高 ￥300,000 に対して 2 %の貸倒れを差額補充法により見積もる。なお、貸倒引当金勘定残高は ￥11,000 である。

(借)貸 倒 引 当 金	5,000	(貸)貸倒引当金戻入	5,000

￥300,000 × 2 % − ￥11,000 = △￥5,000

2 売買目的有価証券の評価

売買目的有価証券の場合、時価をもって貸借対照表価額とし、評価差額は当期の損益とします。すなわち、次のように表示します。

簿価 ＜ 時価のとき、**有価証券評価益**

簿価 ＞ 時価のとき、**有価証券評価損**

例0-3

本日決算となったが、熊本商事株式会社の株式（当期に 10 株を 1 株 ¥50,000 で購入）の時価は 1 株 ¥49,000 であった。

(借)有価証券評価損	10,000※	(貸)有　価　証　券	10,000

※(@¥49,000 − @¥50,000) × 10株 = △¥10,000

借方は有価証券運用損勘定でも可。

3 税金の分類

会社は営業活動を行うにあたって、いろいろな税金を国または地方自治体に納めています。これらは以下のように4つに分けることができます。

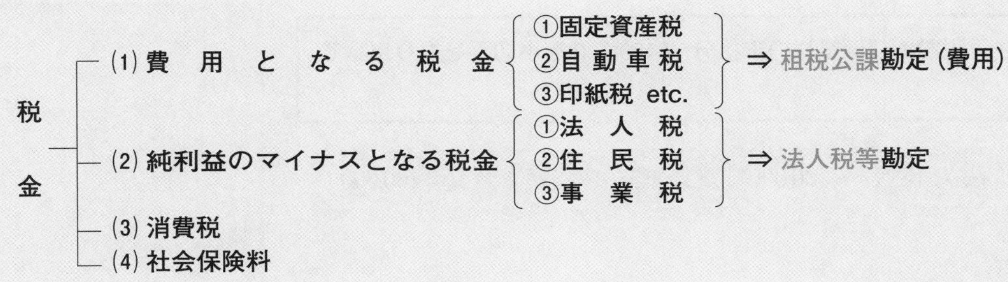

4 費用となる税金の処理

例0-4

あなたは、固定資産税 ¥100,000 の納付書を受け取り、ただちに現金で納付した。

(借)租　税　公　課	100,000	(貸)現　　　　金	100,000

なお、納付書を受け取り、現金等で即納付しない場合には次のように処理します。

(借)租　税　公　課	×××	(貸)未　払　税　金（流動負債）	×××

5 純利益のマイナスとなる税金の処理

(1)中間納付時

例0-5

あなたの会社では、第２期の法人税等の中間申告を行い、￥300,000 を小切手を振り出して納付した。

(借)	金額	(貸)	金額
仮払法人税等	300,000	当座預金	300,000

(2)決算時

例0-6

第２期の決算において計算された当期純利益 ￥1,400,000 に対し、法人税、住民税および事業税の金額が ￥700,000 と計算された。

(借)	金額	(貸)	金額
法人税等	700,000	仮払法人税等	300,000
		未払法人税等[01)]	400,000

01)仮に法人税等が￥100,000の場合、以下の仕訳となります。
(法人税等) 100,000
(未収還付法人税等) 200,000
(仮払法人税等) 300,000

(3)納付時

例0-7

法人税、住民税および事業税の未払分 ￥400,000 を小切手を振り出して納付した。

(借)	金額	(貸)	金額
未払法人税等	400,000	当座預金	400,000

Section
1
重要度
★★★★★

財務諸表

はじめに

あなたは、精算表によって決算のアウトラインを知ることができました。しかし外部には、株主や、あなたへの融資を考えている銀行や、課税をする税務署など、あなたの会社の財政状態や経営成績に関心のある人たちがたくさんいます。しかし、彼らは会社内部の資料を自由に見ることができるわけではありません。そこで、あなたは貸借対照表や損益計算書を作って、会社の内容を彼らに公開することになります。

1 財務諸表とは

財務諸表とは、決算書ともいわれ、会社の一会計期間における経営活動の成果と一定時点の会社の状態を**株主等の利害関係者に報告するために作成される書類**をいいます。

その中で、とくに重要なものが貸借対照表と損益計算書です。

2 貸借対照表とは

貸借対照表とは決算日時点の会社の財政状態[01]**を報告するための書類**です。その形式には勘定式と報告式がありますが、勘定式が多く用いられています。

勘定式の貸借対照表は、会社の一定時点における資産を左側に、負債と純資産を右側にして対照表示するものです。

01) 財産の状態をいいます。なにを、いくらもっているのか、ということです。

3 貸借対照表の形式（株式会社を想定）

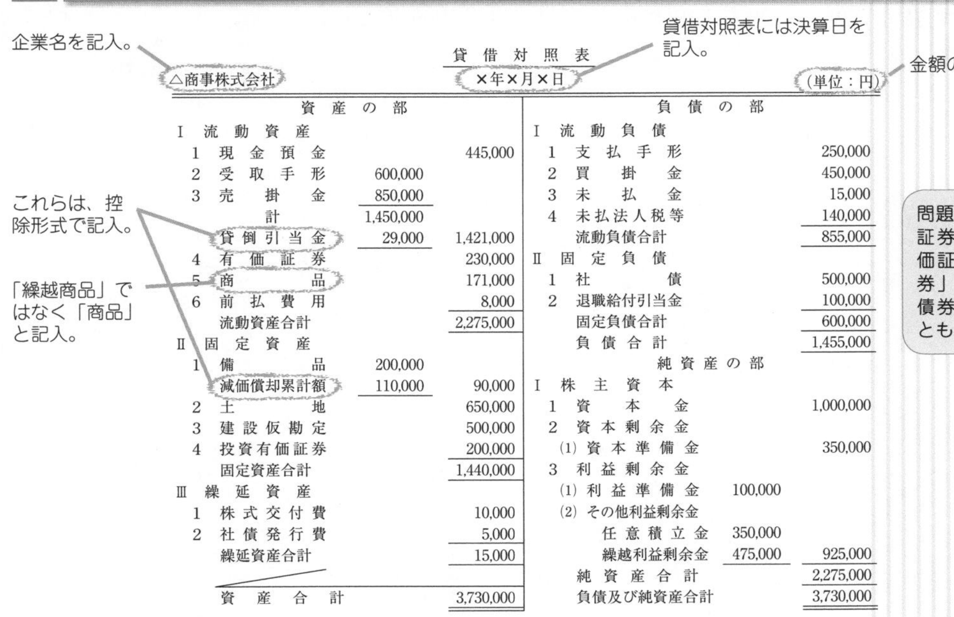
企業名を記入。
貸借対照表には決算日を記入。
金額の単位を記入。
これらは、控除形式で記入。
「繰越商品」ではなく「商品」と記入。

貸借対照表

△商事株式会社　　×年×月×日　　(単位：円)

資産の部			負債の部		
Ⅰ 流動資産			Ⅰ 流動負債		
1 現金預金		445,000	1 支払手形		250,000
2 受取手形	600,000		2 買掛金		450,000
3 売掛金	850,000		3 未払金		15,000
計	1,450,000		4 未払法人税等		140,000
貸倒引当金	29,000	1,421,000	流動負債合計		855,000
4 有価証券		230,000	Ⅱ 固定負債		
5 商品		171,000	1 社債		500,000
6 前払費用		8,000	2 退職給付引当金		100,000
流動資産合計		2,275,000	固定負債合計		600,000
Ⅱ 固定資産			負債合計		1,455,000
1 備品	200,000		純資産の部		
減価償却累計額	110,000	90,000	Ⅰ 株主資本		
2 土地		650,000	1 資本金		1,000,000
3 建設仮勘定		500,000	2 資本剰余金		
4 投資有価証券		200,000	(1) 資本準備金		350,000
固定資産合計		1,440,000	3 利益剰余金		
Ⅲ 繰延資産			(1) 利益準備金	100,000	
1 株式交付費		10,000	(2) その他利益剰余金		
2 社債発行費		5,000	任意積立金	350,000	
繰延資産合計		15,000	繰越利益剰余金	475,000	925,000
			純資産合計		2,275,000
資産合計		3,730,000	負債及び純資産合計		3,730,000

問題によっては、「有価証券」は「売買目的有価証券」、「投資有価証券」は「満期保有目的債券」と表示されることもあります。

4 貸借対照表の表示区分[02)]

(1)資産の部

資産の部は、流動資産と固定資産、繰延資産に区分して表示します。各区分に該当する科目の例は、以下のとおりです。

流動資産：現金預金、受取手形、電子記録債権、売掛金、有価証券、短期貸付金、商品、消耗品、未収収益など

固定資産：建物、備品、土地、特許権、のれん、投資有価証券、長期貸付金など

繰延資産：創立費、開業費、株式交付費、社債発行費、開発費

02) 順番まで覚える必要はとくにありません。どこにどんなものが入るのかを理解しておきましょう。

(2)負債の部

負債の部は、流動負債と固定負債に区分して表示します。各区分に該当する科目の例は、以下のとおりです。

流動負債：支払手形、電子記録債務、買掛金、短期借入金、未払金、未払法人税等、前受収益など

固定負債：社債、長期借入金、退職給付引当金など

(3)純資産の部

純資産の部については、Chapter11を参照してください。

5 損益計算書とは

損益計算書とは会社の一会計期間における経営成績[03)]**を報告するための書類**で、報告式が多く用いられます。

報告式の損益計算書は、収益、費用の項目を同じような性格をもつグループ(区分)に分類し、それを順次対応させることにより、**売上総利益**、**営業利益**、**経常利益**など性格の異なる利益を計算[04)]、表示するところに大きな特徴があります。

03) いくら儲かったかということです。

04) 最終的には当期純利益へと行きつきます。

6 損益計算書の形式

報告式による損益計算書を例示します（棚卸減耗費を売上原価に算入している場合[05)]）。

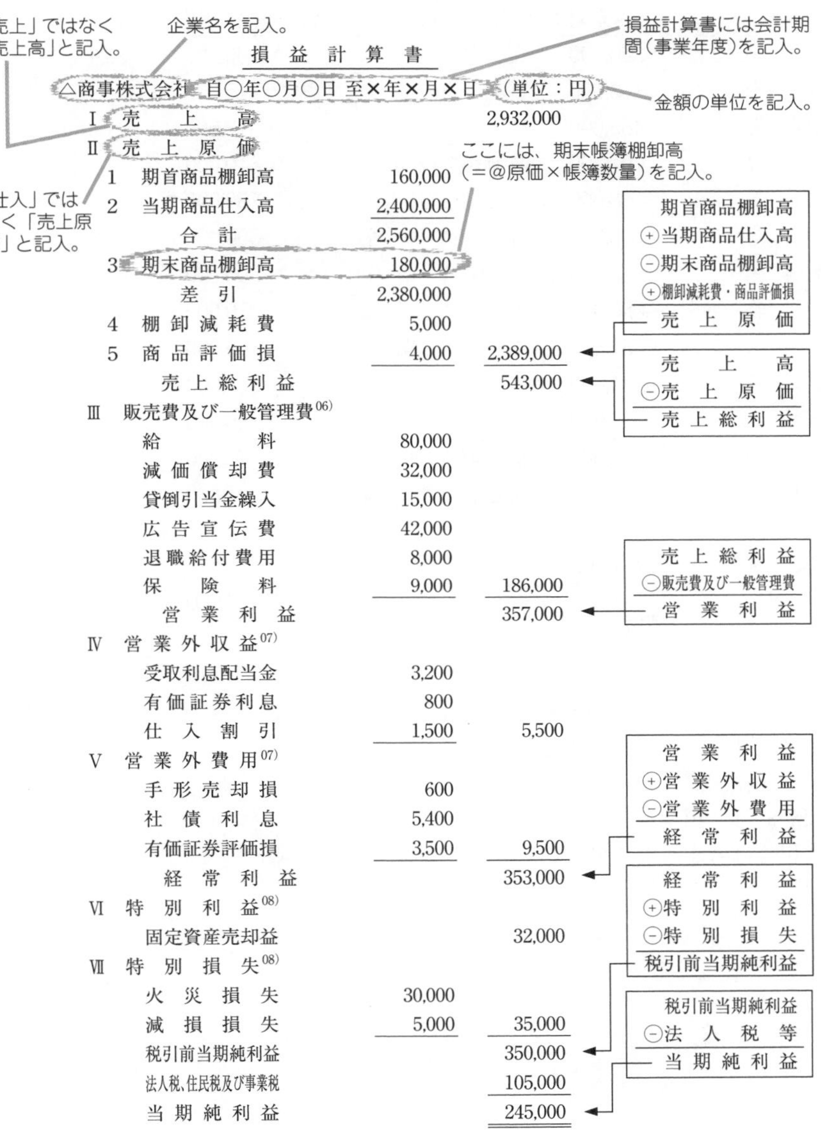

損益計算書

△商事株式会社　自○年○月○日　至×年×月×日　（単位：円）

Ⅰ 売上高		2,932,000
Ⅱ 売上原価		
1 期首商品棚卸高	160,000	
2 当期商品仕入高	2,400,000	
合計	2,560,000	
3 期末商品棚卸高	180,000	
差引	2,380,000	
4 棚卸減耗費	5,000	
5 商品評価損	4,000	2,389,000
売上総利益		543,000
Ⅲ 販売費及び一般管理費[06)]		
給料	80,000	
減価償却費	32,000	
貸倒引当金繰入	15,000	
広告宣伝費	42,000	
退職給付費用	8,000	
保険料	9,000	186,000
営業利益		357,000
Ⅳ 営業外収益[07)]		
受取利息配当金	3,200	
有価証券利息	800	
仕入割引	1,500	5,500
Ⅴ 営業外費用[07)]		
手形売却損	600	
社債利息	5,400	
有価証券評価損	3,500	9,500
経常利益		353,000
Ⅵ 特別利益[08)]		
固定資産売却益		32,000
Ⅶ 特別損失[08)]		
火災損失	30,000	
減損損失	5,000	35,000
税引前当期純利益		350,000
法人税、住民税及び事業税		105,000
当期純利益		245,000

05) 棚卸減耗費を売上原価に算入しない場合は、「Ⅱ 売上原価」の区分には棚卸減耗費が表示されず、販売費及び一般管理費の区分に表示されることになります。

06) 企業が行う営業活動に関係して発生する費用が該当します。

07) 企業が行う営業活動に直接は関係しないが、経常的に発生する収益と費用が該当します。

08) 臨時的に発生した収益と費用が該当します。

財務諸表の作成

次の決算整理後残高試算表より、⑴貸借対照表（勘定式）および ⑵損益計算書（報告式）を作成しなさい。

決算整理後残高試算表　　（単位：円）

現金預金	1,320,000	支払手形	130,000
受取手形	165,000	買掛金	215,000
売掛金	465,000	貸倒引当金	12,600
繰越商品	91,200	減価償却累計額	810,000
前払家賃	3,000	退職給付引当金	750,000
未収利息	5,000	資本金	2,500,000
短期貸付金	830,000	資本準備金	300,000
建物	3,000,000	利益準備金	210,000
仕入	1,089,800	任意積立金	400,000
棚卸減耗費	4,000	繰越利益剰余金	351,000
貸倒引当金繰入	12,600	売上	1,785,000
退職給付費用	150,000	受取利息	77,200
減価償却費	90,000	固定資産売却益	7,800
支払利息	156,000		
支払家賃	167,000		
	7,548,600		7,548,600

（注１）売上原価の内訳は次のとおりである。

期首商品棚卸高：¥　98,000
当期商品仕入高：¥1,087,000
期末商品棚卸高：¥　100,000
商品評価損：¥　4,800

（注２）法人税等は考慮しなくてよい。

(1) 貸借対照表

貸借対照表

(単位：円)

資産の部			負債の部		
Ⅰ 流動資産			Ⅰ 流動負債		
(　　)		(　　)	(　　)		(　　)
(　　)	(　　)		(　　)		(　　)
(　　)	(　　)		流動負債合計		(　　)
計	(　　)		Ⅱ 固定負債		
(　　)	(　　)	(　　)	(　　)		(　　)
(　　)		(　　)	固定負債合計		(　　)
(　　)		(　　)	負債合計		(　　)
(　　)		(　　)	純資産の部		
(　　)		(　　)	Ⅰ 株主資本		
流動資産合計		(　　)	1 資本金		(　　)
Ⅱ 固定資産			2 資本剰余金		
(　　)	(　　)		(1)(　　)		(　　)
(　　)	(　　)	(　　)	3 利益剰余金		
固定資産合計		(　　)	(1)(　　)	(　　)	
			(2)その他利益剰余金		
			(　　)	(　　)	
			(　　)	(　　)	(　　)
			純資産合計		(　　)
資産合計		(　　)	負債及び純資産合計		(　　)

(2) 損益計算書

損益計算書

(単位：円)

Ⅰ 売上高		(　　)
Ⅱ 売上原価		
1.(　　)	(　　)	
2.(　　)	(　　)	
合計	(　　)	
3.(　　)	(　　)	
差引	(　　)	
4.(　　)	(　　)	(　　)
売上総利益		(　　)
Ⅲ 販売費及び一般管理費		
(　　)	(　　)	
(　　)	(　　)	
(　　)	(　　)	
(　　)	(　　)	
(　　)	(　　)	(　　)
営業利益		(　　)
Ⅳ 営業外収益		
(　　)		(　　)
Ⅴ 営業外費用		
(　　)		(　　)
経常利益		(　　)
Ⅵ 特別利益		
(　　)		(　　)
当期純利益		(　　)

解答

(1) 貸借対照表

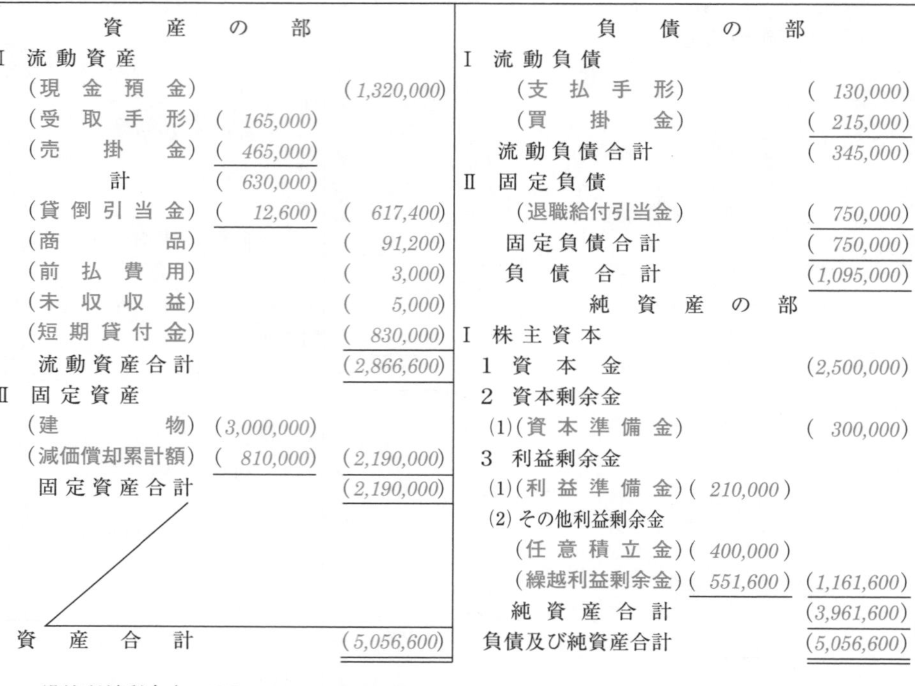

貸借対照表

(単位：円)

資産の部			負債の部		
Ⅰ 流動資産			Ⅰ 流動負債		
(現金預金)		(1,320,000)	(支払手形)		(130,000)
(受取手形)	(165,000)		(買掛金)		(215,000)
(売掛金)	(465,000)		流動負債合計		(345,000)
計	(630,000)		Ⅱ 固定負債		
(貸倒引当金)	(12,600)	(617,400)	(退職給付引当金)		(750,000)
(商品)		(91,200)	固定負債合計		(750,000)
(前払費用)		(3,000)	負債合計		(1,095,000)
(未収収益)		(5,000)	純資産の部		
(短期貸付金)		(830,000)	Ⅰ 株主資本		
流動資産合計		(2,866,600)	1 資本金		(2,500,000)
Ⅱ 固定資産			2 資本剰余金		
(建物)	(3,000,000)		(1)(資本準備金)		(300,000)
(減価償却累計額)	(810,000)	(2,190,000)	3 利益剰余金		
固定資産合計		(2,190,000)	(1)(利益準備金)	(210,000)	
			(2) その他利益剰余金		
			(任意積立金)	(400,000)	
			(繰越利益剰余金)	(551,600)	(1,161,600)
			純資産合計		(3,961,600)
資産合計		(5,056,600)	負債及び純資産合計		(5,056,600)

繰越利益剰余金：¥351,000（残高）＋¥200,600（当期純利益）＝¥551,600

(2) 損益計算書

損益計算書

(単位：円)

Ⅰ 売上高		(1,785,000)
Ⅱ 売上原価		
1.(期首商品棚卸高)	(98,000)	
2.(当期商品仕入高)	(1,087,000)	
合計	(1,185,000)	
3.(期末商品棚卸高)	(100,000)	
差引	(1,085,000)	
4.(商品評価損)	(4,800)	(1,089,800)
売上総利益		(695,200)
Ⅲ 販売費及び一般管理費		
(棚卸減耗費)	(4,000)	
(貸倒引当金繰入)	(12,600)	
(退職給付費用)	(150,000)	
(減価償却費)	(90,000)	
(支払家賃)	(167,000)	(423,600)
営業利益		(271,600)
Ⅳ 営業外収益		
(受取利息)		(77,200)
Ⅴ 営業外費用		
(支払利息)		(156,000)
経常利益		(192,800)
Ⅵ 特別利益		
(固定資産売却益)		(7,800)
当期純利益		(200,600)

Section 1のまとめ

■貸借対照表のポイント

①貸倒引当金は、受取手形や売掛金といった債権から控除する
②減価償却累計額は、該当する固定資産から控除し、そのさいに単に「減価償却累計額」とする
③繰越商品は「商品」として表示する

■損益計算書のポイント

①商品評価損などを売上原価に表示する場合は、売上原価に加算する
②売上の獲得にかかわる経費が「販売費及び一般管理費」
③経常的に発生するが、売上の獲得にかかわらないのが「営業外損益」
④臨時的に発生したものが「特別損益」

コラム 心のふるさと

昔の人達はみんな『ふるさと』をもっていた。しかし、最近はこんなに素敵なものをもっている人は決して多くない。

私自身「ふるさとはどこですか」と聞かれると、確かに生まれ落ちたのは大阪の西成ではあるが、とてもそこをふるさととは呼べない。したがって、ふるさとのない人の一人になってしまう。

しかし、それは肉体の話である。そして、誰しも、心にもふるさとがある。

それは、その人の心の中に目盛がつき、自分なりの物差し(価値観)が出来た時代であり、またそのときを過ごした場所であり、一つ一つの風景や人や、言葉が心に焼きつけられている。

そしてその頃の自分は、何ものかに没頭して、夢中になって、必死になっていたはずである。そうでないと、自分なりの物差しなどできるはずはないのだから。

良いことがあったり、悪いことがあったり、人生の節目を迎えたりしたときに、ふと、心のふるさとに立ちかえり、そこに今でも住んでいる心の中の自分自身に話しかけたりする。

私の場合は、明らかに大学時代を過ごした京都の伏見・深草界隈である。吉野家でバイトをし、学費を作り、未来は見えず、それでも必死になって資格をとり、彼女と一緒に暮らし始めた、あの頃である。

この季節、京都の山々が紅く燃え立ち、人々の声がこだまする。

そして、やがて、やわらかな風花が舞い降りる。

私の心のふるさとにも…。

英米式決算法と大陸式決算法

はじめに

決算における最終的な目的は財務諸表の作成です。しかし、その財務諸表は帳簿(総勘定元帳)から作成されるので、1つの会計期間が終了したときに、次の会計期間に備えて帳簿を整理すること(これを帳簿の締切りといいます)も重要です。
ここでは、各種の帳簿の中でもとくに重要な総勘定元帳の締切手続について学習します。

1 総勘定元帳の締切方法

総勘定元帳の締切手続には、英米式決算法と大陸式決算法[01]**の2つがあります。**この締切手続の相違は決算手続だけでなく、翌期首の開始手続にも影響します。

01)「中国大陸式」ではなくて「ヨーロッパ大陸式」。ドイツを中心とする国々で採用されていた方法です。

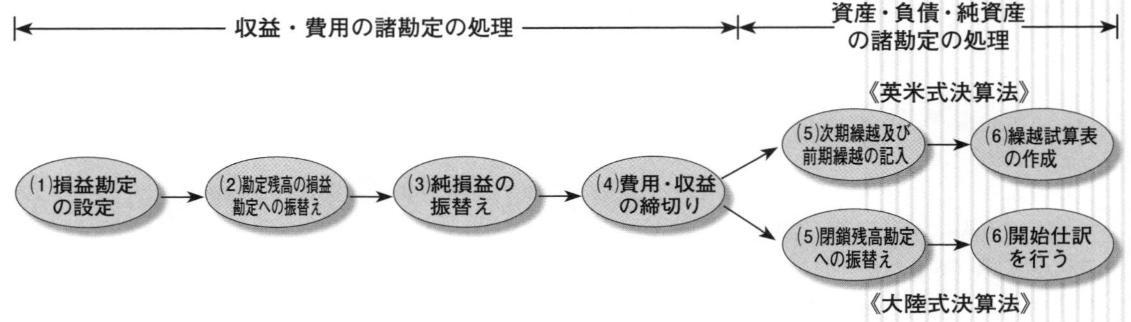

2 英米式決算法の締切方法

英米式決算法では、以下のように帳簿を締め切ります。

(1)損益勘定の設定

まず最初に純損益[02]を確定するため、元帳に損益勘定を設定します。

02)当期純損益のことです。

(2)勘定残高の損益勘定への振替え

損益勘定の貸方に収益の勘定残高を、借方に費用の勘定残高を振り替えて純損益を計算します。なお、このとき行われる仕訳を決算振替仕訳といいます。

この「振替」とは、**ある勘定の金額を他の勘定へ移動させる手続き**をいい、具体的には①収益の振替え、②費用の振替えを指します。

例2-1

3月31日の決算にさいして、次の各勘定残高をそれぞれ損益勘定に振り替えた。
売上 ￥160,000、受取手数料 ￥10,000、営業費 ￥30,000、法人税等 ￥20,000

①**収益の振替え**（貸方から貸方への振替え）

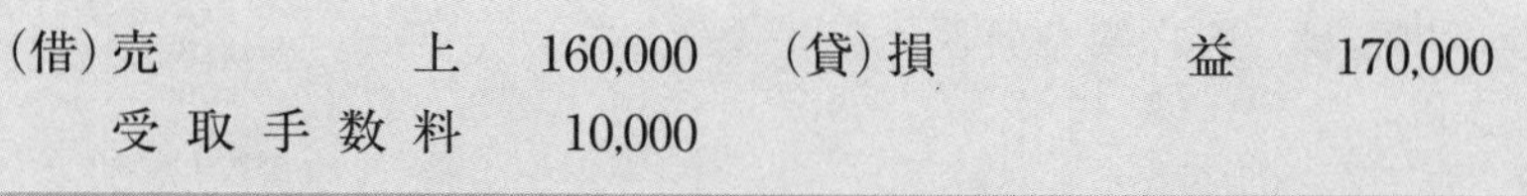

(借)			(貸)	
売上	160,000		損益	170,000
受取手数料	10,000			

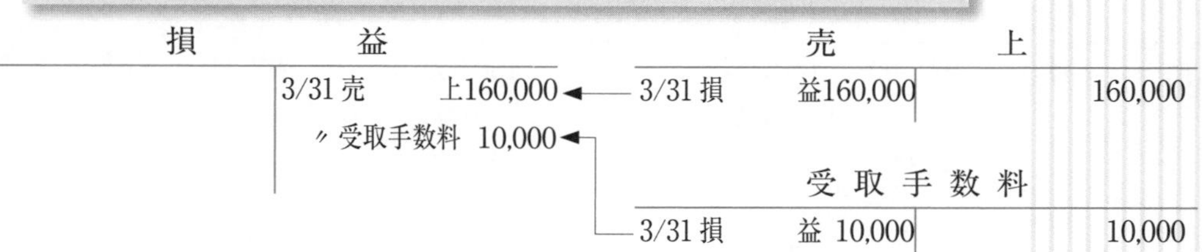

損益
3/31 売上 160,000
〃 受取手数料 10,000
売上
3/31 損益 160,000
160,000
受取手数料
3/31 損益 10,000
10,000

②**費用の振替え**（借方から借方への振替え）

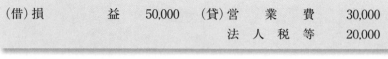

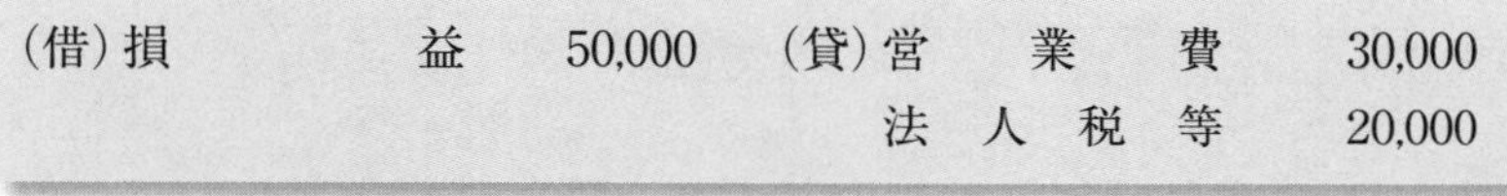

(借)			(貸)	
損益	50,000		営業費	30,000
			法人税等	20,000

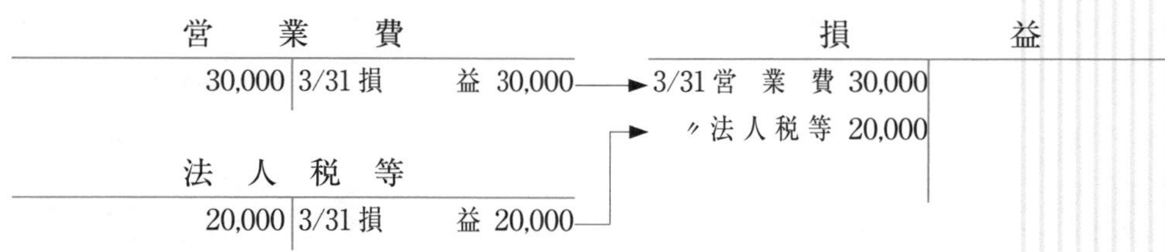

営業費
30,000
3/31 損益 30,000
損益
3/31 営業費 30,000
〃 法人税等 20,000
法人税等
20,000
3/31 損益 20,000

(3)純損益の振替え

損益勘定の貸借差額は純損益を示すことになります。この純損益を**繰越利益剰余金勘定に振り替えます**。このときに行われる仕訳も決算振替仕訳です。

①**貸方残高（純利益）の場合**[03]　　②**借方残高（純損失）の場合**[03]

03)仮設の数値で示しています。

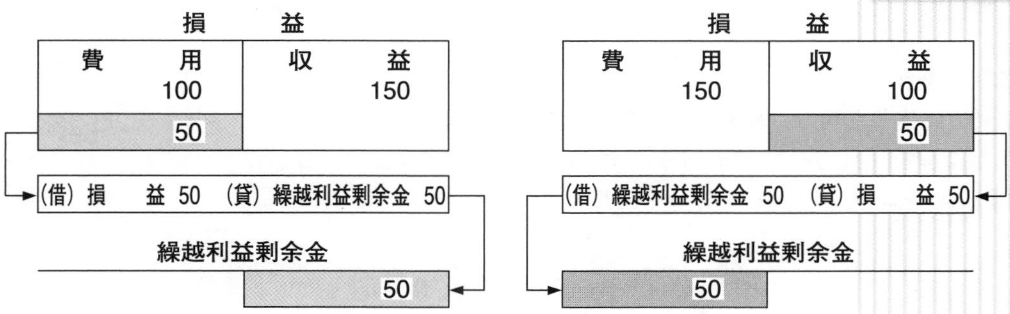

(4)費用・収益の締切り

損益勘定への振替仕訳を転記すれば、**収益・費用の勘定は貸借が一致します**。また、繰越利益剰余金勘定へ振り替えた後の損益勘定も貸借が一致するので、合計額を貸借ともに同じ行に記入して締め切ります。ただし、記入した行の数によって締切方法が異なりますから、注意してください[04)]。

04) 1行しか記入がない場合は、合計線を引かずに、直接締切線を引きます。

受取手数料

3/31	損益	10	11/15	現金	10

貸借の記入した行数が異なる場合は、余白線を引き、合計は行を揃えて記入します。

売　上

日付	摘要	金額	日付	摘要	金額
3/31	損　益	160,000	4/18	現　金	100,000
			10/20	現　金	60,000
		160,000			160,000

損　益

日付	摘要	金額	日付	摘要	金額
3/31	営業費	30,000	3/31	売　上	160,000
〃	法人税等	20,000	〃	受取手数料	10,000
〃	繰越利益剰余金	120,000			
		170,000			170,000

(5)次期繰越および前期繰越の記入

資産・負債・純資産の諸勘定の締切りは、残高が貸借のどちら側に生じたかによって締切方法が異なります[05)]。

05) 収益費用の締切りと同様に、記入した行数によっても異なります。

06) 実務上は朱記しますが、全経の本試験では赤ペンが使用できないため、試験上は黒で記入することになります。

①借方残高の場合

残高が借方に生じた場合は、貸方に「**次期繰越**」と朱記（しゅき）[06)]し、借方と貸方の合計金額を一致させて締め切ります。これを繰越記入といいます。次に、翌期首の日付で借方に「**前期繰越**」と記入し、残高を借方に戻します。これを開始記入といいます。

現　金

日付	摘要	金額	日付	摘要	金額
4/ 1	前期繰越	25,000	10/25	諸　口	100,000
7/15	諸　口	140,000	3/31	次期繰越	65,000
		165,000			165,000
4/ 1	前期繰越	65,000			

②貸方残高の場合

残高が貸方に生じた場合は、借方に「**次期繰越**」と朱記[06)]し、借方と貸方の合計金額を一致させて締め切ります。次に、翌期首の日付で貸方に「**前期繰越**」と記入し、残高を貸方に戻します。

借　入　金

日付	摘要	金額	日付	摘要	金額
6/21	現　金	100,000	4/ 1	前期繰越	175,000
3/31	次期繰越	75,000			
		175,000			175,000
			4/ 1	前期繰越	75,000

⑹繰越試算表の作成

英米式決算法によれば、資産・負債・純資産の諸勘定は各勘定の中で残高を繰越記入してしまうので、残高に誤りがあるか否か、または締切りに誤りがあるか否かを見つけることができません。そこで、これらを検証するために、**各勘定の残高**(次期繰越の金額)**を集計して試算表を作成します。この試算表を**(次期)**繰越試算表といいます。**

繰越試算表

X年3月31日　　　　(単位：円)

借方残高	勘定科目	貸方残高
65,000	現金	
186,000	当座預金	
350,000	売掛金	
	貸倒引当金	22,500
137,500	有価証券	
46,500	繰越商品	
300,000	土地	
	支払手形	60,000
	買掛金	162,500
	借入金	100,000
	未払法人税等	20,000
	資本金	600,000
	繰越利益剰余金	120,000
1,085,000		1,085,000

繰越試算表には、収益・費用の項目はありません。収益・費用は繰り越さないためです。

コラム　利益ってなに？

利益はどこから得たのか？　というと、市場からと考えるべきでしょう。

利益が出るということは「その会社が市場(労働市場などすべての市場を含む)に支払った額よりも、その会社が市場から得た額のほうが多かった」ということであり、逆に市場から見ると、多く払いすぎたのだから『コスト』ということになります。

つまり、市場が「この会社はよう頑張っとる、じゃ、ちょっとコストをかけてでも投資したろう」と、いってくれた分が利益なのです。

そして経営する側には、その利益をより良い形で市場に返して、喜んでもらい、さらなる投資を引き出す責任を負う、そういう形になっているように思います。

利益、それは市場からの投資。経営する者は、それを忘れてはならないように思います。

英米式決算法

次の決算整理後残高試算表より、(1)決算振替仕訳を行い、(2)当期純利益および繰越利益剰余金の次期繰越高を計算しなさい。

決算整理後残高試算表　(単位：円)

借方科目	金額	貸方科目	金額
現金預金	1,320,000	支払手形	130,000
受取手形	165,000	買掛金	215,000
売掛金	465,000	貸倒引当金	12,600
繰越商品	91,200	減価償却累計額	810,000
前払家賃	3,000	退職給付引当金	750,000
未収利息	5,000	資本金	2,500,000
貸付金	830,000	資本準備金	300,000
建物	3,000,000	利益準備金	210,000
仕入	1,089,800	任意積立金	400,000
支払家賃	167,000	繰越利益剰余金	351,000
貸倒引当金繰入	4,800	売上	1,785,000
棚卸減耗費	4,000	受取利息	77,200
減価償却費	90,000		
退職給付費用	150,000		
支払利息	156,000		
	7,540,800		7,540,800

(1)

(借) 売上	*1,785,000*	(貸) 損益	*1,862,200*
受取利息	*77,200*		
(借) 損益	*1,661,600*	(貸) 仕入	*1,089,800*
		支払家賃	*167,000*
		貸倒引当金繰入	*4,800*
		棚卸減耗費	*4,000*
		減価償却費	*90,000*
		退職給付費用	*150,000*
		支払利息	*156,000*
(借) 損益	*200,600*	(貸) 繰越利益剰余金	*200,600*

(2)

当期純利益	¥*200,600*
繰越利益剰余金	¥*551,600*

3 大陸式決算法の締切方法

(1)～(4)までは英米式決算法の締切方法と同様の処理を行います。

(5)閉鎖残高勘定への振替え[07]

閉鎖残高勘定[08]**を設けて、そこへ資産・負債・純資産の諸勘定の残高を振り替え、貸借の合計額を一致させて締め切ります。**

なお、このとき行う仕訳は決算振替仕訳になります。

(借)	閉鎖残高	1,062,500	(貸)	諸資産	1,062,500
(借)	諸負債	342,500	(貸)	閉鎖残高	1,062,500
	資本金	600,000			
	繰越利益剰余金	120,000			

閉　鎖　残　高

諸資産	1,062,500	諸負債	342,500
		資本金	600,000
		繰越利益剰余金	120,000

この処理の結果、資産・負債・純資産の各勘定の残高はゼロとなり、借方・貸方の金額が一致するので勘定を締め切ることができます。

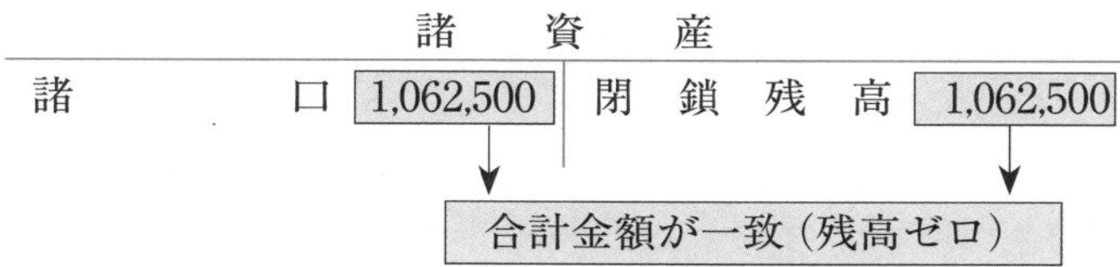

(6)開始仕訳

翌期首の日付で開始仕訳を行い、これを転記することにより、繰越高を記入します。

閉鎖残高勘定への振替えの処理を行う結果、資産・負債・純資産の各勘定は、残高ゼロのままで翌期首をむかえることになるので、開始残高勘定を相手にして次の仕訳を行い、各勘定に残高を記入します（この残高が英米式決算法の前期繰越に相当します）。

(借)	諸資産	1,062,500	(貸)	開始残高	1,062,500
(借)	開始残高	1,062,500	(貸)	諸負債	342,500
				資本金	600,000
				繰越利益剰余金	120,000

翌期首に上記の仕訳（これを開始仕訳といいます）を行うのが大陸式決算法で、残高勘定は「開始残高」といわれます。

前述の仕訳で開始残高勘定に記入してみると、次のようになります。

開　始　残　高[09]

諸負債	342,500	諸資産	1,062,500
資本金	600,000		
繰越利益剰余金	120,000		

なお、この開始残高勘定は、資産・負債・純資産の諸勘定の相手勘定となるだけで、実質的な意味はありません。

07) 金額は 12-15 ページの繰越試算表をベースにしています。ただし、資産と負債はそれぞれ「諸資産」・「諸負債」にまとめ、諸資産からは貸倒引当金の金額を引いています。

08) この勘定は英米式決算法でいえば、繰越試算表に相当します。

09) 資産・負債・純資産の貸借の位置が逆に記入されます。

大陸式決算法

次の決算整理後残高試算表より、⑴損益勘定および⑵閉鎖残高勘定に記入しなさい。

決算整理後残高試算表　（単位：円）

借方科目	金額	貸方科目	金額
現金預金	1,320,000	支払手形	130,000
受取手形	165,000	買掛金	215,000
売掛金	465,000	貸倒引当金	12,600
繰越商品	91,200	減価償却累計額	810,000
前払家賃	3,000	退職給付引当金	750,000
未収利息	5,000	資本金	2,500,000
貸付金	830,000	資本準備金	300,000
建物	3,000,000	利益準備金	210,000
仕入	1,089,800	任意積立金	400,000
支払家賃	167,000	繰越利益剰余金	351,000
貸倒引当金繰入	4,800	売上	1,785,000
棚卸減耗費	4,000	受取利息	77,200
減価償却費	90,000		
退職給付費用	150,000		
支払利息	156,000		
	7,540,800		7,540,800

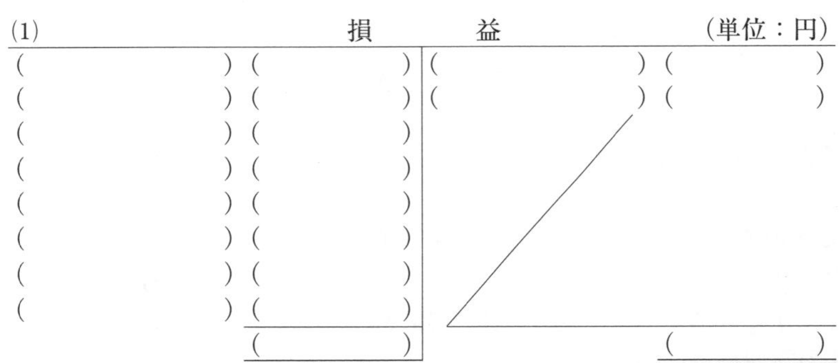

(2)　閉鎖残高　(単位：円)

( )	( )	( )	( )
( )	( )	( )	( )
( )	( )	( )	( )
( )	( )	( )	( )
( )	( )	( )	( )
( )	( )	( )	( )
( )	( )	( )	( )
( )	( )	( )	( )
		( )	( )
		( )	( )
	( )		( )

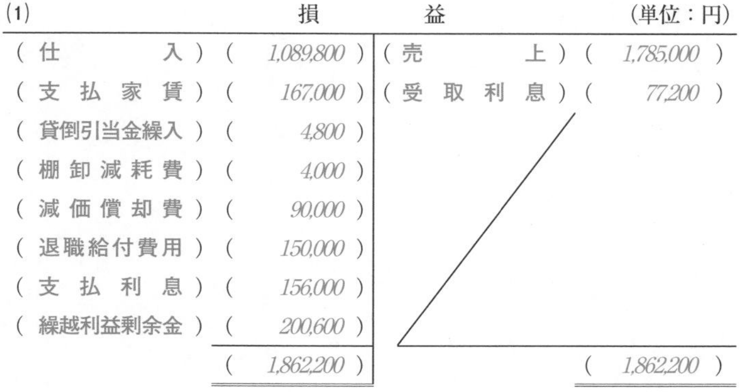

(1) 損　益 (単位：円)

借方	金額	貸方	金額
(仕　入)	(1,089,800)	(売　上)	(1,785,000)
(支払家賃)	(167,000)	(受取利息)	(77,200)
(貸倒引当金繰入)	(4,800)		
(棚卸減耗費)	(4,000)		
(減価償却費)	(90,000)		
(退職給付費用)	(150,000)		
(支払利息)	(156,000)		
(繰越利益剰余金)	(200,600)		
	(1,862,200)		(1,862,200)

(2) 閉　鎖　残　高 (単位：円)

借方	金額	貸方	金額
(現金預金)	(1,320,000)	(支払手形)	(130,000)
(受取手形)	(165,000)	(買　掛　金)	(215,000)
(売　掛　金)	(465,000)	(貸倒引当金)	(12,600)
(繰越商品)	(91,200)	(減価償却累計額)	(810,000)
(前払家賃)	(3,000)	(退職給付引当金)	(750,000)
(未収利息)	(5,000)	(資　本　金)	(2,500,000)
(貸　付　金)	(830,000)	(資本準備金)	(300,000)
(建　物)	(3,000,000)	(利益準備金)	(210,000)
		(任意積立金)	(400,000)
		(繰越利益剰余金)	(551,600)
	(5,879,200)		(5,879,200)

Section 2のまとめ

■締切方法
(1) 損益勘定の設定
(2) 勘定残高の損益勘定への振替え
(3) 純損益の振替え
(4) 費用・収益の締切り

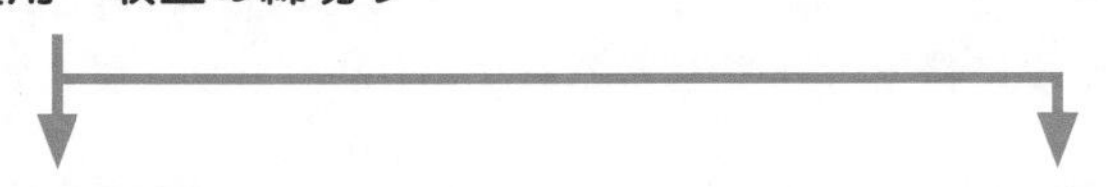

≪英米式決算法≫
(5) 次期繰越および前期繰越の記入
(6) 繰越試算表の作成

≪大陸式決算法≫
(5) 閉鎖残高勘定への振替え
(6) 開始仕訳を行う

※(1)〜(4)は英米式決算法と大陸式決算法で共通。

コラム 人間貸借対照表論

人は裸で生まれてきて、自分の力で歩み始める。そして就職し、働くことを覚える。

第１段階は、誰しもが体１つを資本としての出発である。

貸借対照表でいうと、できたばかりの会社、つまり資本金（＝体）だけがあり、その分の資産しかない状態である。

そしてその人が頑張り始めると、第２段階に入っていく。そうすると頑張った分で少しずつ経験を積み、小さいながらも自信が持ててくるようになる。損益計算書でいうと、努力（＝費用）よりも成果（＝収益）が大きくなり利益が出た状態。そして貸借対照表でいうと、損益計算書で上がった当期純利益の分（＝自信）が貸借対照表の純資産（＝自己資本）に加わり、元手（その人の中身、価値）が少しだけ増える。

さらに、周りのことを思って頑張っていくと、今度は周りがその人を信用し始める。これが第３段階。周りからの信用は、『君に任せた』という言葉とともに、相手の人の資産を預かって、自分が運用することになる。貸借対照表でいうと、他人資本（＝負債）の発生である。そうしてその信託に応え、きっちり運用して返していくと、別の人がそれを見ていて『君は信用できる』と、さらに大きな資産を預けてくれる。つまり貸借対照表でいうと、負債が発生して、借方や貸方の合計額（＝その人が運用できる範囲）が格段に大きくなり、発展してきた状態を示している。このまま他人の信用を大事にして発展しつづけないといけない。

逆に、ちょっとサボって信用に応えない（＝負債を返さない）と周りはそれを敏感に察知し『返さないやつに貸すなんてとんでもない』と、もう二度と資産を預けてくれなくなる。

このときに、また体１つに戻って頑張ればいいが、そうでないと倒産、破滅ということになる。

信用は何よりも大事にしなければいけない。

これが、私の知人が教えてくれた「人間貸借対照表論」です。

Chapter13

本支店会計

本支店会計の全体像

		重要度
Section 0	１級合格のための２級の基礎知識	★★★☆☆
Section 1	支店間取引	★★★☆☆
Section 2	合併財務諸表の作成	★★★★★
Section 3	精算表の作成	★★★★★
Section 4	帳簿の締切り	★☆☆☆☆

ココがPOINT!!

会社が大きくなると

会社の規模が大きくなると、支店を開設することになります。せっかく支店を開設したら、支店の取引を本店で全部吸い上げて処理するのではなく、支店にも帳簿を設けて担当者を置き、別に経理を行うと、支店独自の業績の把握が可能となります。そして支店では「これだけ頑張った」と評価してもらうことができるので、モチベーションが上がりますね。このように、本店と支店の会計を別個に行う場合について考えます。

Section 0 重要度 ★★★☆☆

1級合格のための2級の基礎知識

重要ポイント

支店勘定、本店勘定

…本店に支店勘定、支店に本店勘定を設け、本支店間の取引の窓口とする
（支店勘定：資産のイメージ　本店勘定：負債・純資産のイメージ）

財務諸表の作成…本店勘定と支店勘定を相殺消去する

1 本支店会計

●本支店会計の取引

本店勘定と支店勘定は本店と支店を結びつける、いわばその窓口となる勘定であり、本支店間の取引は、常にこの勘定を用いて処理されます。したがって本店勘定と支店勘定の残高は貸借逆で一致することになります。

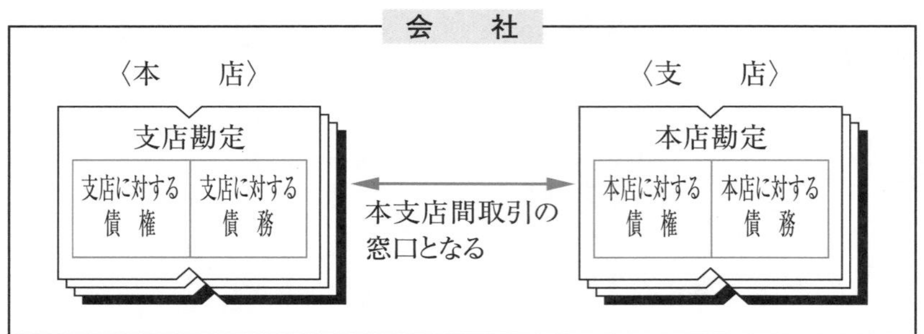

本店と支店との間で行われた取引について、本店は支店勘定、支店は本店勘定を用いて処理します。

例0-1

①支店は本店へ現金 ¥50,000 を送金し、本店はこれを受け取った。
②本店は支店へ商品（原価 ¥40,000）を発送し、支店はこれを受け取った。

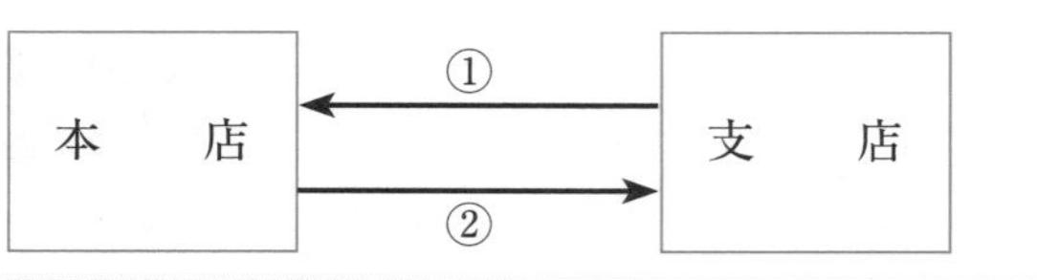

＜本店側＞

①(借)現	金	50,000	(貸)支	店	50,000
②(借)支	店	40,000	(貸)仕	入	40,000

＜支店側＞

①(借)本	店	50,000	(貸)現	金	50,000
②(借)仕	入	40,000	(貸)本	店	40,000

Section 1
重要度 ★★★☆☆

支店間取引

はじめに

会社の売上も上がり、支店を増やすことにしました。ここで支店同士の取引をどう処理するかという問題が出てきました。本店の経理責任者であるあなたは、支店同士の取引も把握しておきたいと考えました。
ただし、実物を本店で受け取ってから支店に送るとなると余計に費用がかかる。そこで、実際の物のやりとりは支店同士で行い、帳簿上、本店でも支店間の取引を把握できる方法はないかと考えました。

1 支店間取引

複数の支店があり、支店の間で取引が行われた場合の記帳方法には、(1)**支店分散計算制度**と(2)**本店集中計算制度**の2つがあります[01]。

(1)支店分散計算制度

支店分散計算制度では、それぞれの支店が各支店勘定[02]を設けて仕訳を行います。

01)全経1級の試験では、本支店間の取引だけでなく支店間取引も出題されるので確認していきましょう。

02)支店分散計算制度では、支店の数だけ「○○支店」という勘定を本店とすべての支店が設けることになります。

例1-1
神戸支店は、札幌支店に現金￥50,000を送付した。

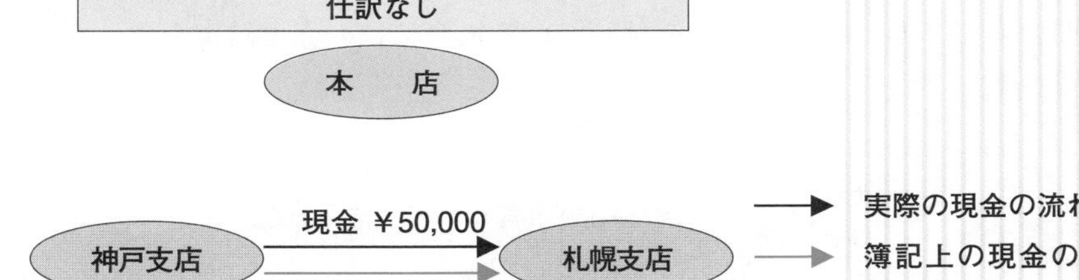

（借）札幌支店 50,000（貸）現　　金 50,000

（借）現　　金 50,000（貸）神戸支店 50,000

例1-2
神戸商店は、札幌支店に商品（原価￥40,000[03]）を￥50,000で販売した。

支店間の取引であっても、利益を付している場合には、売上勘定を用いて処理します。

03)原価￥40,000で仕訳をする場合は、神戸支店は売上（収益）の増加ではなく、仕入（費用）の減少で処理することになります。
神戸支店の仕訳
(借)札幌支店　40,000
　(貸)仕　　入　40,000
札幌支店の仕訳
(借)仕　　入　40,000
　(貸)神戸支店　40,000

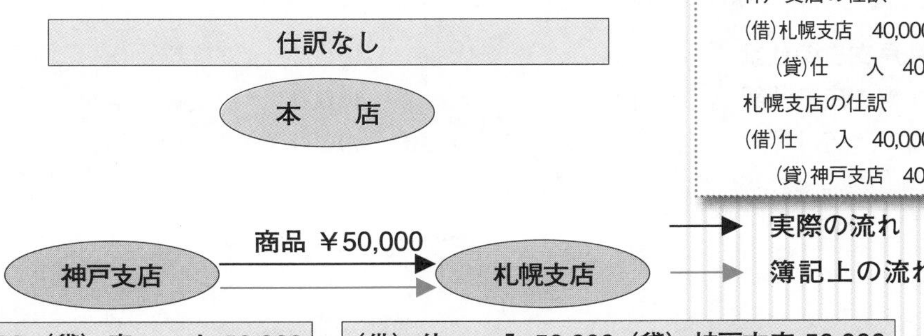

（借）札幌支店 50,000（貸）売　　上 50,000

（借）仕　　入 50,000（貸）神戸支店 50,000

⑵本店集中計算制度

本店集中計算制度では、支店間で行われたすべての取引が、いったん本店をとおして行われたかのように考えて仕訳を行います。

例1-3

神戸支店は、札幌支店に現金￥50,000を送付した。

このような取引の場合、本店集中計算制度では①神戸支店は本店に対して現金を送付し、②本店はその現金を札幌支店に送付したと考えます。

本店の仕訳は、以下の２つの仕訳を相殺したと考えることができます。
（借）現　　金 50,000
　　（貸）神戸支店 50,000
（借）札幌支店 50,000
　　（貸）現　　金 50,000

04）本店の仕訳に出てくる各支店勘定と、各支店の仕訳に出てくる本店勘定は、必ず貸借が逆になります。

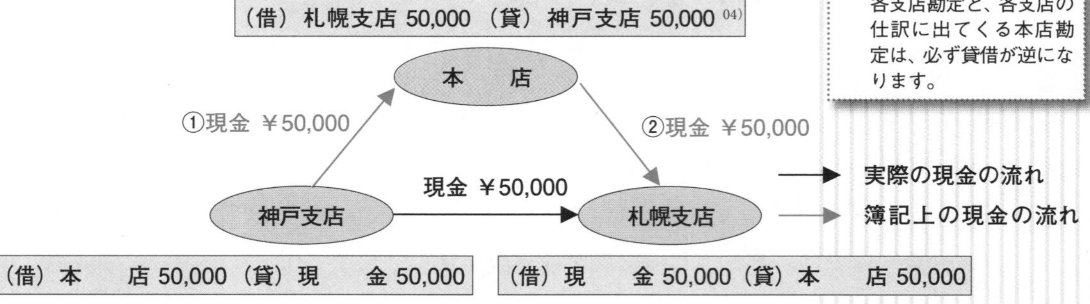

例1-4

神戸商店は、札幌支店に商品（原価￥40,000）を￥50,000で販売した。

支店間の取引であっても、利益を付している場合には、売上勘定を用いて処理します。

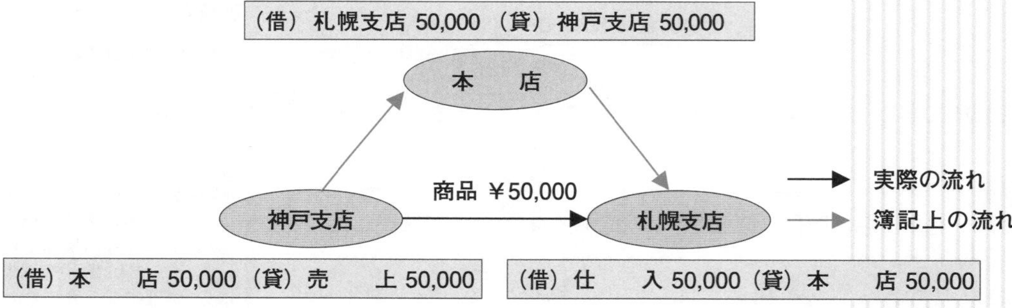

例1-4の取引を原価(￥40,000)で処理した場合は、次のようになります。

神戸支店の仕訳	（借）本　　店	40,000	（貸）仕　　入	40,000
札幌支店の仕訳	（借）仕　　入	40,000	（貸）本　　店	40,000
本　店の仕訳	（借）札幌支店（債権）	40,000	（貸）神戸支店（債務）	40,000

支店間取引

次の支店間取引について、⑴支店分散計算制度、⑵本店集中計算制度を採用している場合の本店および各支店の仕訳をそれぞれ示しなさい。なお、仕訳が不要の場合は、借方科目欄に「仕訳なし」と記入すること。

① 神戸支店は、札幌支店に商品(原価¥10,000)を発送し、札幌支店はこれを受取った。
② 札幌支店は、神戸支店の買掛金¥6,000を現金で立て替え払いした。

⑴支店分散計算制度の場合

①	本店：(借)		(貸)
	神戸支店：(借)		(貸)
	札幌支店：(借)		(貸)
②	本店：(借)		(貸)
	神戸支店：(借)		(貸)
	札幌支店：(借)		(貸)

⑵本店集中計算制度の場合

①	本店：(借)		(貸)
	神戸支店：(借)		(貸)
	札幌支店：(借)		(貸)
②	本店：(借)		(貸)
	神戸支店：(借)		(貸)
	札幌支店：(借)		(貸)

⑴支店分散計算制度の場合

		借方科目	金額		貸方科目	金額
①	本店：(借)	仕訳なし		(貸)		
	神戸支店：(借)	札幌支店	10,000	(貸)	仕入	10,000
	札幌支店：(借)	仕入	10,000	(貸)	神戸支店	10,000
②	本店：(借)	仕訳なし		(貸)		
	神戸支店：(借)	買掛金	6,000	(貸)	札幌支店	6,000
	札幌支店：(借)	神戸支店	6,000	(貸)	現金	6,000

⑵本店集中計算制度の場合

		借方科目	金額		貸方科目	金額
①	本店：(借)	札幌支店	10,000	(貸)	神戸支店	10,000
	神戸支店：(借)	本店	10,000	(貸)	仕入	10,000
	札幌支店：(借)	仕入	10,000	(貸)	本店	10,000
②	本店：(借)	神戸支店	6,000	(貸)	札幌支店	6,000
	神戸支店：(借)	買掛金	6,000	(貸)	本店	6,000
	札幌支店：(借)	本店	6,000	(貸)	現金	6,000

Section 1のまとめ

■支 店 間 取 引　横浜支店は大宮支店の買掛金 ¥80,000を当座預金で立替払いした。

①支店分散計算制度

横浜支店の仕訳：	(借)大宮支店	80,000	(貸)当座預金	80,000
大宮支店の仕訳：	(借)買掛金	80,000	(貸)横浜支店	80,000
本店の仕訳：	仕訳なし			

②本店集中計算制度

横浜支店の仕訳：	(借)本店	80,000	(貸)当座預金	80,000
大宮支店の仕訳：	(借)買掛金	80,000	(貸)本店	80,000
本店の仕訳：	(借)大宮支店	80,000	(貸)横浜支店	80,000

コラム　試験は甲子園でもなければオリンピックでもない

甲子園の高校野球を見ていると意外な学校が１回戦、２回戦と勝ち上がっていくにつれて実力をつけて強くなり、最後には優勝してしまう。つまり実力以上のものが出て勝ってしまう、などということが起こるといわれています。しかし試験ではそんなことは起こりえません。

「知らないところが試験会場で急にわかるようになる」なんてことに期待するのは愚かです。また、70 点以上をとれば誰でもが合格できる試験なのですから、オリンピックのように参加者の中に、一人の天才がいるとあとの人は、どんな努力をしても勝ちようがない、といったものでもありません。

したがって、実力以上のものを望むことは逆にミスにつながるし、またそうでないと勝てないオリンピックではない、と思うのです。

実力以上は望まず、実力がそのまま出せるようにと、それだけを望む。

こんな姿勢が一番合格に近い心の姿勢だと思います。これでいきましょう。

Section 2 合併財務諸表の作成

重要度 ★★★★★

はじめに

決算にあたり、支店の残高試算表を取り寄せて確認したところ、支店勘定と本店勘定の残高がズレていました。そこで、顧問税理士のK氏に相談したところ、「どちらか一方で処理済みで、片方が未処理の取引はないですか？あと残高が一致しても、会社内部の勘定なので財務諸表には載せないでください。」とのこと。そこで支店の経理担当者に問い合わせてみることにしました。

1 合併財務諸表とは

支店に独立会計制度を採用しているといっても、単に会社内部の会計制度であって、会社は、本店、支店を一体として存在しています。**したがって、会社は会社全体としての財務諸表を作成し、公表することになります。これを**本支店合併財務諸表といい、この財務諸表には本店勘定、支店勘定といった科目は記載されません。

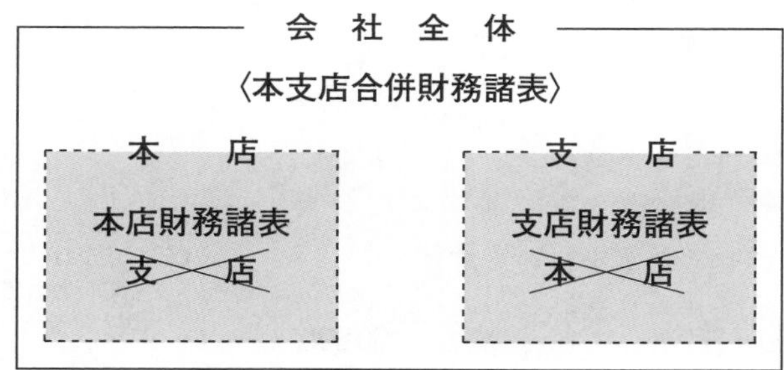

2 合併財務諸表の作成手順

合併財務諸表は、次の手順で作成されます。

合併財務諸表の作成では、(1)**未達取引の整理**、(2)**決算整理**、(3)**内部取引の相殺**、に注意してください。

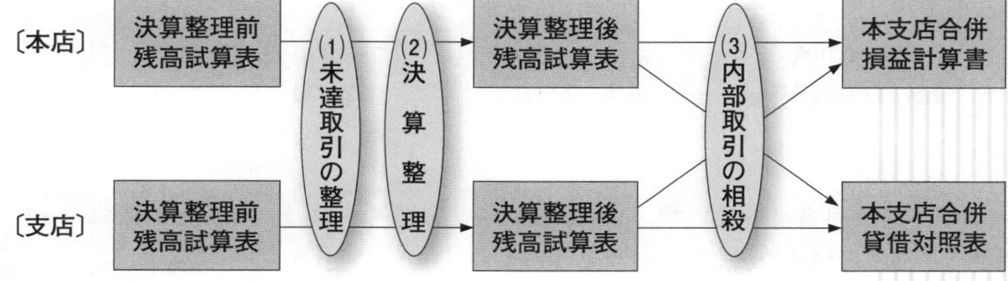

(1)未達取引の整理

本店勘定と支店勘定は本来、その残高が貸借逆で必ず一致するものです。しかし、内部取引のうちで、どちらか一方が処理していて、他方が処理をしていない場合には一致しません。このように、**本店勘定と支店勘定の残高の不一致の原因となっている取引を未達取引[01]といいます。**

そして、この**未達取引**は、**未達側で仕訳を行います。**

なお、本店勘定と支店勘定の**残高**は、**未達取引の処理が終了した時点で必ず一致します。**

01)受取り側に取引や連絡が未達のため、一方が処理済み、他方が未処理の状態です。

本支店とも未処理の状態に"戻す"とは考えず、未処理の側にモノや連絡が"届いた"と考えます。

例2-1

本店勘定と支店勘定が不一致であったため、調査したところ次の事実が判明した。なお、この時点の各勘定の残高は、次のとおりであった。

＜本　店＞　支　店　￥210,000（借方）

＜支　店＞　本　店　￥228,000（貸方）

未達事項：

①本店は支店に商品 ￥22,000を送付したが支店に未達。
②本店は支店の売掛金 ￥50,000を現金で回収したが、その連絡が支店に未達。
③支店は本店に現金 ￥10,000を送金したが、本店に未達。

①未処理である**支店**が仕訳を行います。

支店：(借) 仕　入 22,000 (貸) 本　店 22,000

②未処理である**支店**が売掛金を減少させる仕訳を行います[02]。

支店：(借) 本　店 50,000 (貸) 売　掛　金 50,000

02)本店では、次の仕訳がすでに行われています。
(現　金) 50,000
(支　店) 50,000

③未処理である**本店**が仕訳を行います。

本店：(借) 現　金 10,000 (貸) 支　店 10,000

勘定科目の動きを示すと、次のようになります。

〈本　店〉 **支　店**

210,000	③ 10,000
	残高 200,000

←一致→

〈支　店〉 **本　店**

② 50,000	228,000
残高 200,000	① 22,000

(2)決算整理

売上原価の算定、貸倒引当金の設定[03]、減価償却、有価証券の評価、経過勘定の処理等、通常の決算整理と同じ処理を行います。

ただし、本店や支店ごとに算定しなければならないことがあるので注意してください。

03)未達取引に売掛金の回収があると、貸倒引当金の額に影響するので注意しましょう。

(3)内部取引の相殺

本店・支店間の内部取引を行うことによって、計上されてきた支店勘定と本店勘定は相殺されます[04]。その結果、損益計算書や貸借対照表に記載されることはありません。

04)未達事項の整理が終わっているため、残高は一致しています。

(借)本　店	200,000	(貸)支　店	200,000

合併財務諸表の作成①

次の資料にもとづき、下記の問に答えなさい。

〔資料Ⅰ〕残高試算表(一部)

残　高　試　算　表　(単位：円)

借　方	本　店	支　店	貸　方	本　店	支　店
⋮			⋮		
受取手形	225,000	176,000	本　店	—	520,000
売掛金	573,000	391,000	貸倒引当金	7,000	5,000
支　店	632,000	—			

〔資料Ⅱ〕未達事項

(1) 本店より支店へ発送した商品 ¥66,000が、支店に未達である。
(2) 支店で本店の売掛金 ¥30,000を回収したが、本店に未達である。
(3) 支店から本店へ現金 ¥41,000を送金したが、本店に未達である。
(4) 支店で本店の営業費 ¥9,000を支払ったが、本店に未達である。
(5) 本店で支店負担分の利息 ¥26,000を支払ったが、支店に未達である。

〔資料Ⅲ〕決算整理事項

受取手形と売掛金の期末実際有高に対して、それぞれ2％の貸倒引当金を設定する(差額補充法による)。

問1　未達事項の仕訳を示しなさい。
問2　支店勘定、本店勘定の記入を行いなさい。相手科目と金額を記入すること。
問3　貸倒引当金繰入の金額を求めなさい。

問2

支　店

諸　口 632,000	

本　店

	諸　口 520,000

問１

(1)	(借) 仕　　入	*66,000*	(貸) 本　　店	*66,000*
(2)	(借) 支　　店	*30,000*	(貸) 売 掛 金	*30,000*
(3)	(借) 現　　金	*41,000*	(貸) 支　　店	*41,000*
(4)	(借) 営 業 費	*9,000*	(貸) 支　　店	*9,000*
(5)	(借) 支払利息	*26,000*	(貸) 本　　店	*26,000*

問２

支　店

諸　　口	632,000	現　　金	*41,000*
売 掛 金	*30,000*	営 業 費	*9,000*

本　店

		諸　　口	520,000
		仕　　入	*66,000*
		支払利息	*26,000*

問３

¥ *14,700*

(¥225,000 + ¥176,000 + ¥573,000 + ¥391,000 − ¥30,000) × 2％ = ¥26,700
（受取手形：¥225,000 + ¥176,000、売掛金：¥573,000 + ¥391,000 − ¥30,000）

¥26,700 − (¥7,000 + ¥5,000) = ¥14,700

合併財務諸表の作成②

以下の資料にもとづき、損益計算書を作成しなさい。

〔資料Ⅰ〕残高試算表の金額

	＜本　店＞	＜支　店＞
繰越商品	¥ 370,000	¥ 130,000
仕　　入	¥1,580,000	¥ 720,000
本　　店	——	¥1,150,000
売　　上	¥2,700,000	¥1,300,000
支　　店	¥1,282,000	——

〔資料Ⅱ〕未達事項

本店から支店へ商品 ¥132,000 を発送したが、支店に未達である。

〔資料Ⅲ〕期末整理事項

商品の棚卸高は、以下のとおりである（未達分は含んでいない）。

	期首棚卸高	期末棚卸高
本　　店	¥370,000	¥420,000
支　　店	¥130,000	¥180,000

損益計算書 (単位：円)

費用	金額	収益	金額
期首商品棚卸高	(　　)	売上高	(　　)
当期商品仕入高	(　　)	期末商品棚卸高	(　　)
売上総利益	(　　)		
	(　　)		(　　)

損益計算書 (単位：円)

費用	金額	収益	金額
期首商品棚卸高	(500,000)	売上高	(4,000,000)
当期商品仕入高	(2,432,000)	期末商品棚卸高	(732,000)
売上総利益	(1,800,000)		
	(4,732,000)		(4,732,000)

売上高：¥2,700,000 + ¥1,300,000 = ¥4,000,000
期首商品棚卸高：¥370,000 + ¥130,000 = ¥500,000
当期商品仕入高：¥1,580,000 + ¥720,000 + ¥132,000（未達分） = ¥2,432,000
期末商品棚卸高：¥420,000 + ¥180,000 + ¥132,000（未達分） = ¥732,000

Section 2のまとめ

■未達取引　未達取引とは、本支店間または支店間の取引のうち、連絡が遅れて一方で処理されていないために、本店勘定および支店勘定の残高が一致しない原因となる取引をいいます。そこで、決算日における未達取引を、連絡があったものとみなして未達側が処理することにより、本店勘定と支店勘定の残高を一致させます。

①支店で本店の営業費 ¥8,000を立替払いしたが、本店に未達である。

本店：(借) 営業費 8,000 (貸) 支店 8,000

②本店より支店に商品 ¥60,000を発送したが、支店に未達である。

支店：(借) 仕入 60,000 (貸) 本店 60,000

■内部取引の相殺　③本店勘定と支店勘定を相殺する。このときの残高は¥150,000で一致している。

(借) 本店 150,000 (貸) 支店 150,000

Section
3
重要度
★★★★★

精算表の作成

はじめに

本店に設けてある支店勘定と支店に設けた本店勘定を相殺するには、
どの帳簿に記入すればいいのでしょうか。
そこで用いるのが精算表です。

1 内部取引の相殺

本店勘定と支店勘定[01]**は**、本支店間の内部取引を便宜的に処理するために用いられる照合勘定であるため、**合併財務諸表には記載されません**。したがって、**合併財務諸表の作成上、これを**相殺消去します[01]。

01)本店と支店をひとまとめにして考えると、支店勘定と本店勘定は単なる内部での資産の移動と考えることができます。そこで、支店勘定と本店勘定を相殺するのです。

例3-1

以下の未達事項整理済の各勘定の残高にもとづき、照合勘定を相殺消去する。

（本店）支店

借方	貸方
200,000	

（支店）本店

借方	貸方
	200,000

(借)本　　店	200,000	(貸)支　　店	200,000

2 合併財務諸表の作成手順

本店勘定と支店勘定の相殺を行うことができるのは、本支店の合併財務諸表を作成するさいに精算表を作成することが前提となっています。以下の例で確認していきましょう。

(1)未達事項と決算整理

例3-2

以下の資料にもとづいて、精算表を作成する。なお、売上原価の算定は売上原価の行で行うものとする。

〔資料1〕未達事項
- 本店から支店への商品の発送高　¥1,000
- 支店が現金で受け取った本店の売掛金　¥3,000

〔資料2〕
- 期末商品棚卸高：本店 ¥5,000　支店 ¥3,000（未達分を含まない）
- 売掛金残高に対して、差額補充法により2％の貸倒引当金を計上する。
- 備品の減価償却費：本店 ¥3,500　支店 ¥1,500

計算にあたって、必要なデータについては次ページの精算表の本店・支店の残高試算表欄を参照してください。

〔本店の処理〕				〔支店の処理〕			
〈未達取引の整理〉							
②(借)支店	3,000	(貸)売掛金	3,000	①(借)仕入	1,000	(貸)本店	1,000
〈決算整理〉							
❶(借)売上原価	4,000	(貸)繰越商品	4,000	❶ ――――			
❷(借)売上原価	150,000	(貸)仕入	150,000	❷(借)売上原価	65,000 02)	(貸)仕入	65,000
❸(借)繰越商品	5,000	(貸)売上原価	5,000	❸(借)繰越商品	4,000 03)	(貸)売上原価	4,000
❹(借)貸倒引当金繰入	200	(貸)貸倒引当金	200	❹(借)貸倒引当金繰入	100	(貸)貸倒引当金	100
(¥23,000－¥3,000)×2％－¥200＝¥200				¥10,000×2％－¥100＝¥100			
❺(借)減価償却費	3,500	(貸)減価償却累計額	3,500	❺(借)減価償却費	1,500	(貸)減価償却累計額	1,500

〈内部取引の相殺〉

★(借)本店 50,000 (貸)支店 50,000

02) ¥64,000＋¥1,000（未達分）
＝¥65,000

03) ¥3,000＋¥1,000（未達分）
＝¥4,000

(2)精算表の作成

精算表を作成すると、次のようになります。

精算表

勘定科目	本店試算表		支店試算表		修正記入		損益計算書		貸借対照表	
	借方	貸方	借方	貸方	借方	貸方	借方	貸方	借方	貸方
現金	89,000		40,000						129,000	
売掛金	23,000		10,000			② 3,000			30,000	
貸倒引当金		200		100		❹ 300				600
繰越商品	4,000		0		❸ 9,000	❶ 4,000			9,000	
支店	47,000		――		② 3,000	★ 50,000				
備品	22,000		10,000						32,000	
減価償却累計額		4,500		2,500		❺ 5,000				12,000
買掛金		20,300		8,400						28,700
本店		――		49,000	★ 50,000	① 1,000				
資本金		100,000		――						100,000
繰越利益剰余金		20,000		――						20,000
売上		225,000		80,000				305,000		
仕入	150,000		64,000		① 1,000	❷ 215,000				
給料	20,000		10,000				30,000			
支払家賃	10,000		4,000				14,000			
雑費	5,000		2,000				7,000			
	370,000	370,000	140,000	140,000						
売上原価					❶ 4,000	❸ 9,000	210,000			
					❷ 215,000					
貸倒引当金繰入					❹ 300		300			
減価償却費					❺ 5,000		5,000			
当期純利益							38,700			38,700
					287,300	287,300	305,000	305,000	200,000	200,000

★本店勘定と支店勘定の相殺といった内部取引の相殺の処理が、精算表上で行われ、損益計算書や貸借対照表が作成されている点を確認しておきましょう。

⑶財務諸表の作成

貸借対照表や損益計算書(勘定式・２区分損益計算書)を作成すると、次のようになります。

貸借対照表

全経商事株式会社　　×年×月×日　　(単位：円)

資　　産		金　額	負債および純資産	金　額
現　　金		129,000	買　掛　金	28,700
売　掛　金	(30,000)		資　本　金	100,000
貸倒引当金	(　600)	29,400	繰越利益剰余金	58,700
商　　品		9,000		
備　　品	(32,000)			
減価償却累計額	(12,000)	20,000		
		187,400		187,400

損益計算書

全経商事株式会社　　○年○月○日～×年×月×日　　(単位：円)

費　　用	金　額	収　　益	金　額
期首商品棚卸高	4,000	売　上　高	305,000
当期商品仕入高	215,000	期末商品棚卸高	9,000
売上総利益	95,000		
	314,000		314,000
給　　料	30,000	売上総利益	95,000
減価償却費	5,000		
貸倒引当金繰入	300		
支払家賃	14,000		
雑　　費	7,000		
当期純利益	38,700		
	95,000		95,000

精算表の作成

埼玉商店(個人企業、会計期間は１月１日から12月31日までの１年間)の以下の⑴未達事項と⑵決算整理事項、ならびに解答用紙の精算表の各試算表欄をもとに、精算表を作成しなさい。なお、売上原価の算定は仕入の行で行うものとする。

⑴　未達事項

①　本店で回収した支店の売掛金　　¥10,000

②　本店から支店に送付した商品(原価)　¥13,000

③　支店から本店に送付した現金　　¥　5,000

(2) 決算整理事項

① 期末商品棚卸高　本店 ¥ 32,500
　支店 ¥ 21,000（未達商品は含まれていない）

② 売掛金の期末残高について３％の貸倒れを見積もる。差額補充法により処理する。

③ 備品について、本支店とも定額法により減価償却を行う。
　残存価額　取得原価の10%　耐用年数　５年

④ 保険料の前払高　本店 ¥ 3,000　支店 ¥ 1,500

⑤ 家賃の未払高　本店 ¥ 6,000　支店 ¥ 4,000

⑥ 手数料の未収高　本店 ¥ 700　支店 ¥ 400

精　算　表

（単位：円）

勘定科目	本店試算表		支店試算表		修正記入		損益計算書		貸借対照表	
	借方	貸方	借方	貸方	借方	貸方	借方	貸方	借方	貸方
現金	297,000		51,200							
売掛金	115,300		94,700							
貸倒引当金		3,000		1,000						
繰越商品	37,500		21,500							
支店	114,300		—							
備品	50,000		30,000							
備品減価償却累計額		18,000		10,800						
支払手形		67,200		24,600						
買掛金		98,700		33,400						
借入金		50,000		10,000						
本店		—		106,300						
資本金		300,000								
売上		438,000		313,800						
受取手数料		2,200		1,200						
仕入	272,500		252,200							
給料	40,000		20,000							
支払家賃	22,500		12,500							
保険料	12,000		9,000							
広告費	16,000		10,000							
	977,100	977,100	501,100	501,100						
貸倒引当金繰入										
減価償却費										
前払保険料										
未払家賃										
未収手数料										
当期純利益										

精　算　表

（単位：円）

勘定科目	本店試算表		支店試算表		修正記入		損益計算書		貸借対照表	
	借方	貸方	借方	貸方	借方	貸方	借方	貸方	借方	貸方
現金	297,000		51,200		5,000				353,200	
売掛金	115,300		94,700			10,000			200,000	
貸倒引当金		3,000		1,000		2,000				6,000
繰越商品	37,500		21,500		66,500	59,000			66,500	
支店	114,300		—			5,000				
						109,300				
備品	50,000		30,000						80,000	
備品減価償却累計額		18,000		10,800		14,400				43,200
支払手形		67,200		24,600						91,800
買掛金		98,700		33,400						132,100
借入金		50,000		10,000						60,000
本店		—		106,300	10,000	13,000				
					109,300					
資本金		300,000								300,000
売上		438,000		313,800				751,800		
受取手数料		2,200		1,200		1,100		4,500		
仕入	272,500		252,200		13,000	66,500	530,200			
					59,000					
給料	40,000		20,000				60,000			
支払家賃	22,500		12,500		10,000		45,000			
保険料	12,000		9,000			4,500	16,500			
広告費	16,000		10,000				26,000			
	977,100	977,100	501,100	501,100						
貸倒引当金繰入					2,000		2,000			
減価償却費					14,400		14,400			
前払保険料					4,500				4,500	
未払家賃						10,000				10,000
未収手数料					1,100				1,100	
当期純利益							62,200			62,200
					294,800	294,800	756,300	756,300	705,300	705,300

本店と支店の数値を合算して仕訳を行っても問題ありません。

(1) 未達取引の整理

＜本　　店＞　　＜支　　店＞

①売掛金回収未達

＜本店＞	＜支店＞
(借)　仕訳なし　(貸)	(借)本　店 10,000 (貸)売　掛　金 10,000

②商品発送未達

＜本店＞	＜支店＞
(借)　仕訳なし　(貸)	(借)仕　入 13,000 (貸)本　店 13,000

③現金送金未達

＜本店＞	＜支店＞
(借)現　金 5,000 (貸)支　店 5,000	(借)　仕訳なし　(貸)

(2) 決算整理

＜本　　店＞　　＜支　　店＞

①売上原価の算定

＜本店＞	＜支店＞
(借)仕　入 37,500 (貸)繰越商品 37,500	(借)仕　入 21,500 (貸)繰越商品 21,500
(借)繰越商品 32,500 (貸)仕　入 32,500	(借)繰越商品 34,000 (貸)仕　入 34,000
	{¥21,000 + ¥13,000(未達分)} = ¥34,000

②貸倒引当金の設定

＜本店＞	＜支店＞
(借)貸倒引当金繰入 459 (貸)貸倒引当金 459	(借)貸倒引当金繰入 1,541 (貸)貸倒引当金 1,541
¥115,300 × 3 % − ¥3,000 = ¥459	(¥94,700 − ¥10,000) × 3 % − ¥1,000 = ¥1,541

③固定資産の減価償却

＜本店＞	＜支店＞
(借)減価償却費 9,000 (貸)備品減価償却累計額 9,000	(借)減価償却費 5,400 (貸)備品減価償却累計額 5,400
(¥50,000 − ¥50,000 × 10%) ÷ 5年 = ¥9,000	(¥30,000 − ¥30,000 × 10%) ÷ 5年 = ¥5,400

④保険料の繰延べ

＜本店＞	＜支店＞
(借)前払保険料 3,000 (貸)保　険　料 3,000	(借)前払保険料 1,500 (貸)保　険　料 1,500

⑤支払家賃の見越し

＜本店＞	＜支店＞
(借)支払家賃 6,000 (貸)未払家賃 6,000	(借)支払家賃 4,000 (貸)未払家賃 4,000

⑥受取手数料の見越し

＜本店＞	＜支店＞
(借)未収手数料 700 (貸)受取手数料 700	(借)未収手数料 400 (貸)受取手数料 400

(3) 内部取引の相殺

(借)本　店 109,300 (貸)支　店 109,300

Section 3のまとめ

未達事項整理後の支店勘定の残高と本店勘定の残高とは必ず一致します。

また、支店勘定と本店勘定は、企業内部の取引を示すもので、財務諸表(損益計算書、貸借対照表)に記載されるものではないため、精算表上で以下の処理をして相殺消去します。

(借)本　店　×××	(貸)支　店　×××

帳簿の締切り

はじめに

あなたは不思議なことに気がついてしまいました。これまでは精算表上で「本店勘定と支店勘定の相殺」をやってきたのですが、帳簿上、本店に設けてある支店勘定と支店に設けた本店勘定を相殺するには、どうすればいいのだろうか、と…。「本店で貸方だけ記帳して、支店では借方だけ…」というわけにはいかないし…。
また、本支店会計において帳簿の締切りはどのようにして行われるのでしょうか。

1 帳簿の締切りの手順

本支店会計を採用する目的として「支店が独自に経営成績を把握できるようにすること」があげられていました。

したがって帳簿上、**本店は本店、支店は支店としての損益がわかる**ようにしなければなりません[01]。しかし一方では、企業外部の利害関係者に公表する**純利益は、本支店の合計**の利益でなければなりません。

01) 本支店の合併財務諸表では、それぞれの経営成績はわかりません。

そこで、次の手順で帳簿を締め切り、本店・支店の純利益を明確にし、かつ本支店の合計の利益を表します。

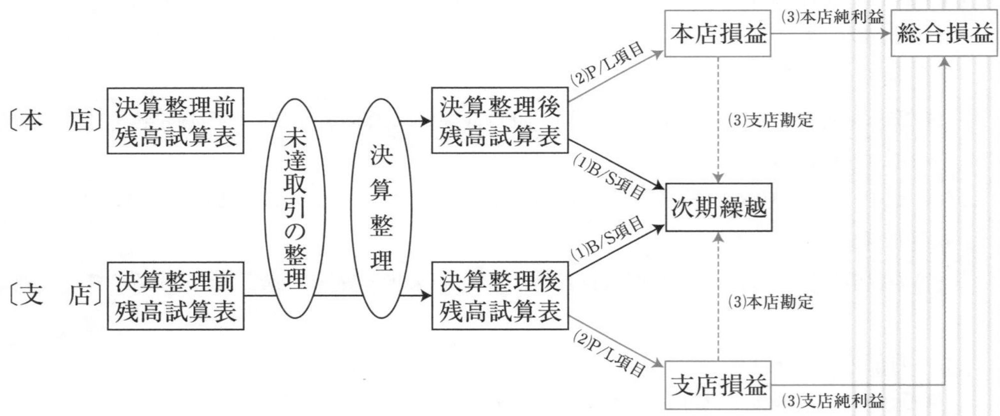

▶ 支店勘定と本店勘定、実は相殺されない !? ◀

〔本　店〕と〔支　店〕の決算整理後残高試算表をよーく見てください。

相殺してなくなったはずの支店勘定や本店勘定はしっかりとご存命です。成仏できなくて亡霊が……、なんていうことはないですよね(笑)。
実は、支店勘定と本店勘定、帳簿上は相殺されないのです。

帳簿上で相殺することをイメージしてみましょう。
私が〔本店〕にいて、みなさんが〔支店〕にいるとしましょう。

本店にいる私が、支店にいるみなさんに電話して、「今から支店勘定と本店勘定を相殺したいので、うちは支店勘定の貸方にだけ記帳しておきますから、そちらでは本店勘定の借方にだけ記帳して置いてください」なーんていう話になると、本店も支店も帳簿残高の貸借が合わなくなって、これはもう複式簿記ではなくなってしまいますよね。

ですから、そんなことはしないのです。

ならば、どうするのか、というと、フツーに繰り越します。

なんせ、資産や負債の勘定なのですから、フツーに締め切って繰り越します。

では、「あの相殺の仕訳はなんだったのか？」という疑問がわきますよね。

あの相殺の仕訳は、合併財務諸表作成上だからこそ行えた仕訳なのです。

合併財務諸表作成のために１枚の紙の上に、本店の各勘定の残高と支店の各勘定の残高を並べて、だから支店勘定と本店勘定が１枚の紙の上に並び、その紙の上で相殺の仕訳ができ、損益計算書や貸借対照表が作成できたのです。１枚の紙とはこれまで学習した精算表のことです。

このあたりが本支店会計の本質的なところです。

難しいでしょうし、わかっていなくても試験ではあまり問われないところなので問題ないとは思いますが、簿記の面白いところでもあるので、頭の片隅に…。

2 帳簿の締切り

本店と支店の決算整理後残高試算表は、次のとおりです。

〔本　　店〕

決算整理後残高試算表

借方科目	金額	貸方科目	金額
現金	89,000	買掛金	20,300
売掛金	20,000	貸倒引当金	400
繰越商品	5,000	減価償却累計額	8,000
支店	50,000	資本金	100,000
備品	22,000	繰越利益剰余金	20,000
売上原価	149,000	売上	225,000
給料	20,000		
支払家賃	10,000		
雑費	5,000		
貸倒引当金繰入	200		
減価償却費	3,500		
	373,700		373,700

〔支　　店〕

決算整理後残高試算表

借方科目	金額	貸方科目	金額
現金	40,000	買掛金	8,400
売掛金	10,000	貸倒引当金	200
繰越商品	4,000	減価償却累計額	4,000
備品	10,000	本店	50,000
売上原価	61,000	売上	80,000
給料	10,000		
支払家賃	4,000		
雑費	2,000		
貸倒引当金繰入	100		
減価償却費	1,500		
	142,600		142,600

(1)貸借対照表項目の締切り

本店・支店とも貸借対照表項目は、次期繰越と記帳して締め切ります[02)]。

02) 本店では支店勘定、支店では本店勘定はこの段階では締め切りません。なお、英米式決算法を前提としています。

〔本　店〕

現　金

諸　口	89,000	次期繰越	89,000
前期繰越	89,000		

〔支　店〕

現　金

諸　口	40,000	次期繰越	40,000
前期繰越	40,000		

(2)損益計算書項目の締切り

決算にさいし、本店は**本店損益勘定**を設け、支店は**支店損益勘定**を設け、それぞれの損益項目を集計し、純利益を算定します。

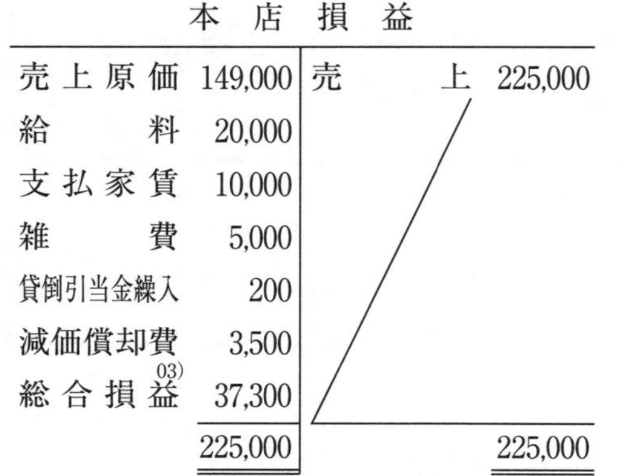

本店損益

売上原価	149,000	売　上	225,000
給　料	20,000		
支払家賃	10,000		
雑　費	5,000		
貸倒引当金繰入	200		
減価償却費	3,500		
総合損益[03)]	37,300		
	225,000		225,000

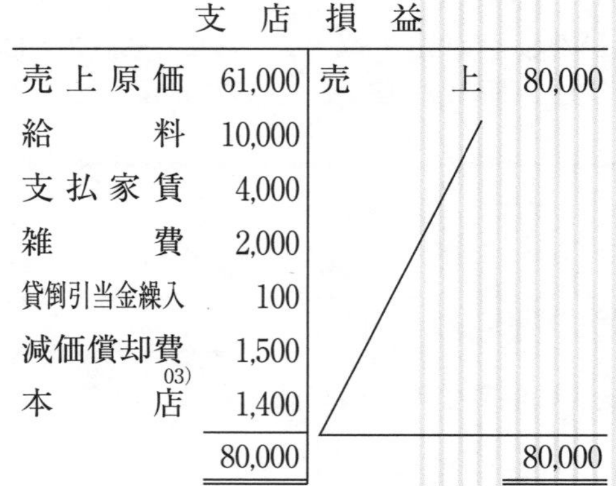

支店損益

売上原価	61,000	売　上	80,000
給　料	10,000		
支払家賃	4,000		
雑　費	2,000		
貸倒引当金繰入	100		
減価償却費	1,500		
本　店[03)]	1,400		
	80,000		80,000

03) この勘定への振替えは次ページで説明します。

本店の純利益は ¥37,300 であったことがわかります。

支店の純利益は ¥1,400 であったことがわかります。

(3)純利益の振替えと本店勘定・支店勘定の締切り

本店損益勘定で算定した**本店純利益**は、本店・支店の**純利益を集めるために設けられた総合損益勘定**に振り替えます[04]。

支店損益勘定で算定した**支店純利益**も、最終的には総合損益勘定に集められますが、直接に振り替えることができない[05]ので、**本店勘定、支店勘定を通じて振り替えます**。

04)総合損益勘定は本店に設けられるので、本店勘定からは直接に振り替えることができます。

05)支店損益勘定と総合損益勘定とでは、設けられる場所が異なるので直接には振り替えられません。

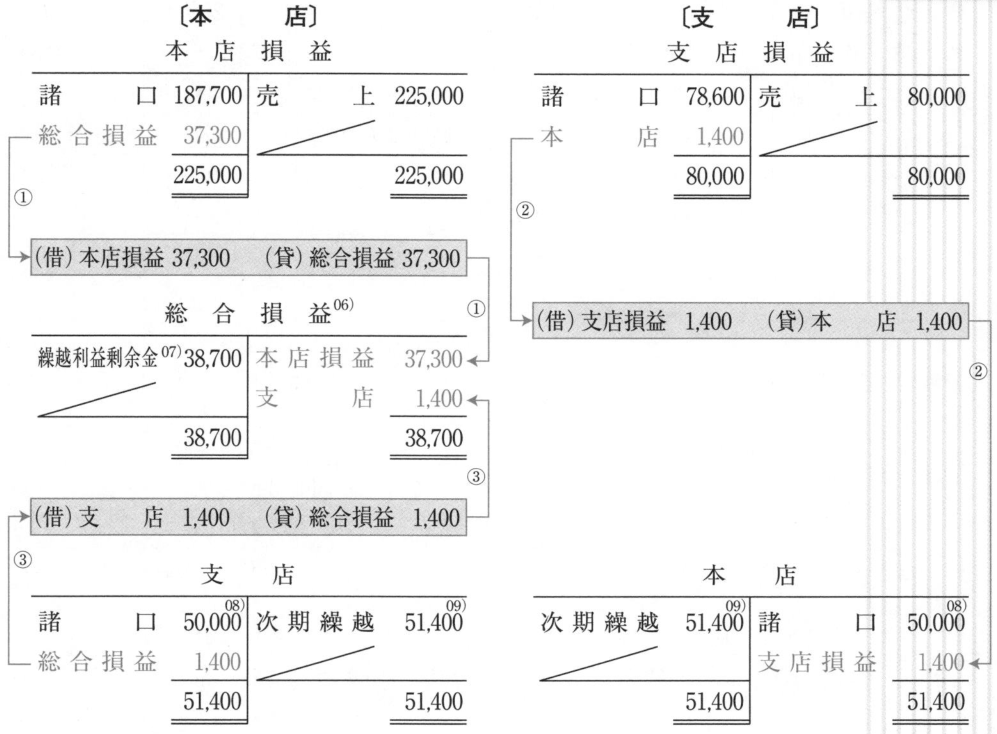

① 本店の純利益を総合損益勘定に振り替えます。

② 支店の純利益は、本店勘定に振り替えます。これによって本店勘定の残高が増加します[10]。

③ ②の本店勘定の増加を受けて、支店勘定を増加させるとともに、支店純利益を総合損益勘定に振り替えます[11]。

本 店 損 益

借方	金額	貸方	金額
諸　　口	187,700	売　　上	225,000
繰越利益剰余金	38,700	支　　店	1,400
	226,400		226,400

06)総合損益勘定そのものの出題の可能性は低いでしょう。

07)最終的な利益は繰越利益剰余金勘定に振り替えられます。なお、この金額が精算表の純利益に一致します。

08)未達取引の整理が終わっていますので、残高は一致しています。

09)本店勘定、支店勘定で次期に繰り越されるのは未達取引整理後の残高に支店の純利益を加算したものになります。

10)支店が純損失を計上している場合には減少します。

11)総合損益勘定を設けずに、本店損益勘定に支店純利益を振り替える方法もあります。

帳簿の締切り

次の資料にもとづき、各勘定の空欄を埋めなさい。

〔資料Ⅰ〕決算整理後残高試算表

決算整理後残高試算表　(単位：千円)

借　方	本　店	支　店	貸　方	本　店	支　店
現金預金	400	200	支払手形	200	40
繰越商品	300	60	本　店	—	100
土　地	500	—	資本金	500	—
支　店	100	—	繰越利益剰余金	220	—
仕　入	320	280	売　上	800	460
営業費	100	60			
	1,720	600		1,720	600

〔資料Ⅱ〕各勘定(単位：千円)

本店損益

借方	金額	貸方	金額
諸　口	420	売　上	800
(　　　)	380		
	800		800

支店損益

借方	金額	貸方	金額
諸　口	340	売　上	460
(　　　)	120		
	460		460

支　店

借方	金額	貸方	金額
諸　口	100	次期繰越	220
(　　　)	120		
	220		220

本　店

借方	金額	貸方	金額
次期繰越	220	諸　口	100
		(　　　)	120
	220		220

総合損益

借方	金額	貸方	金額
繰越利益剰余金	(　　)	本店損益	(　　)
		支　店	(　　)
	(　　)		(　　)

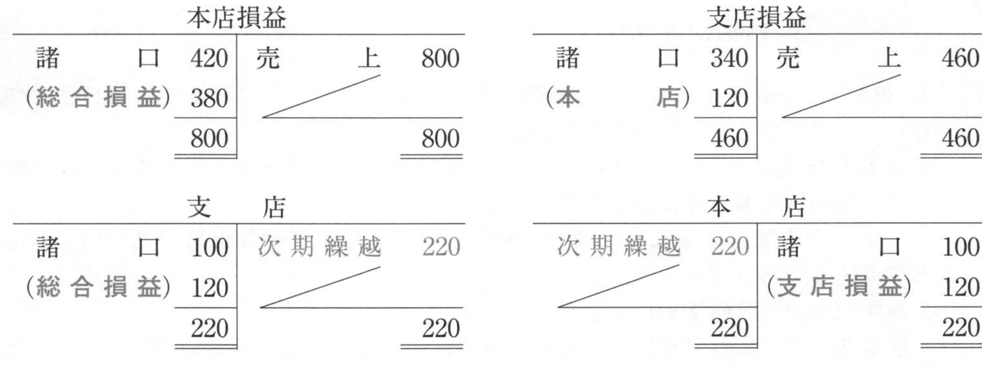

本店損益

借方		貸方	
諸　　口	420	売　　上	800
(総合損益)	380		
	800		800

支店損益

借方		貸方	
諸　　口	340	売　　上	460
(本　　店)	120		
	460		460

支　店

借方		貸方	
諸　　口	100	次期繰越	220
(総合損益)	120		
	220		220

本　店

借方		貸方	
次期繰越	220	諸　　口	100
		(支店損益)	120
	220		220

総合損益

借方		貸方	
繰越利益剰余金	(500)	本店損益	(380)
		支　　店	(120)
	(500)		(500)

解説

① 本店・支店はそれぞれ本店損益勘定・支店損益勘定で純利益を算定します。

(本店)	(借) 売　　上	800	(貸) 本店損益	800
	(借) 本店損益	420	(貸) 諸　　口	420
(支店)	(借) 売　　上	460	(貸) 支店損益	460
	(借) 支店損益	340	(貸) 諸　　口	340

② 本店の純利益は総合損益勘定へ振り替えます。

(本店)	(借) 本店損益	380	(貸) 総合損益	380

③ 支店の純利益は本店勘定へ振り替えます。本店では受け入れた支店純利益を総合損益勘定へ振り替えます。

(支店)	(借) 支店損益	120	(貸) 本　　店	120
(本店)	(借) 支　　店	120	(貸) 総合損益	120

Section 4のまとめ

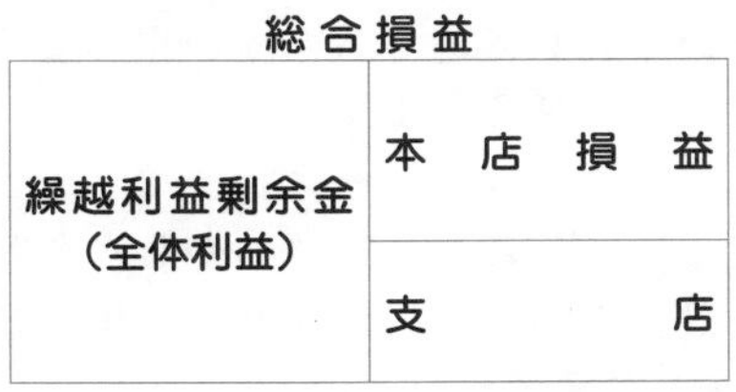

総合損益

借方	貸方
繰越利益剰余金 (全体利益)	本店損益
	支　　店

コラム 合格シミュレーション

本試験の日が近づくにつれて、時間がないと焦っている人、不安で勉強が手につかない人、いろいろな人がいると思います。

残された時間は、みんな一緒です。ここまできたら、自分がやってきたことを信じて残りの時間を有意義に過ごしましょう。

そして、その努力を十二分に試験で発揮できるように、試験当日の注意点を、朝から順を追ってあげておきましょう。

① 試験前の最低３時間前に起きましょう！

起床後、すぐには頭が働きません。本格的に働き出すまで「３時間はかかる」といわれています。

② 朝食は、軽めに採りましょう！

これも頭を回転させるためです。満腹でも空腹でも、頭は働いてくれません。

③ 試験会場に出発です。飲み物とチョコレートを持って！

飲み物は落ち着くため。チョコレートは試験前や、試験の休憩時間中の頭が疲れている時に採るといいですよ。

④ 試験会場には１時間前には着きましょう！

必ず１時間前です。私の経験からいって１時間前がベストです。それ以上だとだらけますし、それ以下だと落ち着きません。

⑤ 試験会場に着いたら席につき、次には必ずトイレに行きましょう！

行きたくても、行きたくなくても行きましょう。試験中に腹痛に襲われたりすると、それだけで試験に集中できずに合格は難しいでしょう。また、鏡の中の自分に向かって“ベストを尽くすぞ！”と、気合いを入れるのもいいでしょう。

＝ここで試験開始まで45分くらいあるはずです＝

⑥ 席につき、試験が始まるまで復習します。

ここでの復習は簡単な基礎問題にしてください。ここで難しい問題を解き、間違ったりしたら、ただただ不安になるだけです。今まで勉強してきたことで、合格レベルに達しています。慌てることはありません。そしてここに１時間前に会場に着く理由があります。また持参する教材は、使っていた簡単な教材１冊で十分です。何冊も持って行く必要はありません。ただ重いだけです。

＝試験官が入ってきます。教材をしまい、注意事項の説明があると思います＝

⑦ 注意事項はあまり気にしない。

特に変わったことをいうことはありませんし、もしあれば、そこは強調されるので、否が応でも耳に入ってきます。ひたすら電卓をたたいて手を慣らす方が得策でしょう。

これで試験に臨む体制は万全です。試験に集中し、持てる力のすべてを試験にぶつけてください。

＝残り時間もあとわずか。試験官の止めの合図が！試験終了です＝

⑧ 速やかに止め…。

「速やかに止める」のはルールですが、ちょっと図々しくなって電卓に出した答えを答案用紙に書き写すくらいは許してもらっちゃいましょう。これが、合否を分けるかも(もちろんあまりやったら怒られますよ)。

以上が実際に私が試験当日に行っていることです。しかし、これが絶対というわけではありません。人ぞれぞれ、自分にあった方法があると思います。緊張せずに試験に挑めるよう、みなさんで工夫してみてください。

Chapter14

連結会計（資本連結）

連結会計（資本連結）の全体像

		重要度
Section 1	連結会計の基礎知識	★★☆☆☆
Section 2	資本連結の基本的処理	★★★★★
Section 3	のれんの処理	★★★★★
Section 4	部分所有子会社の処理	★★★★★

ココがPOINT!!

全体で見よう！

本支店会計では、本店から支店への投資を表す支店勘定と、本店勘定の残高を相殺しました。

連結会計でも親会社から子会社への投資を表す子会社株式（親会社が計上している）勘定と子会社の資本勘定を相殺します。つまり連結グループ全体で見ると、この“投資した”“投資を受けた”は単なる内部の資金移動にすぎず、何もなかったことになるため、相殺するのです。

グループ全体で見るとどう見えるのか、この視点が重要になります。

連結会計の基礎知識

はじめに

世の中には企業グループがたくさんあります。企業グループが、グループとして力を合わせて活動しているのであれば「グループとしての決算書」を見たいと考えるのは当然です。そこでこれまでと異なり、視点を広くとらえ、個々の企業ではなく「活動単位としての企業グループ」に焦点を合わせていくのが連結会計です。
長丁場になりますが、しっかりと知識も連結していきましょう。

1 連結財務諸表の意義・必要性

(1)連結財務諸表の意義

連結財務諸表とは、**支配従属関係**(しはいじゅうぞくかんけい)にある２つ以上の会社からなる企業集団を単一の組織体とみなして、企業集団の財政状態、経営成績、キャッシュ・フローの状況を総合的に報告するために**親会社が作成する**財務諸表をいいます。

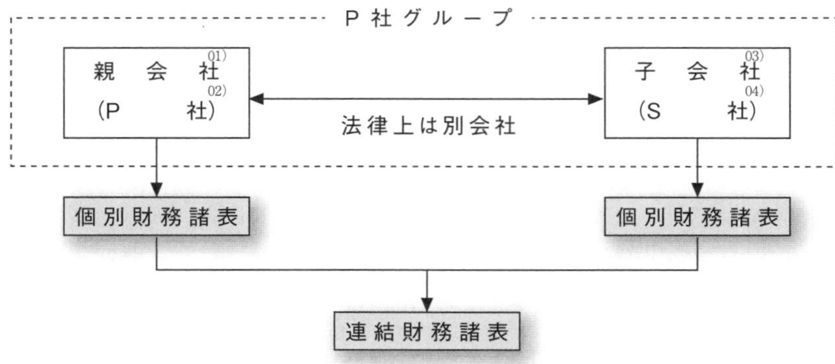

01)親会社とは、他の会社を支配している会社(支配会社)をいいます。

02)親会社を示すさいにParent：親の頭文字をとってＰ社と表すこともあります。

03)子会社とは他の会社に支配されている会社(被支配会社)をいいます。なお、連結会計上は、子会社の子会社(いわゆる孫会社)も、被支配会社として子会社と同様に扱います。

04)子会社を示すさいにSubsidiaries：子会社の頭文字をとってＳ社と表すこともあります。決して、Son（息子)でもSlave（奴隷)でもありません。

(2)連結財務諸表の必要性

決算時に1,000万円の損失を計上すべき親会社が、子会社に3,000万円(原価)の土地を5,000万円(売価)で売却しました。このときの子会社の利益は0円であったとします。

〈個別財務諸表の状態〉

個別財務諸表上、親会社は赤字から黒字に転換しています。しかし、親会社と子会社を１つの企業集団と考えると、土地売買取引は**企業集団内の内部取引**となるため、2,000万円の利益は内部取引から生じた**未実現の利益として消去**されます[05)]。

05)この消去により、連結上の損益は1,000万円の赤字となります。

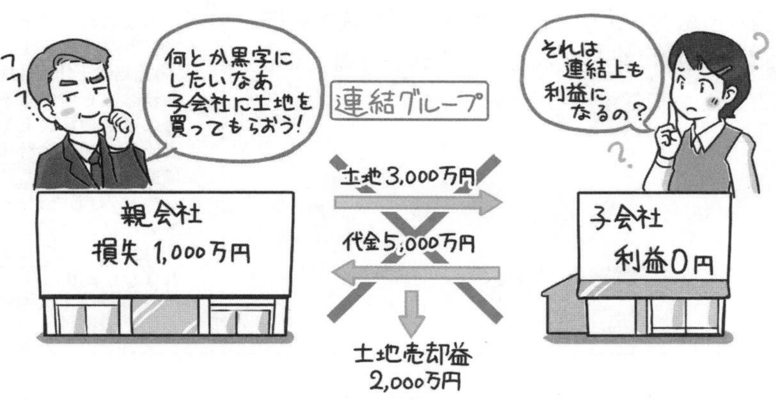

連結財務諸表上は、企業集団としての利益（損失）が計上されます。したがって、子会社を利用した「見せかけ」の利益は消去されるため、企業集団（経済的実体）の実態を明らかにすることができるのです[06]。

06）連結財務諸表が必要とされる理由には、①企業グループ全体の適切な財務情報の提供と、②利益操作の排除があげられます。

2 連結会計のイメージ

連結会計は連結財務諸表の作成を最終目的とするものです。連結会計の処理は、次の手順で考えます。（単位：万円）

⑴親会社・子会社が、個別会計上行った仕訳を考えます。

⑵親会社・子会社を１つの企業集団として見た場合の仕訳を考えます。

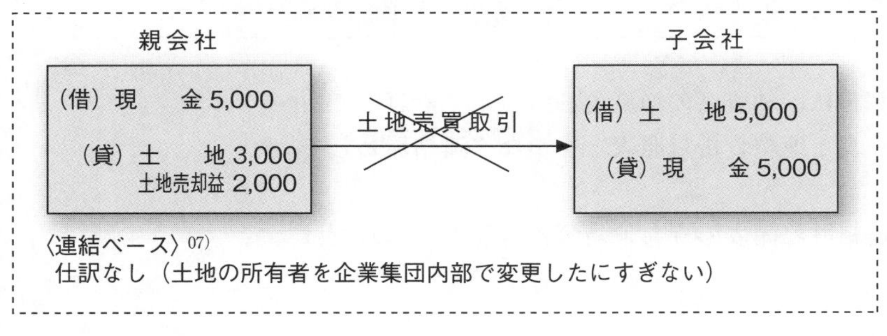

07）企業集団としてみた状態を表すものを〈連結ベース〉と呼んでいます。

(3)(1)の個別会計上の仕訳を(2)の〈連結ベース〉の仕訳に修正する仕訳[08] **を行います。**この場合、仕訳なしの状態に合わせるため、土地売却益 2,000万円と土地の増額分 2,000万円とを相殺することになります。

〈連結修正仕訳〉

(借) 土地売却益	2,000	(貸) 土　　地	2,000

連結会計上行われる仕訳は、すべて連結修正仕訳です。

08) この仕訳が、連結会計で行う連結修正仕訳です。連結修正仕訳は連結財務諸表を作成するために連結精算表上で行う仕訳であり、会計帳簿に記録されることはありません。したがって、翌期には再び同じ仕訳(開始仕訳)を行わなければなりません。

3 連結財務諸表

連結財務諸表は次の５つから構成されています。

(1)連結損益計算書(連結P/L) [09]
(2)連結株主資本等変動計算書 [09]
(3)連結貸借対照表(連結B/S)
(4)連結キャッシュ・フロー計算書 [10]
(5)連結包括利益計算書 [10]

09) 連結損益計算書と連結株主資本等変動計算書については、上級で学習します。
10) 連結包括利益計算書と連結キャッシュ・フロー計算書については、上級で学習します。

連結財務諸表は、①連結損益計算書で計算された親会社株主に帰属する当期純利益を連結株主資本等変動計算書に移し、②連結株主資本等変動計算書で算定された利益剰余金当期末残高を連結貸借対照表に移すという流れ(つながり)を持っています。

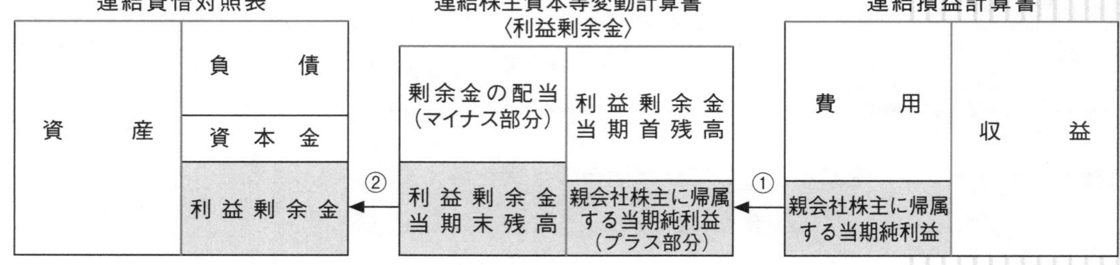

連結株主資本等変動計算書は、純資産の増減(変動)を示す計算書であるとともに、連結損益計算書と連結貸借対照表とをつなぐ連結環(れんけつかん)としての役割を持っています。

１級では、上記５つの連結財務諸表のうち連結貸借対照表の基礎だけを学習します。

4 連結財務諸表の様式

連結損益計算書

自 ×1年4月1日　至 ×2年3月31日

Ⅰ 売上高		×××
Ⅱ 売上原価[11]		×××
売上総利益		×××
Ⅲ 販売費及び一般管理費		
のれん償却		×××
営業利益		×××
Ⅳ 営業外収益		×××
Ⅴ 営業外費用		×××
経常利益		×××
Ⅵ 特別利益		
負ののれん発生益		×××
Ⅶ 特別損失		×××
税金等調整前当期純利益		×××
法人税、住民税及び事業税	×××	
法人税等調整額	×××	×××
当期純利益		×××
非支配株主に帰属する当期純利益[12]		×××
親会社株主に帰属する当期純利益		×××

子会社利益のうち親会社以外の株主（非支配株主）に帰属するもの → 非支配株主に帰属する当期純利益

親会社株主に帰属する企業グループ全体の利益 → 親会社株主に帰属する当期純利益

連結株主資本等変動計算書

自×1年4月1日　至×2年3月31日

	株主資本					非支配株主持分	純資産合計
	資本金	資本剰余金	利益剰余金	自己株式	株主資本合計		
当期首残高	×××	×××	×××	△×××	×××	×××	×××
当期変動額							
剰余金の配当			△×××		△×××		△×××
親会社株主に帰属する当期純利益			×××		×××		×××
株主資本以外の項目の当期変動額(純額)						×××	×××
当期変動額合計			×××		×××	×××	×××
当期末残高	×××	×××	×××	△×××	×××	×××	×××

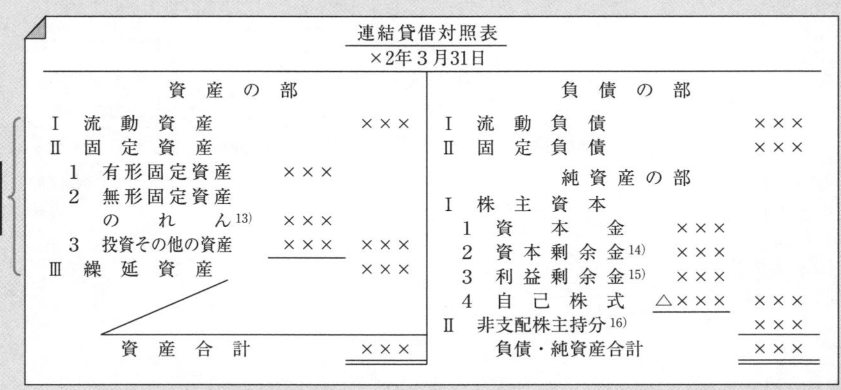

連結貸借対照表

×2年3月31日

資産の部			負債の部		
Ⅰ 流動資産		×××	Ⅰ 流動負債		×××
Ⅱ 固定資産			Ⅱ 固定負債		×××
1 有形固定資産	×××		純資産の部		
2 無形固定資産			Ⅰ 株主資本		
のれん[13]	×××		1 資本金	×××	
3 投資その他の資産	×××	×××	2 資本剰余金[14]	×××	
Ⅲ 繰延資産		×××	3 利益剰余金[15]	×××	
			4 自己株式	△×××	×××
			Ⅱ 非支配株主持分[16]		×××
資産合計		×××	負債・純資産合計		×××

11）科目の集約性を重視し、売上原価は計算過程を示さずに一括して表示します。

12）当期純利益から控除して、親会社株主に帰属する当期純利益を算定します。

13）親会社の投資と子会社の資本を相殺したときの差額です。

14）資本準備金などの内訳を表示せずにまとめて示します。

15）利益準備金などの内訳を表示せずにまとめて示します。

16）純資産の部の内訳項目として表示します。

5 その他の基礎知識

・子会社の範囲

子会社の範囲は、実質的に他の企業の意思決定機関[17]を支配しているかどうかで判断する、**支配力基準**が採用されています。具体的な判断基準は以下のとおりです。なお、支配を始めた日を**支配獲得日**といいます。**子会社は原則として連結の対象**となります。

①他の企業の議決権の過半数を所有している[18]。

②議決権が50％以下であっても、高い比率の議決権を有しており、かつ当該会社の意思決定機関を支配している一定の事実[19]が認められる。

17) 株主総会、取締役会を指します。

18) 議決権の過半を有していても、破産会社・更生会社等で、かつ有効な支配従属関係が存在しない場合、当該会社は子会社に該当しません。

19) S社取締役会の過半数をP社からの派遣で占める場合、S社借入金の過半をP社からの借入れで占めている場合など。

連結財務諸表

以下の資料にもとづき、(　　)内の金額を示しなさい。

■資料1■　連結財務諸表(単位：円)

連結損益計算書

Ⅰ 売上高		(a)
Ⅱ 売上原価		3,500,000
売上総利益		(b)
Ⅲ 販売費及び一般管理費		
1. 販売費	420,000	
2. 減価償却費	30,000	
3. のれん償却	50,000	500,000
営業利益		(c)
Ⅳ 営業外収益		
1. 受取配当金		400,000
Ⅴ 営業外費用		
1. 有価証券売却損		300,000
経常利益		(d)
Ⅵ 特別利益		
1. 負ののれん発生益		100,000
Ⅶ 特別損失		
1. 減損損失		200,000
税金等調整前当期純利益		(e)
法人税、住民税及び事業税		750,000
当期純利益		(f)
非支配株主に帰属する当期純利益		100,000
親会社株主に帰属する当期純利益		(g)

連結貸借対照表

(資産の部)		(負債の部)	
Ⅰ 流動資産	2,450,000	Ⅰ 流動負債	700,000
Ⅱ 固定資産	1,200,000	Ⅱ 固定負債	800,000
Ⅲ 繰延資産	100,000	(純資産の部)	
		Ⅰ 株主資本	
		1. 資本金	(m)
		2. 資本剰余金	100,000
		3. 利益剰余金	(n)
		Ⅱ 非支配株主持分	300,000
	3,750,000		3,750,000

連結株主資本等変動計算書

資本金当期末残高	(h)	資本金当期首残高	900,000
資本剰余金当期末残高	(i)	資本剰余金当期首残高	(i)
剰余金の配当	300,000	利益剰余金当期首残高	600,000
利益剰余金当期末残高	(k)	親会社株主に帰属する当期純利益	(j)
非支配株主持分当期末残高	300,000	非支配株主持分当期首残高	(l)
		非支配株主持分当期変動額	70,000

■資料2■

個別財務諸表における親会社の売上高は￥4,000,000、子会社の売上高は￥1,500,000であった。なお、親子会社間の取引はなかったものとする。

a		b		c		d		e	
f		g		h		i		j	
k		l		m		n			

a	5,500,000	b	2,000,000	c	1,500,000	d	1,600,000	e	1,500,000
f	750,000	g	650,000	h	900,000	i	100,000	j	650,000[20]
k	950,000	l	230,000	m	900,000	n	950,000[21]		

20)(g)を(j)に移します。
21)(k)を(n)に移します。

連結損益計算書⇒連結株主資本等変動計算書⇒連結貸借対照表の順に解答していきます。

Section 1のまとめ

■連結財務諸表の意義・必要性

(1)意義

連結財務諸表とは、支配従属関係にある２つ以上の会社からなる企業集団を単一の組織体とみなして、企業集団の財政状態、経営成績、およびキャッシュ・フローの状況を総合的に報告するために親会社が作成する財務諸表をいいます。

(2)必要性

①企業グループ全体の適切な財務情報を提供

連結財務諸表を作成することで、親会社を中心とした企業グループ全体の財政状態や経営成績を開示することができ、より的確で実質にもとづいた情報を投資者に提供することができます。

②利益操作の排除

親会社は、支配従属関係にある子会社を利用し、個別上において利益操作を行うおそれがあり、このような恣意的な利益操作を連結上排除することができます。

■連結財務諸表の種類

(1)連結損益計算書（連結P／L）
(2)連結株主資本等変動計算書
(3)連結貸借対照表（連結B／S）
(4)連結キャッシュ・フロー計算書
(5)連結包括利益計算書

■その他の基礎知識

子会社の範囲

子会社の範囲は、実質的に他の企業の意思決定機関を支配しているかどうかで判断する、支配力基準が採用されています。支配を始めた日を支配獲得日といい、子会社は原則として連結の対象となります。

①他の企業の議決権の過半数を所有している。

②議決権が50％以下であっても、高い比率の議決権を有しており、かつ当該会社の意思決定機関を支配している一定の事実が認められる。

コラム 連結会計

全経上級でも出題頻度が高い「連結会計」。この分野は“仕訳を覚えよう“とすると、とてつもなく難しい分野となり、「到底理解するなんて…」という話になってしまいます。

しかし、本支店会計を学んだみなさんにとっては、決して難しくない分野です。

では、ちょっと、覗いてみましょう。

まず、連結財務諸表というのは「親会社と子会社を一体として作成する財務諸表」です。

これは、本支店会計の「本店と支店をあわせた本支店合併財務諸表を作る」というのと同じです。

大切なことは「親会社と子会社を一体として見る」という視点なのです。

今、親会社は持っていた土地 ¥100を子会社に ¥150で売却したとしましょう。

まず、①それぞれが個別会計上どんな仕訳をしたのか、次に②親会社と子会社を一体として見たときにどう見えるのか(これが連結上正しい姿で、連結会計では常にこの姿に合わせるための修正仕訳をします)、そして③どのように修正仕訳をするのか、という手順で思考します。

親会社				子会社			
①(現　金)	150	(土　地)	100	①(土　地)	150	(現　金)	150
		(土地売却益)	50				

② 仕 訳 な し

③ (土地売却益) 50 (土　地) 50

まず、①は問題ないでしょう。通常の土地の売却と購入の仕訳です。

次に、②です。親会社と子会社を一体として見てみてください。[ ]の視点で見るのです。そうすると、この取引って、内部で土地の持ち主が変わっただけで、外から見ると何も変わっていませんね。お父さんが土地を持っていてもお母さんが持っていても、外部から見たら、夫婦の土地というだけでどっちでも一緒、というのと同じです。

つまり、全体で見ると、「仕訳なし」に見えるのです。そしてこの姿が連結上正しい姿なのです。

ですから、③個別会計上の仕訳(①)を全体から見た姿(②)に合わせるために、上記の仕訳が必要になります。「仕訳なし」なのに、土地の金額が50円上がっているのでそれを修正し、土地売却益50円が出てしまっているのでそれを取り消すという仕訳を行うのです。

連結会計も、こうやって①②③の手順で思考して上記の図を書けば、確実に正解を導ける分野なのです。

全経上級の世界で一緒に頑張ってマスターしていきましょう。待っています。

資本連結の基本的処理

はじめに

親会社の子会社への投資と、子会社の資本とを相殺することを資本連結といいます。
このSectionでは、株式取得時の処理を学びましょう。

1 資本連結

資本連結とは、「親会社の投資」と「子会社の資本[01)]」の相殺消去を行う処理をいい、連結修正仕訳の１つです。親会社から子会社への投資は連結ベースで見ると、企業グループ内部の資金移動にすぎません。そこで親会社の投資と子会社の資本を相殺するという連結修正仕訳を行います。

たとえば、親会社が現金 100万円を出資して子会社を設立したとしましょう。

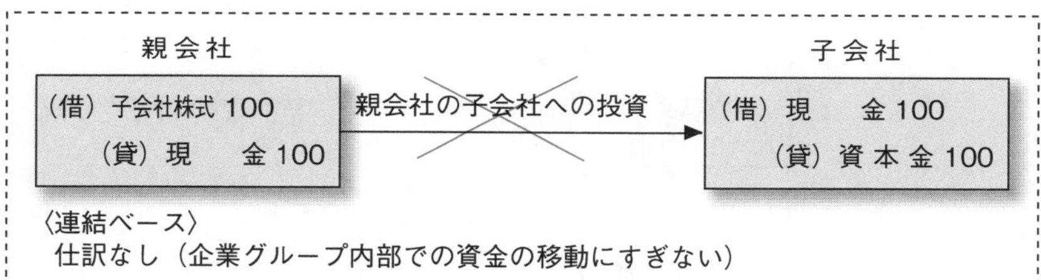

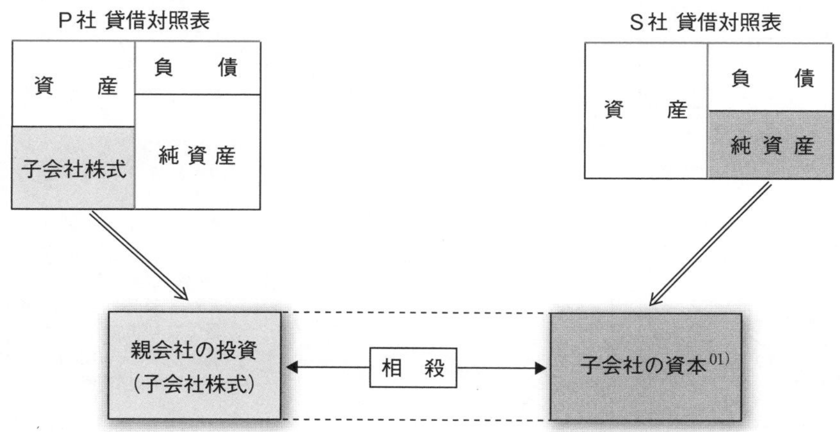

01)「子会社の"資本"」は、「株主資本に評価・換算差額等と評価差額を加えたもの」であり、純資産とは近似するものの異なるので注意が必要です。

資本＝株主資本＋評価・換算差額等＋評価差額

評価差額はこのあと学習します。

連結修正仕訳　　　　　　　　　　　　　　　　　　　（単位：万円）

（借）資　本　金	100	（貸）子会社株式	100

親会社が個別会計上で計上している子会社株式 100万円と、子会社が個別会計上で計上している資本金 100万円は、連結ベースで見ると内部取引により計上された資産と資本です。

したがって、これを連結ベースの「仕訳なし」の状態に戻すために、子会社株式 100万円と、資本金 100万円を相殺消去します[02]。

親会社と子会社の貸借対照表を合算し、連結修正仕訳である資本連結の仕訳を行うことによって、企業グループ全体としての財政状態を把握することができます。

02）現金は、親会社が計上していても、子会社が計上していても、連結財務諸表の作成上合算されるので、同じ結果になります。したがって修正する必要がないので、連結修正仕訳には現れません。

【例】　　　　　　　　　　　　　　　　　　　（単位：万円）

●個別財務諸表の状態●

子会社 貸借対照表

諸資産 100	資　本 100

←投資

親会社 貸借対照表[03]

諸資産 1,900	諸負債 500
子会社株式 100	純資産 1,500

●連結財務諸表の状態●

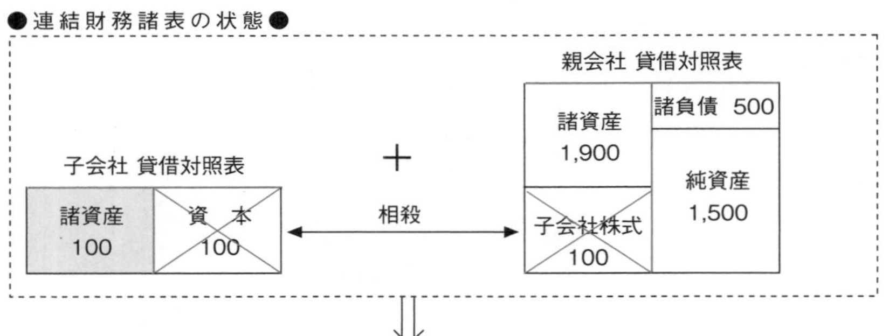

⇩

連結貸借対照表[04]

諸資産（親） 1,900	諸負債 500
諸資産（子） 100	純資産 1,500

03）子会社株式勘定も、親会社の資本の運用形態の1つではありますが、子会社内でどのように運用されているかはわからない状態にあります。

04）合算して消去することにより、B/Sの借方は（子会社株式ではなく）すべて具体的な運用項目になります。これを置換え効果といいます。

2 支配獲得日の処理

ある会社が他の会社の議決権株式の過半数を取得する[05]などして、その会社を子会社として支配を始めた日を、**支配獲得日**といいます。この支配獲得日には連結貸借対照表を作成しなければなりません[06]。このとき必要なのが資本連結であり、以下の手順で行います。

05)Section 2 では株式を100％取得するケースを前提とします。取得割合が100％以外の場合については、Section 4で学習します。

06)支配獲得日が子会社の決算日と異なる場合は、直近の子会社のB/Sを用いることができます。

07)支配獲得日においては連結B/Sのみを作成します。

(1)支配獲得日における連結貸借対照表の作成手順[07]

①子会社の資産・負債を時価に評価替えする。

②親会社と評価替後の子会社の個別貸借対照表を合算する。

③「親会社の投資」と「子会社の資本」を相殺消去する（資本連結）。

④連結貸借対照表を作成する。

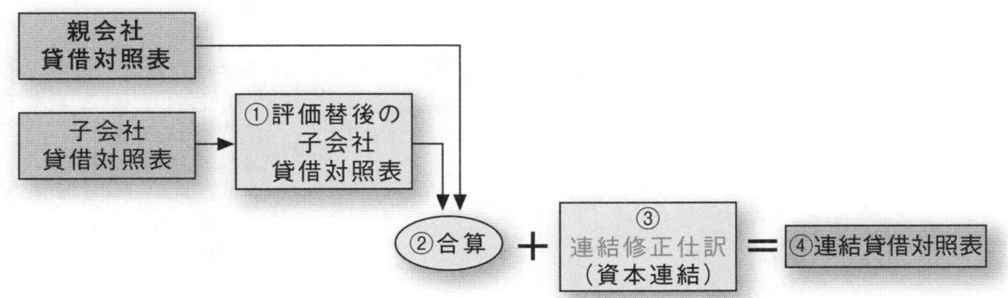

(2)支配獲得日の資本連結

連結貸借対照表を作成するうえで、親会社の投資と子会社の資本の相殺消去が必要になります。

例2-1

P社は×1年3月31日にS社発行済株式の全部を￥100,000で取得し実質的に支配した。P社・S社とも会計期間は4月1日から3月31日までである。このときの連結修正仕訳および連結貸借対照表を示しなさい。なお、S社の諸資産および諸負債の時価は、帳簿価額に等しいものとする。

P社貸借対照表
×1年3月31日　（単位：円）

諸資産	1,000,000	諸負債	200,000
S社株式	100,000	資本金	800,000
		利益剰余金	100,000
	1,100,000		1,100,000

S社貸借対照表
×1年3月31日　（単位：円）

諸資産	400,000	諸負債	300,000
		資本金	70,000
		利益剰余金	30,000
	400,000		400,000

(借)			(貸)	
	資本金	70,000	S社株式	100,000
	利益剰余金	30,000		

連結貸借対照表
×1年3月31日　（単位：円）

諸資産	1,400,000	諸負債	500,000
		資本金	800,000[08]
		利益剰余金	100,000[08]
	1,400,000		1,400,000

08)（￥800,000＋￥70,000）－￥70,000＝￥800,000
（￥100,000＋￥30,000）－￥30,000＝￥100,000

⑶評価替えを要する場合の処理

子会社の貸借対照表に表示されている**資産および負債の帳簿価額が時価と異なる場合**には、時価に合わせて修正(評価替え)を行う必要があります[09]。この差額は評価差額として**子会社の資本に加える**こととなります。

09)個別財務諸表の修正です。連結上の処理である資本連結そのものではありません。

例2-2

Ｐ社は×1年3月31日にＳ社発行済株式の全部を取得し、実質的に支配した。これにさいしてＳ社の資産および負債を時価で評価したところ、以下の事実が判明した。評価替えのための仕訳を示しなさい。

	簿　価	時　価
土　　地	12,000	15,000

(借)土　地	3,000	(貸)評価差額[10]	3,000

10)子会社の資産・負債を評価替えした後に、資本連結を行います。
なお、この評価差額は、資本連結の仕訳ですぐに消去されるため、連結財務諸表に記載されることはありません。

支配獲得日の処理

Ｐ社は×1年3月31日にＳ社発行済株式の全部を￥326,000で取得し、支配した。Ｐ社・Ｓ社とも会計期間は4月1日から3月31日までである。なお、Ｓ社の資産を時価で評価したところ、土地が￥215,000と評価された。⑴評価替えの仕訳、⑵連結修正仕訳、および⑶連結貸借対照表を示しなさい。

Ｐ社貸借対照表
×1年3月31日　(単位：円)

現金預金	200,000	借入金	100,000
貸付金	70,000	資本金	300,000
備品	150,000	資本剰余金	200,000
Ｓ社株式	326,000	利益剰余金	146,000
	746,000		746,000

Ｓ社貸借対照表
×1年3月31日　(単位：円)

建物	111,000	資本金	200,000
土地	200,000	資本剰余金	80,000
		利益剰余金	31,000
	311,000		311,000

⑴　評価替えの仕訳

(借)	(貸)

⑵　連結修正仕訳

(借)	(貸)

(3) 連結貸借対照表

連結貸借対照表
×1年3月31日 （単位：円）

現金預金	（ ）	借入金	（ ）
貸付金	（ ）	資本金	（ ）
備品	（ ）	資本剰余金	（ ）
建物	（ ）	利益剰余金	（ ）
土地	（ ）		
	（ ）		（ ）

(1) 評価替えの仕訳

(借)	土地	15,000	(貸) 評価差額	15,000

(2) 連結修正仕訳[11]

(借)	資本金	200,000	(貸) S社株式	326,000
	資本剰余金	80,000		
	利益剰余金	31,000		
	評価差額	15,000		

11) 子会社の資本は、すべて親会社の投資と相殺消去します。したがって、評価替えによって計上された評価差額も相殺されるため、連結B/Sに表示されません。

(3) 連結貸借対照表

連結貸借対照表
×1年3月31日 （単位：円）

現金預金	（200,000）	借入金	（100,000）
貸付金	（70,000）	資本金	（300,000）
備品	（150,000）	資本剰余金	（200,000）
建物	（111,000）	利益剰余金	（146,000）
土地	（215,000）		
	（746,000）		（746,000）

Section 2のまとめ

■資本連結

資本連結とは、「親会社の投資（子会社株式）」と「子会社の資本」の相殺消去を行う処理をいい、連結修正仕訳の1つです。

■支配獲得日の処理

(1)子会社の資産・負債の評価替え
(2)個別B／Sの合算
(3)資本連結：「親会社の投資（子会社株式）」と「子会社の資本」を相殺消去する。

Section 3
重要度
★★★★★

のれんの処理

はじめに

Section 2では、「親会社の投資」と「子会社の資本」の金額が一致すると仮定していました。
しかし、現実には子会社の資本の金額と同額で子会社の株式を取得することは稀(まれ)であり、差額が生じます。
このSectionでは、のれんが発生した場合の処理を学びます。

1 投資消去差額の処理

「親会社の投資」と株式取得日(支配獲得日)の「子会社の資本」(時価に評価替えした後の資本)の金額が一致しない場合、**両者の差額を投資消去差額**といい、のれんまたは負ののれん発生益として処理します。

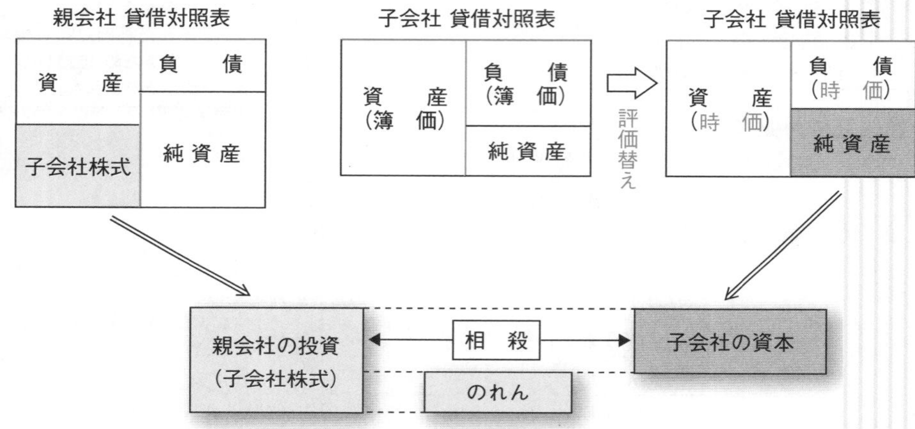

2 のれんの処理

資本連結において、**借方**に投資消去差額が生じる場合[01]は**のれん勘定**に計上します。のれん勘定は連結貸借対照表上、**無形固定資産**に計上します。具体的には、以下のような仕訳を行います。

01)親会社の投資>子会社の資本の場合を指します。

	仕訳		
子会社の資本	(借) 資　本　金　××	(貸) S 社 株 式　××	親会社の投資
	利益剰余金　××		
	評価差額　××		
差　額	の　れ　ん　××		

例3-1

P社は×1年3月31日にS社発行済株式のすべてを¥25,000で取得し、支配した。×1年3月31日のS社の貸借対照表は次のとおりであり、P社の決算日もS社と同じである。なお、S社の資産を時価で評価したところ、土地が¥13,000（簿価¥10,000）と評価された。①評価替えの仕訳および②資本連結にかかる連結修正仕訳をそれぞれ示しなさい。

貸借対照表
×1年3月31日　（単位：円）

借方	金額	貸方	金額
諸資産	80,000	諸負債	60,000
		資本金	10,000
		資本剰余金	3,000
		利益剰余金	7,000
	80,000		80,000

①(借)諸資産[02] 3,000　(貸)評価差額 3,000
②(借)資本金 10,000　(貸)S社株式 25,000
　　資本剰余金 3,000
　　利益剰余金 7,000
　　評価差額 3,000
　　のれん 2,000[03]

02) 諸資産の中に土地が含まれています。

03) ¥25,000（S社株式）－¥23,000（S社資本）＝¥2,000（借方）

また、のれん勘定は、その計上後20年以内に定額法などにより償却し、連結損益計算書の販売費及び一般管理費に表示します[04]。

(借)のれん償却 ×××　(貸)のれん ×××

04) 解答作成上は問題の指示に従ってください。ただし、「最長期間で償却する」とある場合には、20年で償却します。

3 負ののれんの処理

資本連結において、貸方に投資消去差額が生じる場合は**「負ののれん」**を認識します。「負ののれん」は発生時に全額を利益として計上するため、連結修正仕訳上は負ののれん発生益勘定[05]または利益剰余金勘定[06]として処理します。具体的には以下のような仕訳を行います。

	借方	貸方	
子会社の資本	(借) 資本金 ××	(貸) S社株式 ××	親会社の投資
	利益剰余金 ××	負ののれん発生益（利益剰余金） ××	差額
	評価差額 ××		

05) すでに他に子会社があって連結P/Lを作成している場合、負ののれん発生益勘定として連結P/Lの特別利益に計上します。

06) 他に子会社がなく連結P/Lを作成していない場合、連結P/Lを経由せず、連結B/S利益剰余金勘定を直接に増加させます。

例3-2

P社は×1年3月31日にS社発行済株式のすべてを￥18,000で取得し、支配した。×1年3月31日のS社の貸借対照表は次のとおりであり、P社の決算日もS社と同じである。なお、S社の資産を時価で評価したところ、土地が￥13,000（簿価￥10,000）と評価された。①評価替えの仕訳および②資本連結にかかる連結修正仕訳をそれぞれ示しなさい。

貸借対照表

×1年3月31日　（単位：円）

諸資産	80,000	諸負債	60,000
		資本金	10,000
		資本剰余金	3,000
		利益剰余金	7,000
	80,000		80,000

①(借)諸資産	3,000	(貸)評価差額	3,000
②(借)資本金	10,000	(貸)S社株式	18,000
資本剰余金	3,000	負ののれん発生益（利益剰余金）	5,000[07)]
利益剰余金	7,000		
評価差額	3,000		

07) ￥18,000（S社株式）－￥23,000（S社資本）＝△￥5,000（貸方）

のれんの処理

P社は、×1年3月31日にS社発行済株式のすべてを取得し、支配した。以下の各状況において、S社株式取得にかかる連結修正仕訳を示しなさい。

⑴ **S社株式の取得原価が￥100,000**

⑵ **S社株式の取得原価が￥80,000**

■資　料■

1．×1年3月31日におけるS社貸借対照表

S社貸借対照表

×1年3月31日　（単位：円）

諸資産	500,000	諸負債	420,000
		資本金	50,000
		資本剰余金	10,000
		利益剰余金	20,000
	500,000		500,000

2．その他

S社の資産・負債を時価評価したところ、土地につき￥10,000の含み益が判明した。

(1)

(借) 資本金	50,000	(貸) S社株式	100,000
資本剰余金	10,000		
利益剰余金	20,000		
評価差額	10,000		
のれん	10,000		

(2)

(借) 資本金	50,000	(貸) S社株式	80,000
資本剰余金	10,000	負ののれん発生益	10,000
利益剰余金	20,000		
評価差額	10,000		

解説

①S社資産・負債の評価替え

(借) 諸資産	10,000	(貸) 評価差額	10,000

②のれん・負ののれんの計算

(1)

P社の投資(S社株式)	¥100,000
S社の資本	¥90,000[08]
のれん	¥10,000

08) ¥50,000 + ¥10,000 + ¥20,000 + ¥10,000 =¥90,000

(2)

P社の投資(S社株式)	¥80,000
S社の資本	¥90,000[08]
負ののれん	△¥10,000

Section 3のまとめ

■投資消去差額

投資消去差額：親会社の投資(子会社株式) － 子会社の資本 ＝
- ⊕のれん：無形固定資産計上・規則的償却
- ⊖負ののれん：負ののれん発生益(特別利益)

部分所有子会社の処理

はじめに

Section 3までは子会社の株式のすべてを親会社が所有するという100%子会社といわれる状況を想定していました。しかし、現実には100%でなくても子会社となります。
このSectionでは、親会社以外にも株主が存在する部分所有子会社の場合の処理を学びます。

1 部分所有子会社の基礎知識

部分所有子会社とは、親会社以外の株主が存在する子会社をいいます。ここで、親会社は子会社を支配しているため、子会社の株主のうち、親会社を支配株主、親会社以外の株主を非支配株主（ひしはいかぶぬし）といいます。

部分所有子会社における資本連結では、子会社の資本を「親会社持分」と「非支配株主持分」とに分けて考えます。

このうち、「親会社の投資（子会社株式）」との相殺消去の対象となるのは「親会社持分」です。また、「非支配株主持分」は非支配株主持分勘定に振り替え、連結財務諸表の純資産の部に表示します。

▶みんなの味方「非支配株主持分」◀

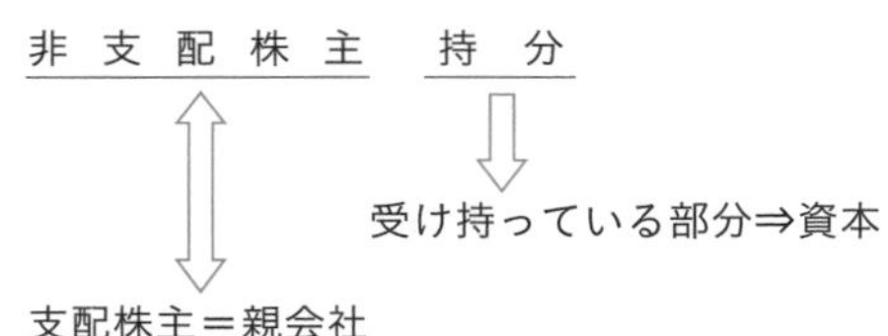

∴非支配株主持分：親会社以外の株主の資本＝子会社の資本 × 非支配株主持分割合

この計算式でつねに算定できる非支配株主持分勘定の金額が、受験するみなさんの救いになります。

ですからこの計算方法、絶対に忘れないでください。みんなの味方「非支配株主持分」です。

2 部分所有子会社の資本連結

親会社以外の株主（非支配株主）が存在する子会社（部分所有の子会社）を資本連結[01]する場合、子会社の資産・負債を時価評価した後、その資本の勘定を親会社の持分と非支配株主の持分[02]とに分けて考えます。

部分所有子会社の資本連結は以下の手順で行います。

① 子会社の貸借対照表の資産と負債を時価で評価する。

② 子会社の資本を株式の持分比率により、親会社の持分と非支配株主の持分とに分ける。

③ 親会社の持分→親会社の投資と相殺する。

④ 非支配株主の持分→非支配株主持分勘定[03]に振り替える。

01）親会社の投資勘定と、それに対応する子会社の資本を相殺することです。

02）「持分の合計＝子会社の資本」と考えるとよいでしょう。

03）非支配株主持分は純資産の部に表示します。⇒ 14-5 ページの連結財務諸表の様式（連結 B/S）を参照のこと。

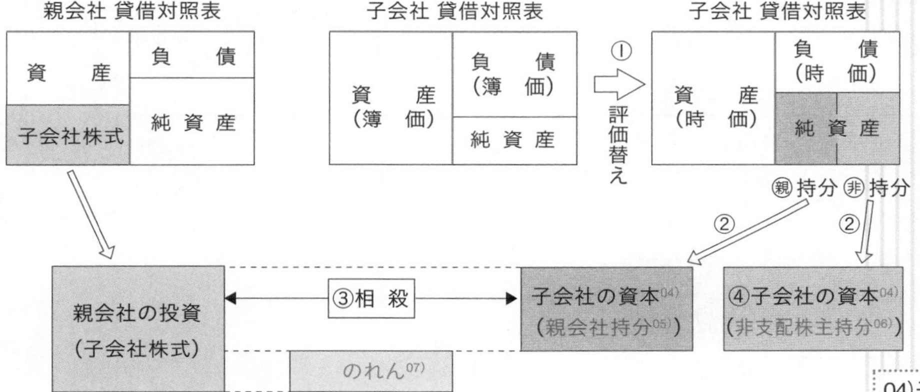

04）子会社の資本（持分合計）＝親会社持分＋非支配株主持分

05）親会社持分＝子会社の資本×親会社持分割合

06）非支配株主持分＝子会社の資本×非支配株主持分割合

07）のれんは、親会社の投資勘定と、それに対応する子会社の資本（親会社持分）との差額として算定されます。

3 評価替えによる修正のない場合

子会社の諸資産、諸負債の時価が簿価に一致している場合には、評価替えによる子会社の貸借対照表の修正はありません。

この場合には、親会社の投資と、それに対応する子会社の資本（親会社持分）とを相殺し、投資消去差額をのれん（負ののれん）として処理するとともに、親会社以外の株主（非支配株主）の持分に対応する子会社の資本を**非支配株主持分勘定**に振り替えます[08]。

08）非支配株主の持分からは、のれん（負ののれん）は計上されません。

例4-1

P社は×1年3月31日にS社発行済株式の70%を¥14,000で取得し支配した。×1年3月31日のP社およびS社の貸借対照表は次のとおりである。このときの連結修正仕訳および連結貸借対照表を示しなさい。なお、S社の諸資産、諸負債の時価は簿価に等しいものとする。

P社貸借対照表
×1年3月31日　（単位：円）

諸資産	136,000	諸負債	60,000
S社株式	14,000	資本金	50,000
		資本剰余金	7,000
		利益剰余金	33,000
	150,000		150,000

S社貸借対照表
×1年3月31日　（単位：円）

諸資産	80,000	諸負債	60,000
		資本金	10,000
		資本剰余金	3,000
		利益剰余金	7,000
	80,000		80,000

(借)		(貸)	
資本金	10,000	S社株式	14,000
資本剰余金	3,000	非支配株主持分	6,000[09]
利益剰余金	7,000		

09）¥20,000×(1－70%)＝¥6,000

連結貸借対照表
×1年3月31日　（単位：円）

諸資産	216,000	諸負債	120,000
		資本金	50,000
		資本剰余金	7,000
		利益剰余金	33,000
		非支配株主持分	6,000
	216,000		216,000

親会社の投資と、子会社の資本のうちの親会社持分の金額とが一致しない場合、投資消去差額が生じます。投資消去差額の処理は100%子会社の場合と同じです[10]。

10）100%子会社の場合の処理 ⇒ 投資消去差額の処理を参照のこと

例4-2

P社は×1年3月31日にS社発行済株式の70%を¥17,000で取得し支配した。×1年3月31日のP社およびS社の貸借対照表は次のとおりである。このときの連結修正仕訳および連結貸借対照表を示しなさい。なお、S社の諸資産、諸負債の時価は簿価に等しいものとする。

P社貸借対照表
×1年3月31日　（単位：円）

諸資産	133,000	諸負債	60,000
S社株式	17,000	資本金	50,000
		資本剰余金	7,000
		利益剰余金	33,000
	150,000		150,000

S社貸借対照表
×1年3月31日　（単位：円）

諸資産	80,000	諸負債	60,000
		資本金	10,000
		資本剰余金	3,000
		利益剰余金	7,000
	80,000		80,000

(借)		(貸)	
資本金	10,000	S社株式	17,000
資本剰余金	3,000	非支配株主持分	6,000[11]
利益剰余金	7,000		
のれん	3,000[12]		

11) ¥20,000×(1－70%)＝¥6,000

12) ¥17,000 － ¥20,000×70%＝¥3,000（借方）

連結貸借対照表
×1年3月31日　（単位：円）

諸資産	213,000	諸負債	120,000
のれん	3,000	資本金	50,000
		資本剰余金	7,000
		利益剰余金	33,000
		非支配株主持分	6,000
	216,000		216,000

4 評価替えによる修正のある場合

部分所有子会社の場合でも、子会社の資産・負債の時価が簿価と一致しない場合には、子会社の資産・負債の時価と簿価との差額は、全額を評価差額勘定[13]として子会社の資本に含めます。

その結果、評価差額のうち親会社持分に相当する額は投資と相殺し、非支配株主持分に相当する額は非支配株主持分勘定に含められることになります。

13) 差額の全額を評価差額勘定として計上するので「全面時価評価法」と呼びます。親会社持分に相当する部分だけ評価差額を計上する「部分時価評価法」という考え方もありますが、現行制度上は認められていません。

例4-3

P社は×1年3月31日にS社発行済株式の70%を¥38,000で取得し支配した。そのときのS社の貸借対照表は次のとおりである。①評価替えのための仕訳および②連結修正仕訳を示しなさい。

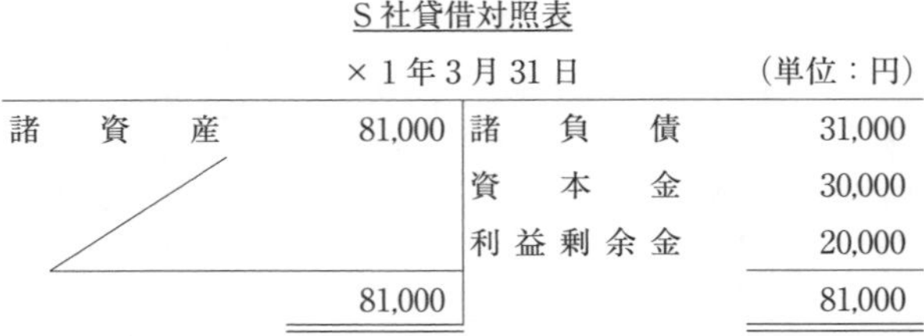

S社貸借対照表

×1年3月31日　　　　(単位：円)

諸資産	81,000	諸負債	31,000
		資本金	30,000
		利益剰余金	20,000
	81,000		81,000

(注) S社の諸資産の時価は¥83,000である。

①(借)諸資産	2,000	(貸)評価差額	2,000
②(借)資本金	30,000	(貸)S社株式	38,000
利益剰余金	20,000	非支配株主持分	15,600[14]
評価差額	2,000		
のれん	1,600		

14) (¥30,000 + ¥20,000 + ¥2,000) × 30 % = ¥15,600
全面時価評価法によれば、評価差額¥2,000には非支配株主持分が含まれているので、非支配株主持分は評価差額を含む資本合計に非支配株主の持分(30%)を掛けて計算します。

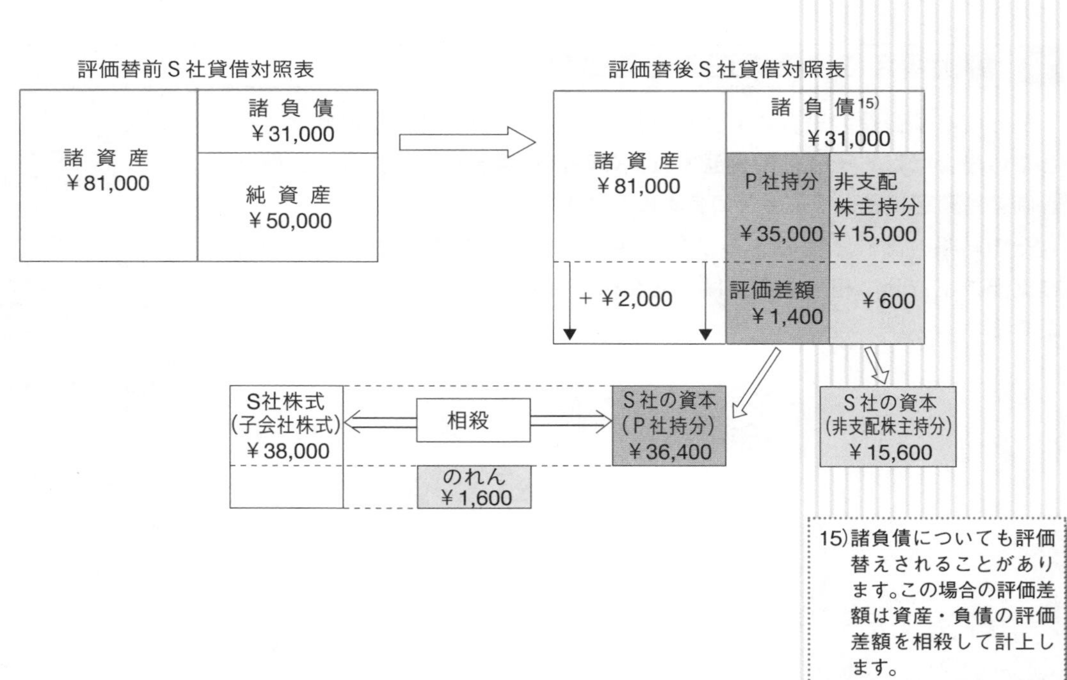

15) 諸負債についても評価替えされることがあります。この場合の評価差額は資産・負債の評価差額を相殺して計上します。

5 連結精算表

連結財務諸表は、連結精算表上[16]で個別財務諸表を合算し、子会社の資産・負債の評価替え及び連結修正仕訳を行うことにより作成します。

16）各会社の帳簿上は反映されません。

例4-4

P社は×1年3月31日にS社発行済株式の70%を¥38,000で取得し支配した。そのときの個別貸借対照表は次のとおりである。連結精算表を完成させなさい。

P社貸借対照表
×1年3月31日　（単位：円）

諸資産	200,000	諸負債	18,000
S社株式	38,000	資本金	150,000
		利益剰余金	70,000
	238,000		238,000

S社貸借対照表
×1年3月31日　（単位：円）

諸資産	81,000	諸負債	31,000
		資本金	30,000
		利益剰余金	20,000
	81,000		81,000

（注）　S社の諸資産の時価は¥83,000である。

連結精算表　（単位：円）

科目	P社(親会社)		S社(子会社)		整理記入		連結貸借対照表	
	借方	貸方	借方	貸方	借方	貸方	借方	貸方
諸資産	200,000		81,000		2,000		283,000	
S社株式	38,000					38,000		
のれん					1,600		1,600	
諸負債		18,000		31,000				49,000
資本金		150,000		30,000	30,000			150,000
利益剰余金		70,000		20,000	20,000			70,000
評価差額					2,000	2,000		
非支配株主持分						15,600		15,600
	238,000	238,000	81,000	81,000	55,600	55,600	284,600	284,600

①合　算 → ②連結修正仕訳 → ③連結財務諸表

部分所有子会社の連結

P社は×1年3月31日にS社発行済株式の80%を¥42,600で取得し、支配した。そのときのP社およびS社の貸借対照表は次のとおりである。(1)資産・負債の評価替えの仕訳、(2)連結修正仕訳、および(3)連結精算表を示しなさい。なお、支配獲得日におけるS社諸資産の時価は¥83,000である。

■資　料■

P社貸借対照表
×1年3月31日　（単位：円）

諸資産	122,400	諸負債	60,000
S社株式	42,600	資本金	50,000
		利益剰余金	55,000
	165,000		165,000

S社貸借対照表
×1年3月31日　（単位：円）

諸資産	81,000	諸負債	31,000
		資本金	30,000
		利益剰余金	20,000
	81,000		81,000

連結精算表　（単位：円）

科目	P社（親会社）		S社（子会社）		整理記入		連結貸借対照表	
	借方	貸方	借方	貸方	借方	貸方	借方	貸方
諸資産	122,400		81,000					
S社株式	42,600							
のれん								
諸負債		60,000		31,000				
資本金		50,000		30,000				
利益剰余金		55,000		20,000				
評価差額								
非支配株主持分								
	165,000	165,000	81,000	81,000				

(1) 評価替えの仕訳

(借)	諸資産	2,000	(貸)	評価差額	2,000[17)]

(2) 連結修正仕訳

(借)	資本金	30,000	(貸)	S社株式	42,600
	利益剰余金	20,000		非支配株主持分	10,400[18)]
	評価差額	2,000			
	のれん	1,000			

17) ¥83,000 − ¥81,000
＝¥2,000
18) ¥52,000（S社資本）× 20%
＝¥10,400

(3) 連結精算表

連結精算表　（単位：円）

科目	P社（親会社）		S社（子会社）		整理記入		連結貸借対照表	
	借方	貸方	借方	貸方	借方	貸方	借方	貸方
諸資産	122,400		81,000		2,000		205,400	
S社株式	42,600					42,600		
のれん					1,000		1,000	
諸負債		60,000		31,000				91,000
資本金		50,000		30,000	30,000			50,000
利益剰余金		55,000		20,000	20,000			55,000
評価差額					2,000	2,000		
非支配株主持分						10,400		10,400
	165,000	165,000	81,000	81,000	55,000	55,000	206,400	206,400

Section 4のまとめ

■投資消去差額（部分所有子会社の場合）

投資消去差額：親会社の投資（子会社株式） − 子会社の資本×親会社持分割合

※ 投資消去差額が正の値の場合 ⇒ のれん で処理（連結B/S 資産に計上）
投資消去差額が負の値の場合 ⇒ 負ののれん発生益 で処理（連結P/L 特別利益に計上）

■非支配株主持分

非支配株主持分：子会社の資本×非支配株主持分割合

コラム 流星哲学

毎年、夏になると流星群がやってくる。

大阪にいた頃には、流星群がくるたびに三重と奈良の県境に出かけ、望遠鏡で流れ星を追ったものでした。

ところで、みなさんは『流れ星に願いごとをすると、その願いごとが叶う』という話、信じておられますか？

『そんなお伽話、今どき信じている人はいないよ』とお思いでしょう。

でも、私は信じています。

信じているどころか、『流れ星に願いごとをすると、その願いごとが叶う』と保証します。

夜、星空を見上げて、流れ星を探してみてください。

晴れた日ばかりではなく、雨の日も曇りの日もあります。つまり、必ず星空が見えるとは限りません。

また、運よく星空が見え、さらに運よく流れ星が流れたとしましょう。しかし、広い夜空の下、そこを見ていなければ流れ星に気づくことはありません。

さらに、流れ星などほんの一瞬です。

その一瞬の間に自分の願いごとを言う。

それは本当に多くの偶然が重なった、その一瞬に願いごとを言うということになります。

つまり、一日24時間四六時中、自分が本当に願っていることでないと、とてもとてもその瞬間に言葉になるものではないのです。

もう、おわかりでしょう。

私が『流れ星に願いごとをすると、その願いごとが叶う』ことを保証するわけが。

そうです。

一人の人間が24時間四六時中、寝ても醒めても本当に願っていることならば、当然にそのための努力を厭うこともなく、それは必然的に実現するのです。

あっ、流れ星だ！

間に合いましたか？　そして、あなたは何を願いましたか？

Chapter15

財務分析

財務分析の全体像

ココがPOINT!!

財務諸表を見るために

簿記で学ぶことのほとんどは、損益計算書や貸借対照表といった財務諸表の作り方です。しかし財務諸表は、株主や債権者といった利害関係者が見るために作られたものです。

この見方にあたるものが財務分析の知識になります。みなさんにとって間違いなく有用な知識です。Section 1の「財務比率の覚え方」さえ分かってしまえば簡単です。ぜひ、マスターしておきましょう。

財務分析の基礎と比率の覚え方

はじめに

「○○率」と言えば、その比率の分子は必ず「○○」になります。
合格率の分子は合格者ですし、出席率の分子は出席者ですものね。
このように比率の多くには一定の法則性があり、それさえ分かれば算式が分かり、簡単に答えを導くことができます。
ここでは、その法則性をマスターしておきましょう。

1 財務分析とは

財務分析とは、財務諸表に示された各数値を用いて、**企業の状況を分析、判断すること**[01]をいいます。なお数値の使用法として、財務諸表の数値をそのまま利用する**実数分析**[02]と、他の数値との関連で見る**比率分析**の２つがありますが、ここでは比率分析を扱います。

01) これに対して経営分析とは、経営者の健康状態など、財務諸表の数値以外のものも用いて企業の状況を分析することをいいます。

02) 損益分岐点分析などが該当します。

2 財務分析の目的

財務分析には、次の目的があります。

①経営者として、自社の経営内容を把握して経営判断に活かす
②投資家として、会社の将来性を予想する
③貸付先や取引先の経営内容を確認して、貸倒れ等の損失を未然に防ぐ

①の経営者の立場から見ると、すべての財務分析が必要になりますが、②の投資家の立場から見ると、企業価値やその基礎となる収益性の分析が中心となり、③の銀行などの立場から見ると、企業の存続に関わる安全性の分析が中心になります。

いずれにしても、財務分析を行う際には、前期と当期を比べる期間比較や、業界内での企業間比較が行えることが重要になります。

3 財務比率の覚え方

財務比率には、基本的なルールがあります。すべての比率をカバーできるものではありませんが、ルールを理解することで算式が分かります。

(1) 1つの会計用語に率がつくもの

会計用語が必ず分子になります。

$$\text{○○率}^{03)} = \frac{\text{○　○}}{\text{○○が全体とするもの}} \times 100\ (\%)$$

例：$\text{利益率} = \dfrac{\text{利　益}}{\text{売上高}^{04)}}$

$\text{流動比率}^{03)}\ (\Rightarrow\text{流動資産比率}) = \dfrac{\text{流動資産}}{\text{流動負債}^{05)}}$

$\text{当座比率}^{03)}\ (\Rightarrow\text{当座資産比率}) = \dfrac{\text{当座資産}^{06)}}{\text{流動負債}^{05)}}$

(2) 連続した2つの会計用語のあとに率がつくもの

前の会計用語が分母となり、後の会計用語が分子となります。

$$\text{××○○率} = \frac{\text{○　○}}{\text{×　×}} \times 100\ (\%)$$

例：$\text{売上高売上原価率} = \dfrac{\text{売上原価}}{\text{売　上　高}}$

$\text{総資産当期純利益率} = \dfrac{\text{当期純利益}}{\text{総　資　産}}$

03) 貸借対照表項目で「資産」が省略されることがありますが、負債など他の項目が省略されることはありません。したがって、流動比率は流動資産比率、当座比率は当座資産比率を意味します。

04) 利益が全体とするものは売上です。

05) この比率は、流動負債の返済能力を見るための比率ですから、全体となるのは流動負債です。

06) 即座に負債の返済に充てることができる資産。具体的には、現金及び預金、受取手形、売掛金、売買目的有価証券、短期貸付金などが該当します。

Section 1のまとめ

■財務比率の覚え方

①1つの会計用語に率がつくもの

$$\text{○○率}：\frac{\text{○　○}}{\text{○○が全体とするもの}} \times 100\ (\%)$$

②連続した2つの会計用語のあとに率がつくもの

$$\text{××○○率}：\frac{\text{○　○}}{\text{×　×}} \times 100\ (\%)$$

収益性分析

はじめに

企業を見るときに、まず「どれだけ儲かっているのか」が気になるところです。これは経営者、従業員をはじめ多くの利害関係者も同じことです。また、企業価値を気にする株主たちにとっても利益の大小はその根源にもなるので、とても気になることです。
ここでは、収益性分析とともに株主が行う企業価値分析についても見ていきましょう。

1 収益性分析

企業の**利益獲得能力を見る**収益性分析では、第一に、資産(総資産)をどれだけ効率的に運用して利益に結び付けたのか、を分析します。

したがって、総資産利益率(ROA；return on assets)が基本になります。

01)総資産当期純利益率ともいいます。

総資産利益率（ROA）[01)]

$$= \frac{当期純利益}{(期首総資産 + 期末総資産) \div 2} \times 100 (\%)$$

この時の分子の当期純利益は、包括的な利益[02)]であることから、理論的に分母は総資産となります。

02)特別損益も含めた結果的な利益。すべての資産を使って得た利益でもあります。

当期純利益は会計期間を通して発生したものであるため、分母の総資産は期首と期末の平均値を用います。

2 企業価値分析

株主の立場からは企業価値分析が行われます。企業価値分析では、自己資本をいかに有効に活用して利益を得たかを示す自己資本利益率(ROE；return on equity)などが評価の対象となります。

自己資本利益率（ROE）[03)]

$$= \frac{当期純利益}{(期首自己資本 + 期末自己資本) \div 2} \times 100 (\%)$$

03)自己資本とは、株主資本と評価・換算差額等の合計です。
自己資本当期純利益率ともいいます。

収益性分析

次の資料に基づいて、当期の総資産利益率（ＲＯＡ）および自己資本利益率（ＲＯＥ）を求めなさい。
なお、解答上の端数は％未満第２位を四捨五入して、％未満第１位まで示すこと。
ただし、小数点第１位の数値がないときは、例えば、「2.0％」のように解答すること。

貸借対照表　（単位：円）

資　　産	前期末	当期末	負債・純資産	前期末	当期末
流動資産	100,000	170,000	流動負債	50,000	60,000
固定資産	200,000	180,000	固定負債	70,000	90,000
			株主資本	180,000	200,000
	300,000	350,000		300,000	350,000

損益計算書　（単位：円）

費　用	当　期	収　益	当　期
売上原価	350,000	売上高	500,000
その他費用	160,000	その他収益	30,000
当期純利益	20,000		
	530,000		530,000

総資産利益率　6.2　%

自己資本利益率　10.5　%

解説

(1)　総資産利益率：$\dfrac{\text{当期純利益}}{(\text{期首総資産}+\text{期末総資産})\div 2}\times 100$

$$\frac{¥20{,}000}{(¥300{,}000+¥350{,}000)\div 2}\times 100 = 6.153\cdots \rightarrow 6.2\%$$

(2)　自己資本利益率：$\dfrac{\text{当期純利益}}{(\text{期首自己資本}+\text{期末自己資本})\div 2}\times 100$

$$\frac{¥20{,}000}{(¥180{,}000+¥200{,}000)\div 2}\times 100 = 10.526\cdots \rightarrow 10.5\%$$

Section 2のまとめ

■収益性分析の比率

総資産利益率：$\dfrac{\text{当期純利益}}{(\text{期首総資産}+\text{期末総資産})\div 2}\times 100$

自己資本利益率：$\dfrac{\text{当期純利益}}{(\text{期首自己資本}+\text{期末自己資本})\div 2}\times 100$

Section 3

重要度 ★★★☆☆

安全性分析

はじめに

「売掛金が返ってこなかったら…。」と考えると、自社の資金も不足し、最悪は連鎖倒産などということも…。そこで大切なのが、相手先の支払能力(返済能力)を見る安全性分析です。
短期や長期の債権がある相手先の財務諸表を分析する、というイメージで見ていきましょう。

1 短期的視点で見る安全性分析

短期的な視点では、自社の持つ短期の債権、相手先にすれば短期の債務(＝流動負債)に対して、十分な支払能力(＝流動資産等)があるかどうかが問題になります。

そこではまず、流動資産による流動負債の支払能力を見る①流動比率[01]が用いられます。しかし、流動資産に不良在庫などの換金価値の乏しいものがあった場合には、流動比率では支払能力が分からないことから、②当座比率[02]を用いて、より厳密に支払能力を見ていきます。

01)銀行が融資する際に重視することから銀行家比率ともいわれ、200%以上が理想とされてきました。

02)酸性試験比率ともいわれ、100%が望ましいといわれますが、あまり高くなると、投資先のない金余りの状況を示すことにもなります。

$$①流動比率 = \frac{流動資産}{流動負債} \times 100\ (\%)$$

$$②当座比率 = \frac{当座資産^{※}}{流動負債} \times 100\ (\%)$$

※ 当座資産：流動資産のうち換金性の高い項目
＝現金預金＋売上債権＋有価証券＋短期貸付金＋未収金－貸倒引当金

2 長期的視点で見る安全性分析

長期的な視点で安全性を見ると、資産や利益に対しての負債の大小が問題になります。

そこでは、企業の安全をおびやかすという観点から、返済義務のある負債の割合を見る総資産負債比率[03]が用いられます。

03)単に負債比率ということもあります。

$$総資産負債比率 = \frac{負\ 債}{総資産} \times 100\ (\%)$$

反対に、企業の安全の観点から、返済義務のない自己資本の割合を見る自己資本比率を用いることもあります。

$$自己資本比率 = \frac{自己資本}{総資産} \times 100\ (\%)$$

Try it 例題 Q

安全性分析

次の資料に基づいて、当期の流動比率、当座比率、総資産負債比率、自己資本比率を求めなさい。なお、解答上の端数は％未満第２位を四捨五入して、％未満第１位まで示すこと。
ただし、小数点第１位の数値がないときは、例えば「2.0％」のように解答すること。

貸借対照表　(単位：円)

資産	金額	負債・純資産	金額
現金預金	10,000	買掛金	30,000
売掛金	35,000	短期借入金	17,000
貸倒引当金	△700	未払法人税等	3,000
棚卸資産	60,700	長期借入金	10,000
建物	95,000	株主資本	140,000
	200,000		200,000

流動比率	*210.0*	%
当座比率	*88.6*	%
総資産負債比率	*30.0*	%
自己資本比率	*70.0*	%

(1)　流動比率：$\frac{\text{流動資産}}{\text{流動負債}} \times 100$

$$\frac{¥10,000 + ¥35,000 - ¥700 + ¥60,700}{¥30,000 + ¥17,000 + ¥3,000} \times 100 = \frac{¥105,000}{¥50,000} \times 100 = 210\%$$

(2)　当座比率：$\frac{\text{当座資産}}{\text{流動負債}} \times 100$

$$\frac{¥10,000 + ¥35,000 - ¥700}{¥30,000 + ¥17,000 + ¥3,000} \times 100 = \frac{¥44,300}{¥50,000} \times 100 = 88.6\%$$

(3)　総資産負債比率：$\frac{\text{負債}}{\text{総資産}} \times 100$

$$\frac{¥30,000 + ¥17,000 + ¥3,000 + ¥10,000}{¥200,000} \times 100 = \frac{¥60,000}{¥200,000} \times 100 = 30\%$$

(4)　自己資本比率：$\frac{\text{自己資本}}{\text{総資産}} \times 100$

$$\frac{¥140,000}{¥200,000} \times 100 = 70\%$$

Section 3のまとめ

■安全性分析の比率

$$流動比率：\frac{流動資産}{流動負債}\times 100$$

$$当座比率：\frac{当座資産}{流動負債}\times 100$$

$$総資産負債比率：\frac{負債}{総資産}\times 100$$

$$自己資本比率：\frac{自己資本}{総資産}\times 100$$

コラム わかった気になっちゃいけない！

実力がつく問題の解き方をお伝えしましょう。

①まず、とにかく解く
このとき、自信がないところも想像を働かせて、できる限り解答用紙を埋める。

②次に、採点をして解説を見る
このとき、時間が足りずに手をつけられなかったところまで含めて、すべての解説に目を通しておく。
ここでわかった気になって、次の問題に行くと、これまでの努力が水泡に帰す。
分かった気になっただけでは、試験での得点にはならない。
だから、これをやってはいけない!

③すぐに、もう一度“真剣に”解く。
ここで、わかっているからと気を抜いて解いてはいけない。
真剣勝負で解く。そうすればわかっている所は、頭に定着するし、わかっていないところも「わかっていない」ことがはっきりする。

④最後に、わかっていないところを復習しておく。

つまり、勉強とは「自分がわかっている所と、わかっていないところを峻別する作業」なのです。
こうして峻別して、わかっていないところをはっきりさせておけば、試験前の総復習もしやすく、確実に実力をつけていくことができますよ。

Chapter 16

帳簿組織

帳簿組織の全体像

		重要度
Section 1	特殊仕訳帳制度	★★★☆☆
Section 2	二重仕訳と二重転記	★★★☆☆

ココがPOINT!!

記帳の合理化

株式会社は、大規模な企業に向く会社形態です。そうなると、一日の処理量だけでも膨大なものになる可能性が高いので、能率よく処理することが大切になってきます。そのための工夫が特殊仕訳帳制度の導入です。特殊仕訳帳制度では記入の仕方と総勘定元帳への転記を学習します。

特殊仕訳帳制度

はじめに

記帳作業の合理化を図るために、顧問税理士のＫ氏を訪ねてみたところ、Ｋ氏から、特殊仕訳帳制度という方法があることを聞きました。あなたはこの話を詳しく聞いてみることにしました。

1 単一仕訳帳制度と特殊仕訳帳制度

今までの簿記の学習においては、基本的にすべての取引は1つの仕訳帳に仕訳され、仕訳のつど総勘定元帳に転記されました。このような記帳の体系を**単一仕訳帳制度**といいます。

これに対し、**特定の補助記入帳**(現金出納帳、仕入帳、売上帳 etc.)**に仕訳帳としての機能を持たせ(これを特殊仕訳帳といいます)、これを仕訳帳として使用する帳簿の体系を特殊仕訳帳制度といいます。**

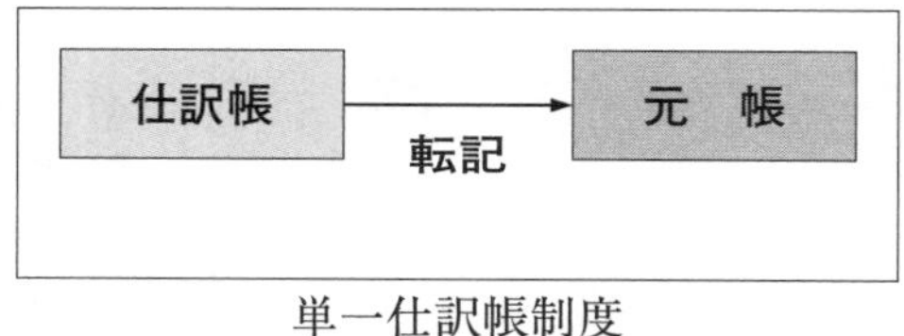

単一仕訳帳制度

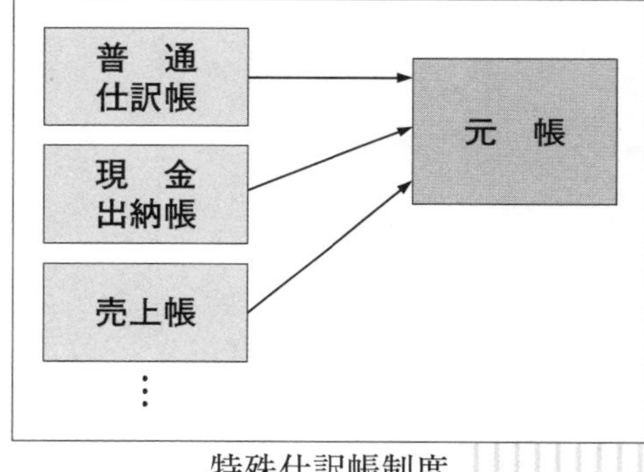

特殊仕訳帳制度

特殊仕訳帳制度では仕訳作業の分業、および特定の勘定科目についての合計転記が可能となり、記帳作業の合理化を図ることができます。

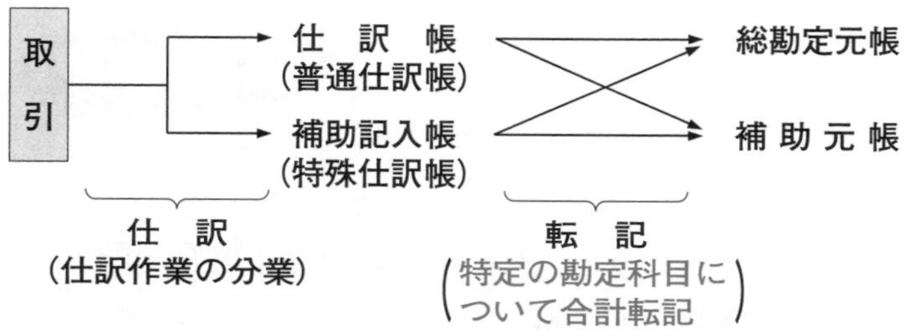

2 単一仕訳帳制度における仕訳と転記

1冊の仕訳帳を用いて仕訳を記録する方法を、**単一仕訳帳制度**といいます。もっとも基本的な形は、1冊の仕訳帳に記入し、そのつど総勘定元帳にのみ転記していく**単一仕訳帳・単一元帳制**です。

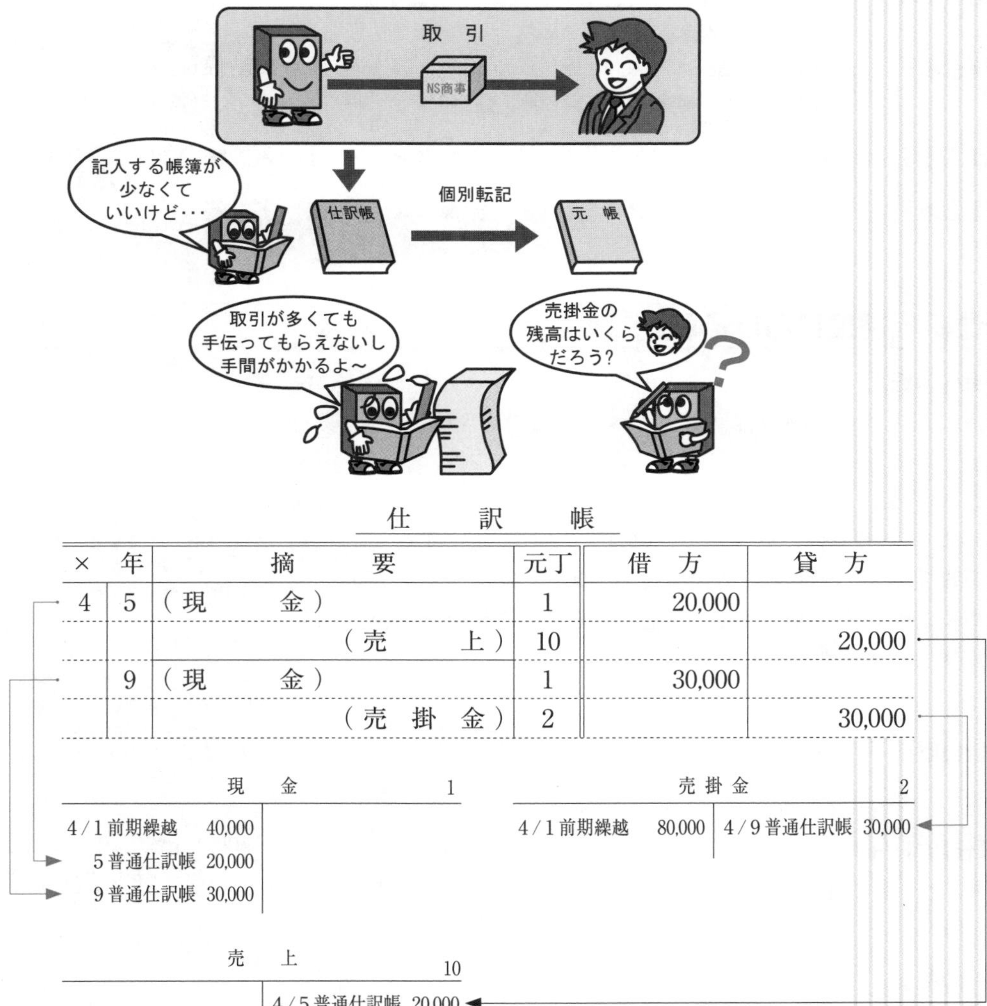

仕　訳　帳

×	年	摘　要	元丁	借　方	貸　方
4	5	（現　金）	1	20,000	
		（売　上）	10		20,000
	9	（現　金）	1	30,000	
		（売　掛　金）	2		30,000

現　金　1

借方		貸方	
4/1 前期繰越	40,000		
5 普通仕訳帳	20,000		
9 普通仕訳帳	30,000		

売掛金　2

借方		貸方	
4/1 前期繰越	80,000	4/9 普通仕訳帳	30,000

売　上　10

借方		貸方	
		4/5 普通仕訳帳	20,000

この記帳方法はシンプルでわかりやすいという長所がある反面、次のような短所があります。

① 取引や勘定の詳細な情報[01]を得ることができない。
② 仕訳帳への記入事務が分担できない[02]。
③ 取引量が増えると転記の手間がかかる。

そのため、取引量が少ない比較的小規模な事業者以外では、望ましい方法とはいえません。

01）得意先別の売掛金の残高や、振り出した手形の金額や満期日などの情報です。

02）仕訳帳は発生順（日付順）に記帳するため、1冊しか設けられません。

3 特殊仕訳帳制度における仕訳

特殊仕訳帳制度では、取引の種類ごとに該当する仕訳帳でそれぞれ仕訳されます。

例えば、仕訳帳(普通仕訳帳)の他に現金出納帳、仕入帳および売上帳を特殊仕訳帳として使用している場合[03]、仕訳は次のようになります。

03)特殊仕訳帳として1級で出題が考えられる帳簿は、現金出納帳、当座預金出納帳、仕入帳、売上帳です。

4 特殊仕訳帳制度における転記

(1)総勘定元帳への転記

普通仕訳帳に記入された勘定科目は、すべて取引の都度転記します(**個別転記**)。

これに対し、特殊仕訳帳へ記入された勘定科目のうち、①特殊仕訳帳の親勘定[04]および②相手科目のうちで、頻繁に取引が発生するため特別に処理される勘定科目(特別欄の勘定科目)**については、ある一定の期間に発生した取引を合計して転記**(合計転記)**します。これ以外の勘定科目(諸口欄の勘定科目)は個別転記します。**

04)例えば現金出納帳における現金勘定です。

[参考]
合計転記する際に、特殊仕訳帳から直接に転記する方法以外に、普通仕訳帳に「合計転記仕訳」を行って転記する方法もあります。

取引
→ 普通仕訳帳 ――――― 個別転記 → 総勘定元帳
→ 特殊仕訳帳 ― 親勘定 ――――― 合計転記 → 総勘定元帳
　　　　　　 ― 相手科目 ― 特別欄[05] ― 合計転記 → 総勘定元帳
　　　　　　　　　　　 ― 諸口欄 ― 個別転記 → 総勘定元帳

05)売上帳における売掛金など頻繁に用いられる相手科目を特別欄とします。

(2)補助元帳への転記

売掛金元帳、買掛金元帳といった補助元帳への転記は、**普通仕訳帳、特殊仕訳帳を問わず、すべて**個別転記**されます**[06]。

06)逐次(ちくじ)、残高を把握しなければならないためです。

⑶転記方法

例1-1

あなたの会社では、普通仕訳帳の他に現金出納帳のみを特殊仕訳帳として使用しており、現金出納帳では売掛金勘定および買掛金勘定を特別欄としている。以下の取引について記帳し、あわせて補助元帳への転記を行いなさい。

［取　引］

4/5：カペラ商店に商品 ¥20,000 を販売し、代金は現金で受け取った。
4/9：ベガ商店に対する売掛金 ¥30,000 を現金で回収した。
4/16：燕商店に対する買掛金 ¥15,000 を現金で支払った。
4/21：堺商店から商品 ¥8,000 を仕入れ、代金は現金で支払った。
4/25：給料 ¥12,000 を現金で支払った。
4/30：現金勘定、および特別欄の勘定科目について合計転記を行う。

現　金　出　納　帳　　1

×	年	勘定科目	摘　要	元丁	売掛金	諸　口	×	年	勘定科目	摘　要	元丁	買掛金	諸　口
4	5	売　上	カペラ商店				4	16	買掛金	燕商店			
	9	売掛金	ベガ商店					21	仕　入	堺商店			
								25	給　料	4月分			
	30		売掛金					30		買掛金			
	〃		現　金					〃		現　金			
	〃		前月繰越	√		40,000		〃		次月繰越	√		

現　金　1

4/1 前月繰越 40,000	

売掛金　2

4/1 前月繰越 80,000	

買掛金　5

	4/1 前月繰越 60,000

売　上　10

仕　入　15

給　料　16

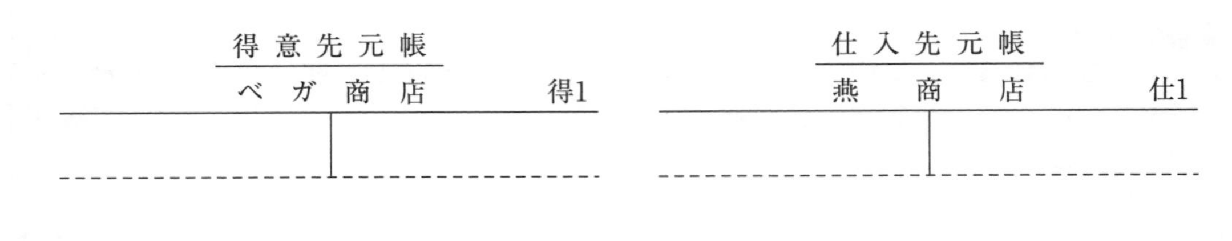

得意先元帳
ベガ商店　得1
仕入先元帳
燕　商　店　仕1

①現金出納帳への記入(仕訳)

この取引はすべて現金取引として、次のように現金出納帳に記入(仕訳)されます。

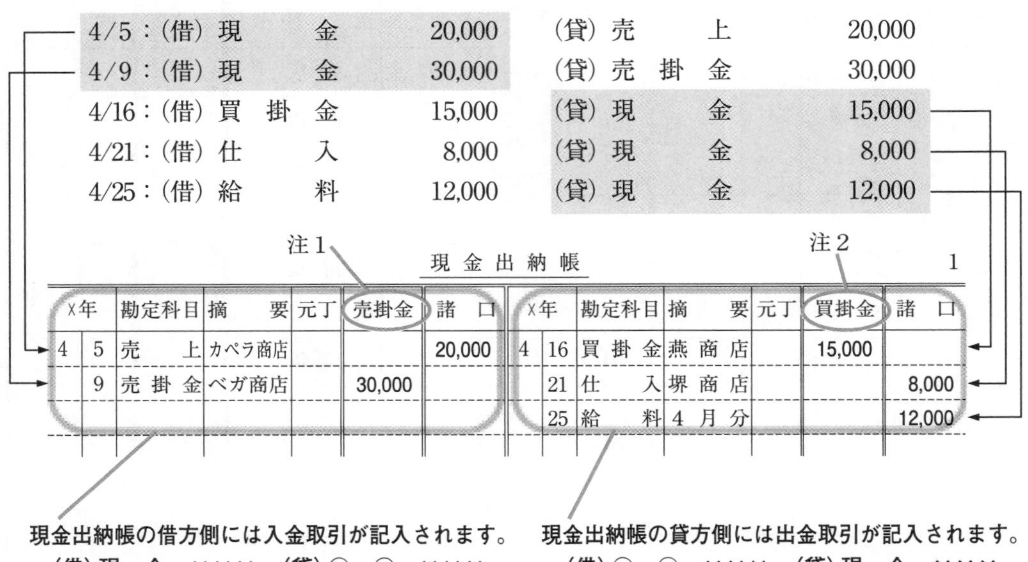

X年		勘定科目	摘要	元丁	売掛金	諸口	X年		勘定科目	摘要	元丁	買掛金	諸口
4	5	売上	カペラ商店			20,000	4	16	買掛金	燕商店		15,000	
	9	売掛金	ベガ商店		30,000			21	仕入	堺商店			8,000
								25	給料	4月分			12,000

注1　**現金出納帳の借方において特別欄として扱われる売掛金の金額は、売掛金勘定の減少額を意味します。**
(現　金　×××／売掛金　×××という取引が記入されます)

注2　**現金出納帳の貸方の買掛金の金額は、同様に買掛金勘定の減少額を意味します。**
(買掛金　×××／現　金　×××という取引が記入されます)

②現金出納帳から総勘定元帳への転記(仕訳)

現金出納帳を特殊仕訳帳として用いた場合、総勘定元帳の現金勘定へは合計転記が行われます[07]。また、相手科目のうち、売掛金勘定と買掛金勘定は特別欄の勘定科目として合計転記されます。これらのものは取引発生時には転記をしないため、**元丁欄に「√」(チェックマーク)を記入します**。これ以外の勘定科目はすべて個別転記され、**転記をしたら元丁欄に総勘定元帳の丁数[08]を記入します。**

07)現金勘定は親勘定だからです。

08)「丁」という字には「ページ」という意味があります。したがって「丁数」といえばページ数、「元丁」といえば総勘定元帳のページ数という意味になります。

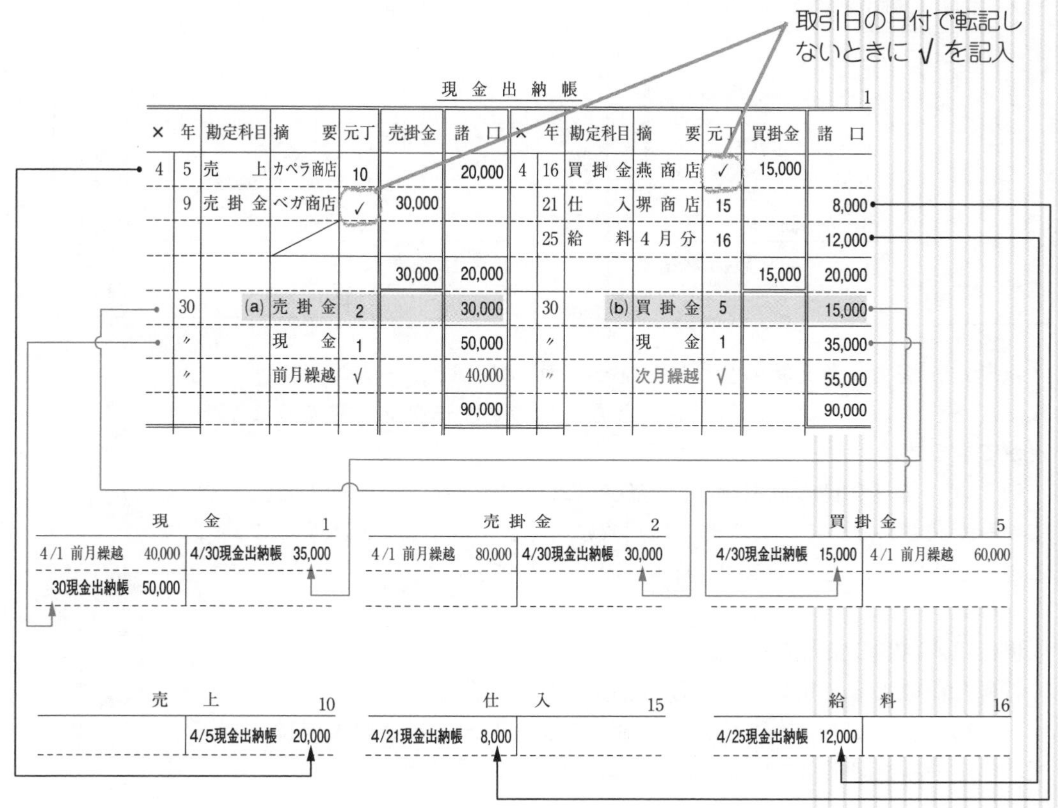

現金出納帳　1

×年		勘定科目	摘要	元丁	売掛金	諸口	×年		勘定科目	摘要	元丁	買掛金	諸口
4	5	売上	カペラ商店	10		20,000	4	16	買掛金	燕商店	✓	15,000	
	9	売掛金	ベガ商店	✓	30,000			21	仕入	堺商店	15		8,000
								25	給料	4月分	16		12,000
					30,000	20,000						15,000	20,000
	30		(a) 売掛金	2		30,000		30		(b) 買掛金	5		15,000
	〃		現金	1		50,000		〃		現金	1		35,000
	〃		前月繰越	√		40,000		〃		次月繰越	√		55,000
						90,000							90,000

取引日の日付で転記しないときに √ を記入
現金　1
4/1 前月繰越 40,000　4/30現金出納帳 35,000
30現金出納帳 50,000
売掛金　2
4/1 前月繰越 80,000　4/30現金出納帳 30,000
買掛金　5
4/30現金出納帳 15,000　4/1 前月繰越 60,000
売上　10
4/5現金出納帳 20,000
仕入　15
4/21現金出納帳 8,000
給料　16
4/25現金出納帳 12,000

(注)
→ 合計転記されたもの
→ 個別転記されたもの

③合計転記を行うための現金出納帳の締切手続き

(a)現金出納帳の借方側

現金出納帳特別欄の売掛金の金額を合計し、この金額を総勘定元帳売掛金勘定の貸方に転記します。次に、その金額を現金出納帳諸口欄に移動し、諸口欄の金額を合計し、この金額を総勘定元帳現金勘定の借方に転記します(上図参照)。

(b)現金出納帳の貸方側

(a)と同様の手順で、買掛金勘定の借方、および現金勘定の貸方にそれぞれ合計転記します(上図参照)。

④現金出納帳から補助元帳への転記

得意先元帳および仕入先元帳が設けてある場合、売掛金勘定と買掛金勘定の転記に注意が必要です。

売掛金勘定と買掛金勘定は、現金出納帳において特別欄の科目として処理されているため、総勘定元帳へは合計転記されます。しかし**仕入先元帳および得意先元帳へは個別転記されます。**

現金出納帳

1

×	年	勘定科目	摘要	元丁	売掛金	諸口	×	年	勘定科目	摘要	元丁	買掛金	諸口
4	5	売上	カペラ商店	10		20,000	4	16	買掛金	燕商店	✓/仕1	15,000	
	9	売掛金	ベガ商店	✓/得1	30,000								

得意先元帳

ベガ商店　得1

	4/9現金出納帳 30,000

仕入先元帳

燕商店　仕1

4/16現金出納帳 15,000	

総勘定元帳・補助元帳の２つに転記がされる場合で、一方の元帳へ転記がされず√マークが記入されるとき、その√マークは省略することができます。

例えば、４月９日の取引は総勘定元帳には転記されず、得意先元帳にのみ転記されるので、元丁欄には正式には「√／得１」と記入することになりますが、通常は「得１」のみを記入します。

⑤現金収入（収納）帳と現金支払帳

特殊仕訳帳として用いられる現金出納帳には、入金・出金に関するすべての取引が記帳されますが、入金のみを記帳する現金収入（収納）帳、出金のみを記帳する現金支払帳が用いられることもあります。

現金収入帳

10

×年		勘定科目	摘要	元丁	売掛金	諸口
4	5	売上	カペラ商店	10		20,000
	9	売掛金	ベガ商店	√/得1	30,000	
					30,000	20,000
	30		売掛金	2		30,000
	〃		現金	1		50,000
	〃		前月繰越	√		40,000
						90,000

現　金　支　払　帳

11

×年		勘定科目	摘　要	元丁	買掛金	諸　口
4	16	買　掛　金	燕　商　店	√/仕1	15,000	
	21	仕　　入	堺　商　店	15		8,000
	25	給　　料	4　月　分	16		12,000
					15,000	20,000
	30		買　掛　金	5		15,000
	〃		現　　金	1		35,000
	〃		次月繰越	√		55,000
						90,000

特殊仕訳帳制度

次の取引を現金出納帳に記入し、総勘定元帳への転記について必要な記入を示しなさい。なお、普通仕訳帳の他に現金出納帳を特殊仕訳帳として使用している。また、元丁欄の記入にあたっては次の丁数を参考にすること。摘要欄の記入は不要である。

総勘定元帳：現　　金 10、未 収 金 15、売 掛 金 20、借 入 金 55、
買 掛 金 60、売　　上 81、営 業 費 95

[取　引]

10/ 7 ：神戸商店へ商品 ¥20,000 を販売し、代金は現金で受け取った。
10/17：大阪商店に対する売掛金 ¥30,000 を現金で受け取った。
10/18：営業費 ¥7,000 を現金で支払った。
10/20：福岡商店に対する買掛金 ¥40,000 を現金で支払った。
10/26：未収金¥60,000 について現金で受け取った。
10/27：借入金 ¥25,000 を現金で返済した。
10/28：名古屋商店に対する売掛金 ¥35,000 を現金で受け取った。
10/29：熊本商店に対する買掛金 ¥45,000 を現金で支払った。

現　金　出　納　帳

1

×年		勘定科目	摘　要	元丁	売掛金	諸　口	×年		勘定科目	摘　要	元丁	買掛金	諸　口
			大阪商店	得 1						福岡商店	仕 1		
			名古屋商店	得 2						熊本商店	仕 2		
	31		売 掛 金					31		買 掛 金			
	〃		現　金					〃		現　金			
	〃		前月繰越	✓		50,000		〃		次月繰越	✓		

現金出納帳　1

×年		勘定科目	摘要	元丁	売掛金	諸口	×年		勘定科目	摘要	元丁	買掛金	諸口
10	7	売上		81		20,000	10	18	営業費		95		7,000
	17	売掛金	大阪商店	得1	30,000			20	買掛金	福岡商店	仕1	40,000	
	26	未収金		15		60,000		27	借入金		55		25,000
	28	売掛金	名古屋商店	得2	35,000			29	買掛金	熊本商店	仕2	45,000	
					65,000	80,000						85,000	32,000
	31		売掛金	20		65,000		31		買掛金	60		85,000
	〃		現金	10		145,000		〃		現金	10		117,000
	〃		前月繰越	✓		50,000		〃		次月繰越	✓		78,000
						195,000							195,000

Section 1のまとめ

■特殊仕訳帳制度における転記

(1)総勘定元帳への転記

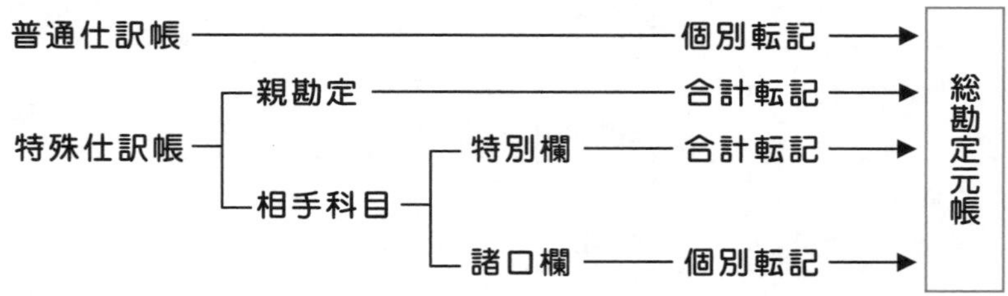

(2)補助元帳への転記

すべて個別転記します。

Section 2 重要度 ★★★☆☆

二重仕訳と二重転記

はじめに

「思ったより今月は売上が多いなぁ。おかしいぞ」。元帳に目を通したあなたは不審に思いました。というのも、自分が想像していた金額の倍は優にありそうだからです。
再び、顧問税理士のK氏に聞いてみると「現金出納帳と売上帳のそれぞれから同じ取引が二重に転記されているからですよ」。K氏によれば、2つの仕訳帳にまたがって記入される取引にはすべてこのような可能性が考えられるとのこと。そこで、あなたはこの二重転記を避ける方法を検討してみることにしました。

1 仕入帳と売上帳

仕入帳や売上帳も特殊仕訳帳としてよく使用されます。

この場合、仕入帳にはすべての仕入取引が記入され、売上帳にはすべての売上取引が記入されます。

2 二重仕訳と二重転記の回避

複数の特殊仕訳帳を使用している場合には、**2つの仕訳帳にまたがって記録される取引が発生します**。このような場合に、二重仕訳と**総勘定元帳への**二重転記という問題が生じます。

例えば、現金出納帳の他に売上帳を特殊仕訳帳として使用している場合には、「商品を現金で販売した。(現金×××／売上×××)」という取引は現金出納帳と売上帳の両方に記入されます。

つまり、この取引は2つの仕訳帳に仕訳されていることになり、これを総勘定元帳にそれぞれ転記したのでは、同じ取引を二度転記することになってしまいます[01)]。

01) 1万円の売上が2万円として記録されてしまいます。

このような二重転記を避けるため、「特殊仕訳帳に記入された他の特殊仕訳帳の親勘定には転記しない」というルールを設けて処理します。

(1)現金売上の場合

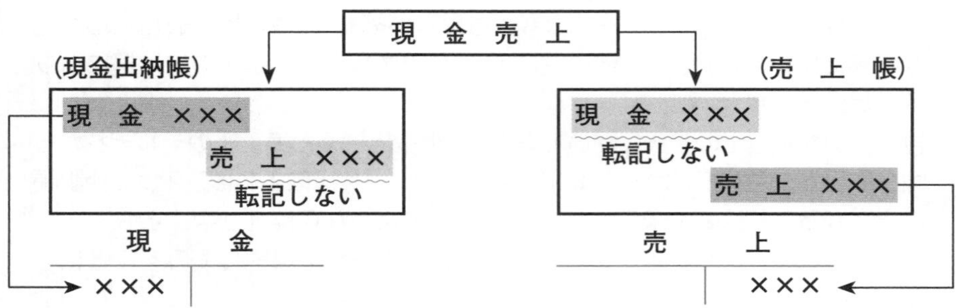

(2)現金仕入の場合

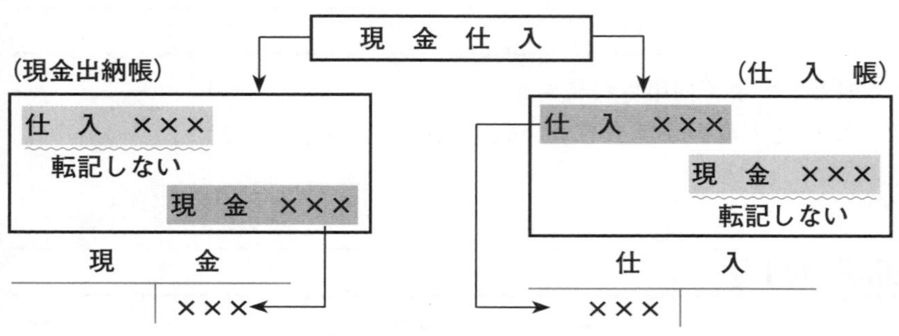

⑶転記方法

例2-1

普通仕訳帳の他に、現金出納帳、仕入帳および売上帳を特殊仕訳帳として使用している。次の取引について記帳を行った。

それぞれの特殊仕訳帳では売掛金勘定および買掛金勘定を特別欄としており、補助元帳は一切使用していない。

［取　引］

5/ 6：A商事に対する売掛金 ¥15,000 を現金で回収した。
5/ 8：甲商事から商品 ¥30,000 を仕入れ、代金は現金で支払った。
5/10：A商事に商品 ¥50,000 を販売し、代金は掛けとした。
5/16：B商事に商品 ¥10,000 を販売し、代金は現金で受け取った。
5/21：乙商事から商品 ¥25,000 を仕入れ、代金は掛けとした。
5/25：乙商事に対する買掛金 ¥20,000 を現金で支払った。
5/28：給料 ¥8,000 を現金で支払った。

現金出納帳　1

×	年	勘定科目	摘要	元丁	売掛金	諸口	×	年	勘定科目	摘要	元丁	買掛金	諸口
5	6	売掛金	A商事		15,000		5	8	仕入	甲商事			30,000
	16	売上	B商事			10,000		25	買掛金	乙商事		20,000	
								28	給料	5月分			8,000
	31		売掛金					31		買掛金			
	〃		現金					〃		現金			
	〃		前月繰越	✓		55,000		〃		次月繰越	✓		

仕入帳

×	年	勘定科目	摘要	元丁	買掛金	諸口
5	8	現金	甲商事			30,000
	21	買掛金	乙商事		25,000	
	31		買掛金			
	〃		仕入			

売上帳

×	年	勘定科目	摘要	元丁	売掛金	諸口
5	10	売掛金	A商事		50,000	
	16	現金	B商事			10,000
	31		売掛金			
	〃		売上			

現金　1

借方	貸方
5/1前月繰越　55,000	

売掛金　2

借方	貸方
5/1前月繰越　50,000	

買掛金　5

借方	貸方
	5/1前月繰越　45,000

売上　10

借方	貸方

仕入　15

借方	貸方

給料　16

借方	貸方

―― … 現金出納帳からの合計転記
―― … 仕入帳からの合計転記
―― … 売上帳からの合計転記

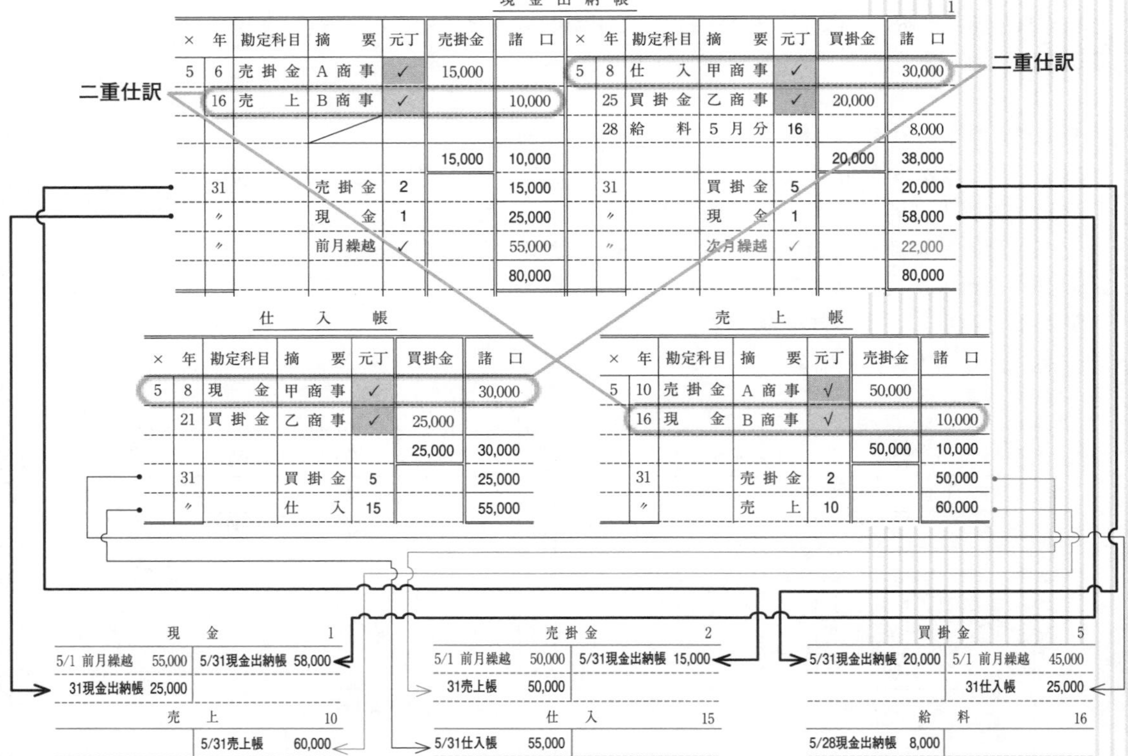

現金出納帳　1

×	年	勘定科目	摘要	元丁	売掛金	諸口	×	年	勘定科目	摘要	元丁	買掛金	諸口
5	6	売掛金	A商事	✓	15,000		5	8	仕入	甲商事	✓		30,000
	16	売上	B商事	✓		10,000		25	買掛金	乙商事	✓	20,000	
								28	給料	5月分	16		8,000
					15,000	10,000						20,000	38,000
	31		売掛金	2		15,000		31		買掛金	5		20,000
	〃		現金	1		25,000		〃		現金	1		58,000
	〃		前月繰越	✓		55,000		〃		次月繰越	✓		22,000
						80,000							80,000

仕入帳

×	年	勘定科目	摘要	元丁	買掛金	諸口
5	8	現金	甲商事	✓		30,000
	21	買掛金	乙商事	✓	25,000	
					25,000	30,000
	31		買掛金	5		25,000
	〃		仕入	15		55,000

売上帳

×	年	勘定科目	摘要	元丁	売掛金	諸口
5	10	売掛金	A商事	√	50,000	
	16	現金	B商事	√		10,000
					50,000	10,000
	31		売掛金	2		50,000
	〃		売上	10		60,000

現金　1

借方		貸方	
5/1 前月繰越	55,000	5/31 現金出納帳	58,000
31 現金出納帳	25,000		

売掛金　2

借方		貸方	
5/1 前月繰越	50,000	5/31 現金出納帳	15,000
31 売上帳	50,000		

買掛金　5

借方		貸方	
5/31 現金出納帳	20,000	5/1 前月繰越	45,000
		31 仕入帳	25,000

売上　10

借方		貸方	
		5/31 売上帳	60,000

仕入　15

借方		貸方	
5/31 仕入帳	55,000		

給料　16

借方		貸方	
5/28 現金出納帳	8,000		

①チェックマークの意味

チェックマークは、次のような場合に用います。

(a)二重転記の回避

2つの仕訳帳にまたがって記入される取引は、二重転記を回避するために、次のようにチェックマーク(√)を記入し、ここからは転記をしないようにします(上記の特殊仕訳帳上の　　がこれに相当します)。

現金出納帳：	(借)	仕　　入(√)	30,000	(貸)	現　　金	30,000
仕　入　帳：	(借)	仕　　入	30,000	(貸)	現　　金(√)	30,000

現金出納帳：	(借)	現　　金	10,000	(貸)	売　　上(√)	10,000
売　上　帳：	(借)	現　　金(√)	10,000	(貸)	売　　上	10,000

5/8と5/16の取引のことですね。

(b)個別転記の省略

特別欄の金額については、合計転記するため取引が行われた日の日付で転記すること(個別転記)を省略し、チェックマークを記入します(左記の特殊仕訳帳上のがこれに相当します)。

②転記原則

特殊仕訳帳から総勘定元帳に転記を行うときの転記のルールを、下の表にまとめます。

合計転記するもの	特殊仕訳帳の親勘定
	特殊仕訳帳の特別欄の金額
個別転記するもの	特殊仕訳帳の諸口欄に記入された金額
	普通仕訳帳に記入された取引[02]

02)普通仕訳帳を通じて合計仕訳を行い合計転記する場合を除きます。

3 返品の記帳

返品の記帳は、特殊仕訳帳(仕入帳もしくは売上帳)で行う場合と、普通仕訳帳で行う場合、の2つがあります。

特殊仕訳帳で行う場合、次のような処理になります。

(1)仕入返品

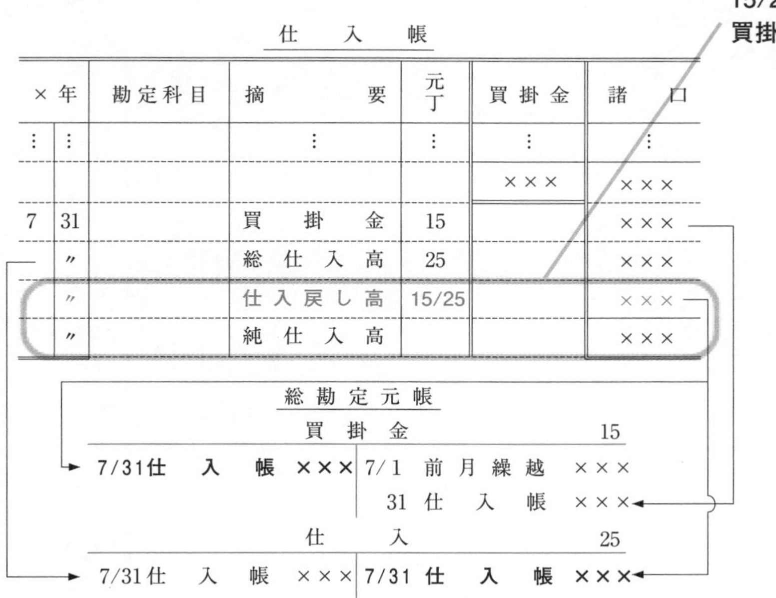

状況に応じて、「売上戻り高」など、適切な語句を記入することになります(厳密な決まりはとくにありません)。「25/15」と記入しても構いません。

通常の仕入帳の締切手続きに従い、総仕入高、返品高、純仕入高を計算し、締め切ります。このうち、**総仕入高および返品高は、この金額をもって仕入勘定の借方、もしくは貸方に合計転記が行われます。**また、返品のうち、掛けによるものがある場合には、その金額もこの段階で買掛金勘定の借方に転記します。

(2)売上返品

仕入帳と同様に行います。

二重仕訳

次の⑴～⑹の取引のうち、二重仕訳となるものはどれか。なお、普通仕訳帳の他に現金出納帳、仕入帳、売上帳を特殊仕訳帳として使用している。

⑴ 商品 ¥10,000を掛けで販売した。

⑵ 商品 ¥8,000を現金で販売した。

⑶ 商品 ¥12,000を手形で販売した。

⑷ A商事に対する売掛金 ¥5,000を現金で回収した。

⑸ 商品 ¥6,000を掛けで仕入れた。

⑹ 商品 ¥8,000を現金で仕入れた。

⑵、⑹

⑵ 現金出納帳と売上帳とで二重仕訳となります。
⑹ 現金出納帳と仕入帳とで二重仕訳となります。

Try it 例題 Q

二重転記の回避

現金出納帳、仕入帳および売上帳の３つを特殊仕訳帳として用いている。次の10月中の記入事項にもとづいて、各特殊仕訳帳を完成させなさい。なお、元丁欄の記入にあたっては、次の丁数を参考にすること。摘要欄の記入は不要である。

総勘定元帳：現　　金 1、当座預金 2、受取手形 5、売 掛 金 10、備　　品 20、支払手形 30、買 掛 金 40、売　　上 60、仕　　入 70、営 業 費 80
得意先元帳：東京商店　得１、横浜商店　得２
仕入先元帳：宮城商店　仕１、山形商店　仕２

現　金　出　納　帳　　1

×年		勘定科目	摘　要	元丁	売掛金	諸　口	×年		勘定科目	摘　要	元丁	買掛金	諸　口
10	3	売　掛　金	東京商店		50,000		10	2	営　業　費				30,000
	7	売　　上				37,500		16	買　掛　金	宮城商店		56,500	
	18	当座預金				87,500		25	備　　品				100,000
	28	売　掛　金	横浜商店		60,000			29	買　掛　金	山形商店		65,600	
	31		売 掛 金					31		買 掛 金			
	〃		現　　金					〃		現　　金			
	〃		前月繰越	✓		100,000		〃		次月繰越	✓		

仕　入　帳

×年		勘定科目	摘　要	元丁	買掛金	諸　口
10	9	買　掛　金	宮城商店		98,000	
	15	買　掛　金	山形商店		65,600	
	23	支払手形				80,000
	31		買 掛 金			
	〃		仕　　入			

売　上　帳

×年		勘定科目	摘　要	元丁	売掛金	諸　口
10	6	売　掛　金	横浜商店		65,000	
	7	現　　金				37,500
	20	受取手形				46,800
	25	売　掛　金	東京商店		73,000	
	31		売 掛 金			
	〃		売　　上			

現金出納帳　1

×年		勘定科目	摘要	元丁	売掛金	諸口	×年		勘定科目	摘要	元丁	買掛金	諸口
10	3	売掛金	東京商店	得1	50,000		10	2	営業費		80		30,000
	7	売上		✓		37,500		16	買掛金	宮城商店	仕1	56,500	
	18	当座預金		2		87,500		25	備品		20		100,000
	28	売掛金	横浜商店	得2	60,000			29	買掛金	山形商店	仕2	65,600	
					110,000	125,000						122,100	130,000
	31		売掛金	10		110,000		31		買掛金	40		122,100
	〃		現金	1		235,000		〃		現金	1		252,100
	〃		前月繰越	✓		100,000		〃		次月繰越	✓		82,900
						335,000							335,000

仕入帳

×年		勘定科目	摘要	元丁	買掛金	諸口
10	9	買掛金	宮城商店	仕1	98,000	
	15	買掛金	山形商店	仕2	65,600	
	23	支払手形		30		80,000
					163,600	80,000
	31		買掛金	40		163,600
	〃		仕入	70		243,600

売上帳

×年		勘定科目	摘要	元丁	売掛金	諸口
10	6	売掛金	横浜商店	得2	65,000	
	7	現金		✓		37,500
	20	受取手形		5		46,800
	25	売掛金	東京商店	得1	73,000	
					138,000	84,300
	31		売掛金	10		138,000
	〃		売上	60		222,300

解説

(1) 現金出納帳借方に記入された取引

	借方	金額	貸方	金額
10/3	(現金)	50,000	東(売掛金)	50,000
7	(現金)	37,500	(売上)	37,500
18	(現金)	87,500	(当座預金)	87,500
28	(現金)	60,000	横(売掛金)	60,000

(2) 現金出納帳貸方に記入された取引

	借方	金額	貸方	金額
10/2	(営業費)	30,000	(現金)	30,000
16	宮(買掛金)	56,500	(現金)	56,500
25	(備品)	100,000	(現金)	100,000
29	山(買掛金)	65,600	(現金)	65,600

(3) 仕入帳に記入された取引

	借方	金額	貸方	金額
10/9	(仕入)	98,000	宮(買掛金)	98,000
15	(仕入)	65,600	山(買掛金)	65,600
23	(仕入)	80,000	(支払手形)	80,000

(4) 売上帳に記入された取引

	借方	金額	貸方	金額
10/6	横(売掛金)	65,000	(売上)	65,000
7	(現金)	37,500	(売上)	37,500
20	(受取手形)	46,800	(売上)	46,800
25	東(売掛金)	73,000	(売上)	73,000

[点線枠]: 二重仕訳の相手科目　転記不要
[網掛け]: 諸口欄の科目　個別転記
その他の科目は合計転記

Section 2のまとめ

■二重仕訳と二重転記

・二重仕訳…２つの仕訳帳にまたがって取引が記録されること。

・二重転記…２つの仕訳帳から総勘定元帳にそれぞれ転記することで、同じ取引が二度転記されること。

■チェックマークの意味

特殊仕訳帳を採用している場合、チェックマーク(√)が用いられる主な場合は次の２つです。

①個別転記の省略

　特殊仕訳帳の特別欄に記入された金額については、合計転記が行われます。そこで、誤って個別転記をしないように元丁欄に転記不要のチェックマークを付しておきます。

②二重転記の回避

　２つの特殊仕訳帳にまたがって記録される取引の場合、２つの仕訳帳からそれぞれに転記をすると、１つの取引が二重に転記されることになります。そこで、二重転記を回避するために、転記不要のチェックマークを付しておきます。

企業会計原則と注解

第一　一般原則

企業会計原則	企業会計原則注解(一部修正)
一　〔企業会計〕は、企業の〔財政状態〕及び〔経営成績〕に関して、〔真実〕な〔報告〕を提供するものでなければならない。	
二　企業会計は、すべての〔取引〕につき、〔正規の簿記〕の原則に従って、〔正確〕な〔会計帳簿〕を作成しなければならない。(注１)	**〔注１〕重要性の原則の適用について**(一般原則二、四及び貸借対照表原則一) 企業会計は、定められた〔会計処理〕の方法に従って〔正確〕な計算を行うべきものであるが、企業会計が目的とするところは、企業の〔財務内容〕を明らかにし、企業の状況に関する〔利害関係者〕の判断を誤らせないようにすることにあるから、〔重要性〕の乏しいものについては、本来の〔厳密〕な〔会計処理〕によらないで他の〔簡便〕な方法によることも〔正規の簿記〕の原則に従った処理として認められる。 〔重要性〕の原則は、財務諸表の〔表示〕に関しても適用される。 重要性の原則の適用例としては、次のようなものがある。 (1)　消耗品、消耗工具器具備品その他の貯蔵品等のうち、重要性の乏しいものについては、その買入時又は払出時に費用として処理する方法を採用することができる。 (2)　前払費用、未収収益、未払費用及び前受収益のうち、重要性の乏しいものについては、経過勘定項目として処理しないことができる。 (3)　引当金のうち、重要性の乏しいものについては、これを計上しないことができる。 (4)　たな卸資産の取得原価に含められる引取費用、関税、買入事務費、移管費、保管費等の付随費用のうち、重要性の乏しいものについては、取得原価に算入しないことができる。 (5)　分割返済の定めのある長期の債権又は債務のうち、期限が一年以内に到来するもので重要性の乏しいものについては、固定資産又は固定負債として表示することができる。

三　〔資本取引〕と〔損益取引〕とを明瞭に区別し、特に〔資本剰余金〕と〔利益剰余金〕とを〔混同〕してはならない。(注２)	**〔注２〕資本取引と損益取引との区別について**(一般原則三) (1)　〔資本剰余金〕は、〔資本取引〕から生じた剰余金であり、〔利益剰余金〕は〔損益取引〕から生じた剰余金、すなわち〔利益〕の〔留保額〕であるから、両者が〔混同〕されると、企業の〔財政状態〕及び経営成績が適正に示されないことになる。従って、例えば、新株発行による〔株式払込剰余金〕から〔新株発行費用〕を控除することは許されない。
四　企業会計は、〔財務諸表〕によって、〔利害関係者〕に対し必要な〔会計事実〕を〔明瞭〕に表示し、〔企業の状況〕に関する〔判断〕を誤らせないようにしなければならない。(注１)(注１－２)(注１－３)(注１－４)	**〔注１〕重要性の原則の適用について**(一般原則二、四及び貸借対照表原則一) 企業会計は、定められた〔会計処理〕の方法に従って〔正確〕な計算を行うべきものであるが、企業会計が目的とするところは、企業の〔財務内容〕を明らかにし、企業の状況に関する〔利害関係者〕の判断を誤らせないようにすることにあるから、〔重要性〕の乏しいものについては、本来の〔厳密〕な〔会計処理〕によらないで他の〔簡便〕な方法によることも、〔正規の簿記〕の原則に従った処理として認められる。 〔重要性〕の原則は、財務諸表の〔表示〕に関しても適用される。 重要性の原則の適用例としては、次のようなものがある。 (1)　消耗品、消耗工具器具備品その他の貯蔵品等のうち、重要性の乏しいものについては、その買入時又は払出時に費用として処理する方法を採用することができる。 (2)　前払費用、未収収益、未払費用及び前受収益のうち、重要性の乏しいものについては、経過勘定項目として処理しないことができる。 (3)　引当金のうち、重要性の乏しいものについては、これを計上しないことができる。 (4)　たな卸資産の取得原価に含められる引取費用、関税、買入事務費、移管費、保管費等の付随費用のうち、重要性の乏しいものについては、取得原価に算入しないことができる。 (5)　分割返済の定めのある長期の債権又は債務のうち、期限が一年以内に到来するもので重要性の乏しいものについては、固定資産又は固定負債として表示することができる。

	〔注1-2〕重要な会計方針の開示について（一般原則四及び五） 〔財務諸表〕には、重要な〔会計方針〕を〔注記〕しなければならない。 〔会計方針〕とは、企業が〔損益計算書〕及び貸借対照表の作成に当たって、その財政状態及び〔経営成績〕を正しく示すために採用した〔会計処理〕の原則及び手続の方法をいう。 会計方針の例としては、次のようなものがある。 イ　有価証券の評価基準及び評価方法 ロ　たな卸資産の評価基準及び評価方法 ハ　固定資産の減価償却方法 ニ　繰延資産の処理方法 ホ　外貨建資産・負債の本邦通貨への換算基準 ヘ　引当金の計上基準 ト　費用・収益の計上基準 代替的な会計基準が認められていない場合には、会計方針の注記を省略することができる。
	〔注1-3〕重要な後発事象の開示について（一般原則四） 〔財務諸表〕には、〔損益計算書〕及び〔貸借対照表〕を作成する日までに〔発生〕した重要な〔後発事象〕を〔注記〕しなければならない。 後発事象とは、貸借対照表日後に発生した事象で、次期以後の財政状態及び経営成績に影響を及ぼすものをいう。 重要な後発事象を注記事項として開示することは、当該企業の将来の財政状態及び経営成績を理解するための補足情報として有用である。 重要な後発事象の例としては、次のようなものがある。 イ　火災、出水等による重大な損害の発生 ロ　多額の増資又は減資及び多額の社債の発行又は繰上償還 ハ　会社の合併、重要な営業の譲渡又は譲受 ニ　重要な係争事件の発生又は解決 ホ　主要な取引先の倒産
五　〔企業会計〕は、その〔処理の原則〕及び〔手続〕を毎期〔継続〕して適用し、みだりにこれを〔変更〕してはならない。（注1－2）（注3）	**〔注1-4〕注記事項の記載方法について**（一般原則四） 重要な会計方針に係る注記事項は、キャッシュ・フロー計算書の次にまとめて記載する。 なお、その他の注記事項についても、重要な会計方針の注記の次に記載することができる。

	〔注１-２〕上記参照
	〔注３〕継続性の原則について（一般原則五） 企業会計上継続性が問題とされるのは、一つの会計事実について二つ以上の会計処理の原則又は手続の選択適用が認められている場合である。 このような場合に、企業が選択した会計処理の原則及び手続を毎期継続して適用しないときは、同一の会計事実について異なる利益額が算出されることになり、財務諸表の期間比較を困難ならしめ、この結果、企業の財務内容に関する利害関係者の判断を誤らしめることになる。 従って、いったん〔採用〕した会計〔処理の原則〕又は〔手続〕は、〔正当な理由〕により〔変更〕を行う場合を除き、〔財務諸表〕を作成する各時期を通じて〔継続〕して適用しなければならない。 なお、〔正当な理由〕によって、会計〔処理の原則〕又は〔手続〕に〔重要〕な〔変更〕を加えたときは、これを当該〔財務諸表〕に〔注記〕しなければならない。
六　企業の〔財政〕に〔不利〕な影響を及ぼす〔可能性〕がある場合には、これに備えて適当に〔健全〕な〔会計処理〕をしなければならない。（注４）	**〔注４〕保守主義の原則について**（一般原則六） 企業会計は、予測される将来の〔危険〕に備えて〔慎重〕な判断に基づく〔会計処理〕を行わなければならないが、過度に〔保守的〕な〔会計処理〕を行うことにより、企業の財政状態及び〔経営成績〕の〔真実〕な報告をゆがめてはならない。
七　〔株主総会〕提出のため、信用目的のため、租税目的のため等種々の目的のために異なる形式の〔財務諸表〕を作成する必要がある場合、それらの内容は、信頼しうる〔会計記録〕に基づいて作成されたものであって、政策の考慮のために事実の〔真実な表示〕をゆがめてはならない。	

第二　損益計算書原則

<table>
<tr><th>企業会計原則</th><th>企業会計原則注解(一部修正)</th></tr>
<tr><td>(損益計算書の本質)
一　〔損益計算書〕は、企業の〔経営成績〕を明らかにするために、一会計期間に属するすべての〔収益〕とこれに対応するすべての〔費用〕とを記載して〔経常利益〕を表示し、これに〔特別損益〕に属する項目を加減して〔当期純利益〕を表示しなければならない。</td><td></td></tr>
<tr><td>A　すべての費用及び収益は、その支出及び収入に基づいて計上し、その発生した期間に正しく割当てられるように処理しなければならない。ただし、未実現収益は、原則として、当期の損益計算に計上してはならない。
　前払費用及び前受収益は、これを当期の損益計算から除去し、未払費用及び未収収益は、当期の損益計算に計上しなければならない。(注5)</td><td>〔注5〕経過勘定項目について(損益計算書原則一のAの2項)
(1)　前払費用
　前払費用は、一定の契約に従い、継続して役務の提供を受ける場合、いまだ提供されていない役務に対し支払われた対価をいう。従って、このような役務に対する対価は、時間の経過とともに次期以降の費用となるものであるから、これを当期の損益計算から除去するとともに貸借対照表の資産の部に計上しなければならない。また、前払費用は、かかる役務提供契約以外の契約等による前払金とは区別しなければならない。
(2)　前受収益
　前受収益は、一定の契約に従い、継続して役務の提供を行う場合、いまだ提供していない役務に対し支払を受けた対価をいう。従って、このような役務に対する対価は、時間の経過とともに次期以降の収益となるものであるから、これを当期の損益計算から除去するとともに貸借対照表の負債の部に計上しなければならない。また、前受収益は、かかる役務提供契約以外の契約等による前受金とは区別しなければならない。
(3)　未払費用
　未払費用は、一定の契約に従い、継続して役務の提供を受ける場合、既に提供された役務に対していまだその対価の支払が終らないものをいう。従って、このような役務に対する対価は、時間の経過に伴いすでに当期の費用として発生しているものであるから、これを当期の損益計算に計上するとともに貸借対照表の負債の部に計上しなければならない。また、未払費用は、かかる役務提供契約以外の契約等による未払金とは区別しなければならない。</td></tr>
</table>

B　費用及び収益は、総額によって記載することを原則とし、費用の項目と収益の項目とを直接に相殺することによってその全部又は一部を損益計算書から除去してはならない。

C　費用及び収益は、その発生源泉に従って明瞭に分類し、各収益項目とそれに関連する費用項目とを損益計算書に対応表示しなければならない。

(損益計算書の区分)

二　損益計算書には、営業損益計算、経常損益計算及び純損益計算の区分を設けなければならない。

A　営業損益計算の区分は、当該企業の営業活動から生ずる費用及び収益を記載して、営業利益を計算する。

　二つ以上の営業を目的とする企業にあっては、その費用及び収益を主要な営業別に区分して記載する。

B　経常損益計算の区分は、営業損益計算の結果を受けて、利息及び割引料、有価証券売却損益その他営業活動以外の原因から生ずる損益であって特別損益に属しないものを記載し、経常利益を計算する。

C　純損益計算の区分は、経常損益計算の結果を受けて、前期損益修正額、固定資産売却損益等の特別損益を記載し、当期純利益を計算する。

(営業利益)

三　営業損益計算は、一会計期間に属する売上高と売上原価とを記載して売上総利益を計算し、これから販売費及び一般管理費を控除して、営業利益を表示する。

A　企業が商品等の販売と役務の給付とをともに主たる営業とする場合には、商品等の売上高と役務による営業収益とは、これを区別して記載する。

B　〔売上〕高は、〔実現〕主義の原則に従い、商品等の〔販売〕又は役務の給付によって〔実現〕したものに限る。

(4)　未収収益

　未収収益は、一定の契約に従い、継続して役務の提供を行う場合、既に提供した役務に対していまだその対価の支払を受けていないものをいう。従って、このような役務に対する対価は時間の経過に伴いすでに当期の収益として発生しているものであるから、これを当期の損益計算に計上するとともに貸借対照表の資産の部に計上しなければならない。また、未収収益は、かかる役務提供契約以外の契約等による未収金とは区別しなければならない。

C　売上原価は、売上高に対応する商品等の仕入原価又は製造原価であって、商業の場合には、期首商品たな卸高に当期商品仕入高を加え、これから期末商品たな卸高を控除する形式で表示し、製造工業の場合には、期首製品たな卸高に当期製品製造原価を加え、これから期末製品たな卸高を控除する形式で表示する。（注8）（注9） D　売上総利益は、売上高から売上原価を控除して表示する。 役務の給付を営業とする場合には、営業収益から役務の費用を控除して総利益を表示する。	**〔注8〕製品等の製造原価について**（損益計算書原則三のC） 製品等の製造原価は、適正な原価計算基準に従って算定しなければならない。 **〔注9〕原価差額の処理について**（損益計算書原則三のC及び貸借対照表原則五のAの1項） 原価差額を売上原価に賦課した場合には、損益計算書に売上原価の内訳科目として次の形式で原価差額を記載する。 売上原価 1　期首製品たな卸高　××× 2　当期製品製造原価　××× 合　計　××× 3　期末製品たな卸高　××× 標準（予定）売上原価　××× 4　原　価　差　額　×××　××× 原価差額をたな卸資産の科目別に配賦した場合には、これを貸借対照表上のたな卸資産の科目別に各資産の価額に含めて記載する。
E　同一企業の各経営部門の間における商品等の移転によって発生した内部利益は、売上高及び売上原価を算定するに当って除去しなければならない。（注11） F　営業利益は、売上総利益から販売費及び一般管理費を控除して表示する。販売費及び一般管理費は、適当な科目に分類して営業損益計算の区分に記載し、これを売上原価及び期末たな卸高に算入してはならない。	**〔注11〕内部利益とその除去の方法について**（損益計算書原則三のE） 内部利益とは、原則として、本店、支店、事業部等の企業内部における独立した会計単位相互間の内部取引から生ずる未実現の利益をいう。従って、会計単位内部における原材料、半製品等の振替から生ずる振替損益は内部利益ではない。 内部利益の除去は、本支店等の合併損益計算書において売上高から内部売上高を控除し、仕入高（又は売上原価）から内部仕入高（又は内部売上原価）を控除するとともに、期末たな卸高から内部利益の額を控除する方法による。これらの控除に際しては、合理的な見積概算額によることも差支えない。

(営業外損益) 四　営業外損益は、受取利息及び割引料、有価証券売却益等の営業外収益と支払利息及び割引料、有価証券売却損、有価証券評価損等の営業外費用とに区分して表示する。	
(経常利益) 五　経常利益は、営業利益に営業外収益を加え、これから営業外費用を控除して表示する。	
(特別損益) 六　特別損益は、固定資産売却益等の特別利益と固定資産売却損、災害による損失等の特別損失とに区分して表示する。(注12)	**〔注12〕特別損益項目について**(損益計算書原則六) 特別損益に属する項目としては次のようなものがある。 (1)　臨時損益 イ　固定資産売却損益 ロ　転売以外の目的で取得した有価証券の売却損益 ハ　災害による損失 なお、特別損益に属する項目であっても、金額の僅少なもの又は毎期経常的に発生するものは、経常損益計算に含めることができる。
(税引前当期純利益) 七　税引前当期純利益は、経常利益に特別利益を加え、これから特別損失を控除して表示する。	
(当期純利益) 八　当期純利益は、税引前当期純利益から当期の負担に属する法人税額、住民税額等を控除して表示する。(注13)	**〔注13〕法人税等の追徴税額等について**(損益計算書原則八) 法人税等の更正決定等による追徴税額及び還付税額は、税引前当期純利益に加減して表示する。この場合、当期の負担に属する法人税額等とは区別することを原則とするが、重要性の乏しい場合には、当期の負担に属するものに含めて表示することができる。

第三　貸借対照表原則

企業会計原則	企業会計原則注解(一部修正)
(貸借対照表の本質) 一　〔貸借対照表〕は、企業の財政状態を明らかにするため、〔貸借対照表〕日におけるすべての〔資産〕、負債及び純資産を記載し、株主、〔債権者〕その他の〔利害関係者〕にこれを正しく表示するものでなければならない。ただし、〔正規の簿記〕の原則に従って処理された場合に生じた〔簿外〕〔資産〕及び〔簿外〕負債は〔貸借対照表〕の記載外におくことができる。(注1) A　資産、負債及び純資産は、適当な区分、配列、分類及び評価の基準に従って記載しなければならない。 B　資産、負債及び純資産は総額によって記載することを原則とし、資産の項目と負債又は資本の項目とを相殺することによって、その全部又は一部を貸借対照表から除去してはならない。 C　受取手形の割引高又は裏書譲渡高、保証債務等の偶発債務、債務の担保に供している資産、発行済株式一株当たり当期純利益及び同一株当たり純資産額等企業の財務内容を判断するために重要な事項は、貸借対照表に注記しなければならない。	**〔注1〕重要性の原則の適用について**(一般原則二、四及び貸借対照表原則一) 企業会計は、定められた〔会計処理〕の方法に従って〔正確〕な計算を行うべきものであるが、企業会計が目的とするところは、企業の〔財務内容〕を明らかにし、企業の状況に関する〔利害関係者〕の判断を誤らせないようにすることにあるから、〔重要性〕の乏しいものについては、本来の〔厳密〕な〔会計処理〕によらないで他の〔簡便〕な方法によることも、〔正規の簿記〕の原則に従った処理として認められる。 〔重要性〕の原則は、財務諸表の〔表示〕に関しても適用される。 重要性の原則の適用例としては、次のようなものがある。 (1)　消耗品、消耗工具器具備品その他の貯蔵品等のうち、重要性の乏しいものについては、その買入時又は払出時に費用として処理する方法を採用することができる。 (2)　前払費用、未収収益、未払費用及び前受収益のうち、重要性の乏しいものについては、経過勘定項目として処理しないことができる。 (3)　引当金のうち、重要性の乏しいものについては、これを計上しないことができる。 (4)　たな卸資産の取得原価に含められる引取費用、関税、買入事務費、移管費、保管費等の付随費用のうち、重要性の乏しいものについては、取得原価に算入しないことができる。 (5)　分割返済の定めのある長期の債権又は債務のうち、期限が一年以内に到来するもので重要性の乏しいものについては、固定資産又は固定負債として表示することができる。
D　将来の期間に影響する特定の費用は、次期以後の期間に配分して処理するため、経過的に貸借対照表の資産の部に記載することができる。(注15)	**〔注15〕将来の期間に影響する特定の費用について**(貸借対照表原則一のD及び四の(一)のC) 「将来の期間に影響する特定の費用」とは、既に代価の支払が完了し又は支払義務が確定し、これに対応する役務の提供を受けたにもかかわらず、その効果が将来にわたって発現するものと期待される費用をいう。 これらの費用は、その効果が及ぶ数期間に合理的に配分するため、経過的に貸借対照表上繰延資産として計上することができる。

E　貸借対照表の資産の合計金額は、負債と純資産の合計金額に一致しなければならない。	なお、天災等により固定資産又は企業の営業活動に必須の手段たる資産の上に生じた損失が、その期の純利益又は繰越利益剰余金から当期の処分予定額を控除した金額をもって負担しえない程度に巨額であって特に法令をもって認められた場合には、これを経過的に貸借対照表の資産の部に記載して繰延経理することができる。
（貸借対照表の区分） 二　貸借対照表は、資産の部、負債の部及び純資産の部の三区分に分ち、さらに資産の部を流動資産、固定資産及び繰延資産に、負債の部を流動負債及び固定負債に区分しなければならない。	
（貸借対照表の配列） 三　資産及び負債の項目の配列は、原則として、流動性配列法によるものとする。	
（貸借対照表科目の分類） 四　資産、負債及び純資産の各科目は、一定の基準に従って明瞭に分類しなければならない。 (一)資　産 資産は、流動資産に属する資産、固定資産に属する資産及び繰延資産に属する資産に区別しなければならない。仮払金、未決算等の勘定を貸借対照表に記載するには、その性質を示す適当な科目で表示しなければならない。（注16）	**〔注16〕流動資産又は流動負債と固定資産又は固定負債とを区別する基準について**（貸借対照表原則四の(一)及び(二)） 受取手形、売掛金、前払金、支払手形、買掛金、前受金等の当該企業の主目的たる営業取引により発生した債権及び債務は、流動資産又は流動負債に属するものとする。ただし、これらの債権のうち、破産債権、更生債権及びこれに準ずる債権で一年以内に回収されないことが明らかなものは、固定資産たる投資その他の資産に属するものとする。 貸付金、借入金、差入保証金、受入保証金、当該企業の主目的以外の取引によって発生した未収金、未払金等の債権及び債務で、貸借対照表日の翌日から起算して一年以内に入金又は支払の期限が到来するものは、流動資産又は流動負債に属するものとし、入金又は支払の期限が一年をこえて到来するものは、投資その他の資産又は固定負債に属するものとする。 現金預金は、原則として、流動資産に属するが、預金については、貸借対照表日の翌日から起算して一年以内に期限が到来するものは、流動資産に属するものとし、期限が一年をこえて到来するものは、投資その他の資産に属するものとする。

A　現金預金、市場性のある有価証券で一時的所有のもの、取引先との通常の商取引によって生じた受取手形、売掛金等の債権、商品、製品、半製品、原材料、仕掛品等のたな卸資産及び期限が一年以内に到来する債権は、流動資産に属するものとする。

前払費用で一年以内に費用となるものは、流動資産に属するものとする。

受取手形、売掛金その他流動資産に属する債権は、取引先との通常の商取引上の債権とその他の債権とに区別して表示しなければならない。

B　固定資産は、有形固定資産、無形固定資産及び投資その他の資産に区分しなければならない。

建物、構築物、機械装置、船舶、車両運搬具、工具器具備品、土地、建設仮勘定等は、有形固定資産に属するものとする。

のれん、特許権、地上権、商標権等は、無形固定資産に属するものとする。

子会社株式その他流動資産に属しない有価証券、出資金、長期貸付金並びに有形固定資産、無形固定資産及び繰延資産に属するもの以外の長期資産は、投資その他の資産に属するものとする。

有形固定資産に対する減価償却累計額は、原則として、その資産が属する科目ごとに取得原価から控除する形式で記載する。(注17)

無形固定資産については、減価償却額を控除した未償却残高を記載する。

所有有価証券のうち、証券市場において流通するもので、短期的資金運用のために一時的に所有するものは、流動資産に属するものとし、証券市場において流通しないもの若しくは他の企業を支配する等の目的で長期的に所有するものは、投資その他の資産に属するものとする。

前払費用については、貸借対照表日の翌日から起算して一年以内に費用となるものは、流動資産に属するものとし、一年をこえる期間を経て費用となるものは、投資その他の資産に属するものとする。未収収益は流動資産に属するものとし、未払費用及び前受収益は、流動負債に属するものとする。

商品、製品、半製品、原材料、仕掛品等のたな卸資産は、流動資産に属するものとし、企業がその営業目的を達成するために所有し、かつ、その加工若しくは売却を予定しない財貨は固定資産に属するものとする。

なお、固定資産のうち残存耐用年数が一年以下となったものも流動資産とせず固定資産に含ませ、たな卸資産のうち恒常在庫品として保有するもの若しくは余剰品として長期間にわたって所有するものも固定資産とせず流動資産に含ませるものとする。

〔注17〕貸倒引当金又は減価償却累計額の控除形式について(貸借対照表原則四の(一)のBの５項及びDの１項)

貸倒引当金又は減価償却累計額は、その債権又は有形固定資産が属する科目ごとに控除する形式で表示することを原則とするが、次の方法によることも妨げない。

(1)　二以上の科目について、貸倒引当金又は減価償却累計額を一括して記載する方法

(2)　債権又は有形固定資産について、貸倒引当金又は減価償却累計額を控除した残額のみを記載し、当該貸倒引当金又は減価償却累計額を注記する方法

C　創立費、開業費、株式交付費、社債発行費等、開発費は、繰延資産に属するものとする。これらの資産については、償却額を控除した未償却残高を記載する。(注15)

〔注15〕将来の期間に影響する特定の費用について(貸借対照表原則一のD及び四の(一)のC)

「将来の期間に影響する特定の費用」とは、すでに代価の支払が完了し又は支払義務が確定し、これに対応する役務の提供を受けたにもかかわらず、その効果が将来にわたって発現するものと期待される費用をいう。

これらの費用は、その効果が及ぶ数期間に合理的に配分するため、経過的に貸借対照表上繰延資産として計上することができる。

なお、天災等により固定資産又は企業の営業活動に必須の手段たる資産の上に生じた損失が、その期の純利益又は繰越利益剰余金から当期の処分予定額を控除した金額をもって負担しえない程度に巨額であって特に法令をもって認められた場合には、これを経過的に貸借対照表の資産の部に記載して繰延経理することができる。

D　受取手形、売掛金その他の債権に対する貸倒引当金は、原則として、その債権が属する科目ごとに債権金額又は取得金額から控除する形式で記載する。(注17)(注18)

〔注17〕貸倒引当金又は減価償却累計額の控除形式について(貸借対照表原則四の(一)のBの5項及びDの1項)

貸倒引当金又は減価償却累計額は、その債権又は有形固定資産が属する科目ごとに控除する形式で表示することを原則とするが、次の方法によることも妨げない。

(1)　二以上の科目について、貸倒引当金又は減価償却累計額を一括して記載する方法

(2)　債権又は有形固定資産について、貸倒引当金又は減価償却累計額を控除した残額のみを記載し、当該貸倒引当金又は減価償却累計額を注記する方法

〔注18〕引当金について(貸借対照表原則四の(一)のDの1項、(二)のAの3項及びBの2項)

将来の特定の費用又は損失であって、その発生が当期以前の事象に起因し、発生の可能性が高く、かつ、その金額を合理的に見積ることができる場合には、当期の負担に属する金額を当期の費用又は損失として引当金に繰入れ、当該引当金の残高を貸借対照表の負債の部又は資産の部に記載するものとする。

製品保証引当金、売上割戻引当金、返品調整引当金、賞与引当金、工事補償引当金、退職給付引当金、修繕引当金、特別修繕引当金、債務保証損失引当金、損害補償損失引当金、貸倒引当金等がこれに該当する。

発生の可能性の低い偶発事象に係る費用又は損失については、引当金を計上することはできない。

債権のうち、役員等企業の内部の者に対するものと親会社又は子会社に対するものは、特別の科目を設けて区別して表示し、又は注記の方法によりその内容を明瞭に示さなければならない。

(二)負　債 負債は流動負債に属する負債と固定負債に属する負債とに区別しなければならない。仮受金、未決算等の勘定を貸借対照表に記載するには、その性質を示す適当な科目で表示しなければならない。(注16) A　取引先との通常の商取引によって生じた支払手形、買掛金等の債務及び期限が一年以内に到来する債務は、流動負債に属するものとする。 支払手形、買掛金その他流動負債に属する債務は、取引先との通常の商取引上の債務とその他の債務とに区別して表示しなければならない。	**〔注16〕**上記参照
引当金のうち、賞与引当金、工事補償引当金、修繕引当金のように、通常一年以内に使用される見込みのものは流動負債に属するものとする。(注18) B　社債、長期借入金等の長期債務は、固定負債に属するものとする。 引当金のうち、退職給付引当金、特別修繕引当金のように、通常一年をこえて使用される見込みのものは、固定負債に属するものとする。(注18) C　債務のうち、役員等企業の内部の者に対するものと親会社又は子会社に対するものは、特別の科目を設けて区別して表示し、又は注記の方法によりその内容を明瞭に示さなければならない。	**〔注18〕引当金について**(貸借対照表原則四の(一)のDの１項、(二)のAの３項及びBの２項) 将来の特定の費用又は損失であって、その発生が当期以前の事象に起因し、発生の可能性が高く、かつ、その金額を合理的に見積ることができる場合には、当期の負担に属する金額を当期の費用又は損失として引当金に繰入れ、当該引当金の残高を貸借対照表の負債の部又は資産の部に記載するものとする。 製品保証引当金、売上割戻引当金、返品調整引当金、賞与引当金、工事補償引当金、退職給付引当金、修繕引当金、特別修繕引当金、債務保証損失引当金、損害補償損失引当金、貸倒引当金等がこれに該当する。 発生の可能性の低い偶発事象に係る費用又は損失については、引当金を計上することはできない。

（資産の貸借対照表価額） 五　貸借対照表に記載する資産の価額は、原則として、当該資産の〔**取得原価**〕を基礎として計上しなければならない。 資産の〔**取得原価**〕は、資産の種類に応じた〔**費用配分の原則**〕によって、各事業年度に配分しなければならない。有形固定資産は、当該資産の〔**耐用期間**〕にわたり、定額法、定率法等の一定の〔**減価償却**〕の方法によって、その取得原価を各事業年度に配分し、無形固定資産は、当該資産の〔**有効期間**〕にわたり、一定の減価償却の方法によって、その取得原価を各事業年度に配分しなければならない。〔**繰延資産**〕についても、これに準じて、各事業年度に〔**均等額以上**〕を配分しなければならない。（注20）	**〔注20〕減価償却の方法について**（貸借対照表原則五の２項） 固定資産の減価償却の方法としては、次のようなものがある。 (1)　定額法 固定資産の耐用期間中、毎期均等額の減価償却費を計上する方法 (2)　定率法 固定資産の耐用期間中、毎期期首未償却残高に一定率を乗じた減価償却費を計上する方法 (3)　級数法 固定資産の耐用期間中、毎期一定の額を算術級数的に逓減した減価償却費を計上する方法 (4)　生産高比例法 固定資産の耐用期間中、毎期当該資産による生産又は用役の提供の度合に比例した減価償却費を計上する方法 この方法は、当該固定資産の総利用可能量が物理的に確定でき、かつ、減価が主として固定資産の利用に比例して発生するもの、例えば、鉱業用設備、航空機、自動車等について適用することが認められる。 なお、同種の物品が多数集まって一つの全体を構成し、老朽品の部分的取替を繰り返すことにより全体が維持されるような固定資産については、部分的取替に要する費用を収益的支出として処理する方法（取替法）を採用することができる。
A　商品、製品、半製品、原材料、仕掛品等のたな卸資産については、原則として購入代価又は製造原価に引取費用等の付随費用を加算し、これに個別法、先入先出法、平均原価法等の方法を適用して算定した取得原価をもって貸借対照表価額とする。（注９）（注21）	**〔注９〕原価差額の処理について**（損益計算書原則三のＣ及び貸借対照表原則五のＡの１項） 原価差額を売上原価に賦課した場合には、損益計算書に売上原価の内訳科目として次の形式で原価差額を記載する。

	売上原価 　1　期首製品たな卸高　　××× 　2　当期製品製造原価　　××× 　　　合　　　計　　　　××× 　3　期末製品たな卸高　　××× 　　標準(予定)売上原価　　××× 　4　原　価　差　額　　　×××　　××× 原価差額をたな卸資産の科目別に配賦した場合には、これを貸借対照表上のたな卸資産の科目別に各資産の価額に含めて記載する。
	〔注21〕たな卸資産の貸借対照表価額について(貸借対照表原則五のAの１項) (1)　たな卸資産の貸借対照表価額の算定のための方法としては、次のようなものが認められる。 イ　個別法　たな卸資産の取得原価を異にするに従い区別して記録し、その個々の実際原価によって期末たな卸品の価額を算定する方法 ロ　先入先出法　最も古く取得されたものから順次払出しが行われ、期末たな卸品は最も新しく取得されたものからなるものとみなして期末たな卸品の価額を算定する方法 ハ　平均原価法　取得したたな卸資産の平均原価を算出し、この平均原価によって期末たな卸品の価額を算定する方法 　平均原価は、総平均法又は移動平均法により算出する。 ニ　売価還元原価法　異なる品目の資産を値入率の類似性に従って適当なグループにまとめ、一グループに属する期末商品の売価合計額に原価率を適用して期末たな卸品の価額を算定する方法 　この方法は、取扱品種の極めて多い小売業及び卸売業におけるたな卸資産の評価に適用される。 (2)　製品等の製造原価については、適正な原価計算基準に従って、予定価格又は標準原価を適用して算定した原価によることができる。

B　有価証券(注22) 現行の規定と異なるため、割愛	〔注22〕現行の規定と異なるため、割愛
C　受取手形、売掛金その他の債権の貸借対照表価額は、債権金額又は取得価額から正常な貸倒見積高を控除した金額とする。(注23)	〔注23〕現行の規定と異なるため、割愛
D　有形固定資産については、その取得原価から減価償却累計額を控除した価額をもって貸借対照表価額とする。有形固定資産の取得原価には、原則として当該資産の引取費用等の付随費用を含める。現物出資として受入れた固定資産については、当該現物出資財産の給付があった日における価額をもって取得原価とする。(注24) 償却済の有形固定資産は、除去されるまで残存価額又は備忘価額で記載する。	**〔注24〕国庫補助金等によって取得した資産について**(貸借対照表原則五のDの１項及びF) 国庫補助金、工事負担金等で取得した資産については、国庫補助金等に相当する金額をその取得原価から控除することができる。 この場合においては、貸借対照表の表示は、次のいずれかの方法によるものとする。 (1)　取得原価から国庫補助金等に相当する金額を控除する形式で記載する方法 (2)　取得原価から国庫補助金等に相当する金額を控除した残額のみを記載し、当該国庫補助金等の金額を注記する方法
E　無形固定資産については、当該資産の取得のために支出した金額から減価償却累計額を控除した価額をもって貸借対照表価額とする。	
F　贈与その他無償で取得した資産については、公正な評価額をもって取得原価とする。(注24)	〔注24〕上記参照

省略とメモリー機能で電卓上手

スピードアップのための電卓術（ワザ）

電卓の上手な使い方をマスターすればスピードアップが図れ、得点力がアップします。
電卓を使いこなすテクニックを修得しましょう。

3つの省略テクニックでスピードUP

今までふつうに叩いていたキーを省略してスピードアップを図りましょう。

省略テクニック❶　「計算途中の [=] キーは省略できる」

練習問題

片道の交通費が電車賃200円とバス代100円です。往復だといくらでしょうか？

計算式：（200円＋100円）×2＝600円

普通の使い方：[2] [00] [+] [1] [00] [=] [×] [2] [=] 600

テクニック　[2] [00] [+] [1] [00] [×] [2] [=] 600

Point [=] キーは省略できます。

省略テクニック❷　「[0] を省略」

練習問題

販売価格1,000円で原価率60%（0.6）の商品の原価はいくらでしょうか？

計算式：1,000円×0.6＝600円

普通の使い方：[1] [00] [0] [×] [0] [.] [6] [=] 600

テクニック　[1] [00] [0] [×] [.] [6] [=] 600

Point [0] は省略できます。

省略テクニック❸　「[%] キーを使って [=] キーを省略」

練習問題

販売価格1,000円で原価率60%（0.6）の商品の原価はいくらでしょうか？

テクニック　[1] [00] [0] [×] [6] [0] [%] 600

Point [=] キーを押す必要はありません。

省略とメモリー機能で電卓上手

スピードアップのための電卓術(ワザ)

電卓の上手な使い方をマスターすればスピードアップが図れ、得点力がアップします。
電卓を使いこなすテクニックを修得しましょう。

メモリー機能を使いこなそう

「計算途中の結果を紙にメモした」経験がありませんか。でも電卓が覚えてくれるなら、その方が楽ですね。

紙に書く代わりに電卓に覚えさせるメモリー機能を使ってスピードアップを図りましょう。

メモリー機能は次の4つのキーで操作します。

キー	呼び方	機能
M＋	メモリープラス	画面の数字を電卓のメモリーに加算し（足し込み）ます。
M－	メモリーマイナス	画面の数字を電卓のメモリーから減算し（引き）ます。
RM または MR	リコールメモリー	メモリーに入っている数字を画面に表示します。
CM または MC	クリアメモリー	メモリーに入っている数字をクリア（ゼロ）にします。

メモリー機能の練習

練習問題

100円の商品を3個と200円の商品を5個購入しました。総額でいくらでしょうか。

メモの必要なし

操作	電卓の表示	機能	メモリーの値
CA または AC と MC	0	計算結果やメモリーを全てクリアします。	0
1 00 × 3 M＋	300	メモリーに300を加算します。	300
2 00 × 5 M＋	1,000	メモリーに1,000を加算します。	1,300
RM または MR	1,300	メモリーに入っている数字を表示します。	1,300

索　引

■監修

新田 忠誓　商学博士（一橋大学）
一橋大学名誉教授
日本簿記学会顧問、一般社団法人　資格教育推進機構代表理事
1977年　一橋大学大学院商学研究科博士課程単位修得
神奈川大学経済学部、慶應義塾大学商学部、一橋大学商学部・商学研究科などを経て、
現在、一橋大学名誉教授
公認会計士・不動産鑑定士・税理士試験委員など歴任。

吉田 智也
中央大学商学部教授
平成19年　一橋大学大学院商学研究科博士後期課程修了、博士（商学）・一橋大学、平成19年　福島大学経済経営学類准教授、平成24年　埼玉大学経済学部准教授、平成29年　中央大学商学部准教授を経て、令和５年　中央大学商学部教授、現在に至る
主要著書・論文：「収益認識における変動対価と帳簿記録」『簿記研究』第6巻第1号、令和5年

■編著

桑原 知之（ネットスクール株式会社）

■制作スタッフ

藤巻健二　中嶋典子　石川祐子　吉永絢子　吉川史織

■表紙デザイン

株式会社スマートゲート

本書の発行後に公表された法令等及び試験制度の改正情報、並びに判明した誤りに関する訂正情報については、弊社 WEB サイト内の**『読者の方へ』**にてご案内しておりますので、ご確認下さい。

https://www.net-school.co.jp/

なお、万が一、誤りではないかと思われる箇所のうち、弊社 WEB サイトにて掲載がないものにつきましては、**書名（ＩＳＢＮコード）と誤りと思われる内容**のほか、お客様の**お名前**及び**ご連絡先（電話番号）**を明記の上、弊社まで**郵送または e-mail** にてお問い合わせ下さい。

＜郵送先＞　〒 101 － 0054
東京都千代田区神田錦町３－23 メットライフ神田錦町ビル３階
ネットスクール株式会社　正誤問い合わせ係
＜e-mail＞　seisaku@net-school.co.jp

※正誤に関するもの以外のご質問、本書に関係のないご質問にはお答えできません。
※**お電話によるお問い合わせはお受けできません。**ご了承下さい。
※回答及び内容確認のためにお電話を差し上げることがございますので、必ずご連絡先をお書きください。

全経　簿記能力検定試験　公式テキスト　１級商業簿記・財務会計

2024年３月19日　初版　第１刷発行

監修者	新田忠誓
	吉田智也
編著者	桑原知之
発行者	桑原知之
発行所	ネットスクール株式会社 出版本部
	〒101-0054　東京都千代田区神田錦町3-23
	電話　03（6823）6458（営業）
	FAX　03（3294）9595
	https://www.net-school.co.jp/
DTP制作	ネットスクール株式会社
印刷・製本	日経印刷株式会社

ISBN 978-4-7810-0363-4